WISSENSCHAFTLICHE BEITRÄGE
AUS DEM TECTUM VERLAG

Reihe Politikwissenschaften

WISSENSCHAFTLICHE BEITRÄGE
AUS DEM TECTUM VERLAG

Reihe Politikwissenschaften

Band 29

Christian Baron

Vom Ende der Solidarität

Sozialdemokratische Strategien gegen
Jugendarbeitslosigkeit in Großbritannien und Deutschland

Tectum Verlag

Christian Baron

Vom Ende der Solidarität.
Sozialdemokratische Strategien gegen Jugendarbeitslosigkeit in Großbritannien und Deutschland
Wissenschaftliche Beiträge aus dem Tectum Verlag:
Reihe: Politikwissenschaften; Bd. 29
ISBN: 978-3-8288-2351-8
ISSN: 1861-7840
Umschlagabbildung: photocase.com © Pumuckl77
Umschlaggestaltung: Norman Rinkenberger | Tectum Verlag

Besuchen Sie uns im Internet
www.tectum-verlag.de

Bibliografische Informationen der Deutschen Nationalbibliothek
Die Deutsche Nationalbibliothek verzeichnet diese Publikation in der Deutschen Nationalbibliografie; detaillierte bibliografische Angaben sind im Internet über http://dnb.ddb.de abrufbar.

Dem Andenken
meiner Mutter

„Denn wak bei die Sozis. Na, also ick bin ja eijentlich, bei Licht besehn, ein alter, jeiebter Sosjaldemokrat [...]. Ick werde wahrscheinlich diese Pachtei wähln – es is so ein beruhjendes Jefiehl. Man tut wat for de Revolutzjon, aber man weeß janz jenau: mit diese Pachtei kommt se nich. Und das is sehr wichtig fier einen selbständjen Jemieseladen!"

Kurt Tucholsky: Ein älterer, aber leicht besoffener Herr

Inhaltsverzeichnis

Teil II Analyse der *aktivierenden Arbeitsmarktpolitik* von Labour Party und SPD am Beispiel der Strategien Gegen Jugendarbeitslosigkeit

Teil III Bewertung der *aktivierenden Arbeitsmarktpolitik* von Labour Party und SPD

Abbildungsverzeichnis

Tabellenverzeichnis

Abkürzungsverzeichnis

ABM	Arbeitsbeschaffungsmaßnahme
AGH-ME	Arbeitsgelegenheit mit Mehraufwandentschädigung
ALG II	Arbeitslosengeld II
Anm. d. Verf.	Anmerkung des Verfassers
ARGE	Arbeitsgemeinschaft nach dem Sozialgesetzbuch II
AÜG	Arbeitnehmerüberlassungsgesetz
BBC	British Broadcasting Corporation
BBiG	Berufsbildungsgesetz
BMFSJ	Bundesministerium für Frauen, Senioren und Jugend
BMGS	Bundesministerium für Gesundheit und Soziale Sicherung
BMWA	Bundesministerium für Wirtschaft und Arbeit
BRD	Bundesrepublik Deutschland
bzw.	beziehungsweise
CDU	Christlich Demokratische Union Deutschlands
CSU	Christlich-Soziale Union Deutschlands
DAX	Deutscher Aktienindex
DDR	Deutsche Demokratische Republik
DEE	Department of Education and Employment
DGB	Deutscher Gewerkschaftsbund
d. h.	das heißt

DSS	Department of Social Security
ES	Employment Service
ESC	Europäische Sozialcharta
EU	Europäische Union
FAZ	Frankfurter Allgemeine Zeitung
FbW	Förderung beruflicher Weiterbildung
FDP	Freie Demokratische Partei
ff.	Folgende
GB	Großbritannien
GCSS	General Certificate of Secondary School
GG	Grundgesetz für die Bundesrepublik Deutschland
ggf.	gegebenenfalls
Herv. im Orig.	Hervorhebungen im Original
Ifo	Institut für Wirtschaftsforschung e. V.
INSM	Initiative Neue Soziale Marktwirtschaft
IWF	Internationaler Währungsfonds
JSA	Job Seekers Allowance
JUMP	Jugend mit Perspektive
Jusos	Jungsozialisten in der Sozialdemokratischen Partei Deutschlands
NATO	North Atlantic Treaty Organization
NHS	National Health Service
NI	National Insurance

NUM	National Union of Mineworkers
NVQ	National Vocational Qualifications
NDYP	New Deal for Young People
OMOV	One Man One Vote
PDS	Partei des Demokratischen Sozialismus
PR	Public Relations
PSA	Personal-Service-Agentur
SDP	Social Democratic Party
SPD	Sozialdemokratische Partei Deutschlands
SPR	Sofortprogramm-Richtlinien
TEC	Training and Enterprise Council
TV	Television
u. a.	unter anderem
USA	United States of America
usw.	und so weiter
u. U.	unter Umständen
vs.	versus
WAZ	Westdeutsche Allgemeine Zeitung
z. B.	zum Beispiel
ZDF	Zweites Deutsches Fernsehen

Vorwort

Der vorliegende Text ist eine leicht überarbeitete Fassung meiner Magisterarbeit, die am 15. Januar 2010 im Fachbereich III/Politikwissenschaft der Universität Trier vorgelegt wurde. Eine wissenschaftliche Qualifikationsarbeit zu schreiben ist nun bekanntlich nicht nur ein intellektuell herausfordernder, sondern auch ein aufwendiger und zeitintensiver Prozess, der ohne die Hilfe einiger ganz besonderer Menschen für mich absolut nicht zu bewältigen gewesen wäre.

An vorderster Stelle gilt mein großer Dank Petra Sader, Gerd Sader, Thomas Zell und Johannes Wagner, deren bedingungslose familiäre Unterstützung mich seit meinem zehnten Lebensjahr vor dem lebenslangen Verharren in Armutsverhältnissen bewahrt hat, welche in kapitalistischen Gefilden die Chance zur freien Bildungs- und Berufswahl unweigerlich gegen null tendieren lassen. Auch meinen Geschwistern Rainer, Lara und Lisa Baron sowie meinem Cousin Patrick Wagner danke ich innig für ihre liebevolle Verbundenheit sowie die schöne Erfahrung, in einer Großfamilie aufzuwachsen.

Darüber hinaus danke ich meinen Betreuern, Prof. Dr. Ulrich Brinkmann und Prof. Dr. Uwe Jun. Die Kombination beider Sichtweisen der Arbeitsmarktsoziologie (durch Ersteren) und der Parteienforschung (durch Zweiteren) erwies sich als ideales Diskussionsreservoir. Special Thanks gehen in diesem Zusammenhang zudem an Dr. Oliver Nachtwey. Ebenfalls gilt an dieser Stelle mein Dank Wolfgang Stepp. Er ist es, der mich mit seiner Kompetenz, seinem zwischenmenschlichen Feingefühl und seiner Geradlinigkeit für die gründliche Beschäftigung mit Politik und Gesellschaft zu begeistern verstand. Darüber hinaus stand er als einziges Mitglied eines ansonsten charakterschwachen Lehrerkollegiums in schweren Zeiten zu mir. In seiner Integrität ist er mir ein großes Vorbild geworden.

Für fünf herrliche Studienjahre, für ihre aufrichtige Zuneigung, für die kritische Begleitung meines Weges sowie insbesondere für die stete Aufmunterung, wenn sich mal wieder eines meiner berüchtigten Motivationslöcher bemerkbar machte, habe ich so manch großartigem Menschen aus meinem Freundes- und Bekanntenkreis zu danken. Als herausragend zu nennen waren und sind hier Karoline Herrmann, Oliver Dikowinkin, Andreas Jager, Sophie Wahl, Erika Skalosub, Michael Gubenko, Stefan Nünlist, Christoph Unger und Christopher Guth.

Die vorliegende Arbeit nimmt Fehlentwicklungen ins Visier und plädiert für ein radikal herbeizuführendes Mehr an gesellschaftlichem Gemeinsinn. Die Hoffnung auf eine Verwirklichung dieses utopischen Strebens ist damit ausdrücklich verbunden - ganz im Sinne Erich Kästners, der den Gestus des unverbesserlichen Optimisten in seiner Romanfigur *Fabian* treffend charakterisiert:

„Sein angestammter Platz ist der verlorene Posten. Ihn füllt er, so gut er kann, aus. Sein Wahlspruch hieß immer und heißt auch jetzt: Dennoch!"

Christian Baron
Trier, im März 2010

Einleitung

> *„Es gibt eine Theorie, die besagt, wenn jemals irgendwer genau herausfindet, wozu das Universum da ist und warum es da ist, dann verschwindet es auf der Stelle und wird durch etwas noch Bizarreres und Unbegreiflicheres ersetzt. Es gibt eine andere Theorie, nach der das schon passiert ist."*
>
> Douglas Adams (2005: 8f.)

Die Geschichte der europäischen Sozialdemokratie ist eine Geschichte von Wandlungsprozessen. Bis heute sind diese Wandlungsprozesse nicht selten mit theoretischen Leitbildern überschrieben worden, die erkennbar nach der Erfassung der ganz großen Zusammenhänge suchen. Was Kritiker nicht ganz zu Unrecht *opportunistisch* nennen würden, hat sich seit vielen Jahrzehnten als erfolgreiche Überlebensstrategie herausgestellt. Immer wieder nämlich ist es der institutionalisierten sozialdemokratischen Weltanschauung gelungen, sich dem jeweils vorherrschenden gesamtgesellschaftlichen Zeitgeist anzupassen und vielen Wählern[1] den (in der realpolitischen Praxis nicht selten trügerischen) Eindruck einer angemessenen Interessenvertretung zu vermitteln, ohne sich rhetorisch von den eigenen (meist sozialistischen) Wurzeln vollständig loszusagen.

Relevanz und Forschungsstand

Zu den sozialdemokratischen Hauptanliegen gehört seit jeher die Bekämpfung der Arbeitslosigkeit. In Zeiten der hoch entwickelten, liberal globalisierten Marktwirtschaft und deren politischen, ökonomischen und sozialen Folgen ist dieses Sujet spätestens seit den Ölkrisen der 1970er Jahre und der seither entstandenen Massenarbeitslosigkeit sogar kontinuierlich zu einem der zentralen Programmpunkte auf den Agenden sozialdemokratischer Parteien avanciert. Bis zum Ende der 1990er Jahre, als sowohl in Großbritannien (1997), als auch in Deutschland (1998) sozialdemokratische Parteien nach einer langen Oppositionszeit mithilfe deutlicher Wahlsiege an die Schalthebel der Macht zurückgekehrt sind, haben sich insbeson-

---

[1] Wenn hier ebenso wie im Folgenden bei *Nomina Agentis* die männliche Form verwendet wird, ist im Sinne des generischen Maskulinums stets ausdrücklich auch die Weibliche mit gemeint.

dere Jugendliche als eine der wichtigsten Risikogruppen des Arbeitsmarktes entpuppt. Die Sozialdemokraten setzten sich in ihrem Regierungshandeln die Bekämpfung der Jugendarbeitslosigkeit fortan prioritär zum Ziel, weil die Gefahr ersichtlich wurde, „dass eine Generation heranwächst, für die Arbeitslosigkeit zur Normalität und Hoffnungslosigkeit zur Perspektive wird" (Rau 2001: 5). Aus gesamteuropäischer Sicht konnte Barbara Tham 1999 nachweisen, dass die Integration in den Arbeitsmarkt für Jugendliche (insbesondere für gering Qualifizierte) immer schwieriger wird (vgl. Tham 1999: 11). Ein Umstand, der im öffentlichen Bewusstsein gleichwohl nicht angekommen zu sein scheint, denn im Scheinwerferlicht der (Massen-) Medien und der Wissenschaft erhalten in diesem Zusammenhang zumeist die älteren Arbeitnehmer und Erwerbslosen den größten Raum. Dagegen wirkt es in Bezug auf Jugendliche bisweilen so, als herrsche eine nicht abgesprochene „Komplizenschaft der De-Thematisierung" (Grottian 2001: 58). Entsprechende Zusammenstellungen beziehen sich zumeist auf bereits länger zurückliegende Zeiträume (vgl. beispielhaft Kieselbach 2000, O'Higgins 2001, Hammer 2003). Die durch Sozialdemokraten praktisch angewandten Mittel, um das Ziel einer entscheidenden Reduktion der Jugendarbeitslosigkeit zu erreichen, waren jedenfalls nicht nur quantitativ beträchtlich, sie scheinen in beiden Staaten sogar mit einem qualitativ radikalen sozial- und arbeitsmarktpolitischen[2] Paradigmenwechsel vom *protektionistischen* zum *aktivierenden Wohlfahrtsstaat* verbunden zu sein. Im Zuge des Wandels der europäischen Parteiensysteme bleiben Parteien zwar auch weiterhin „Hauptakteure im politischen Willensbildungsprozess moderner Demokratien" (Jun 2005: 221), doch lösen sie sich angesichts sich verändernder Umweltbedingungen zusehends von der gesellschaftlichen Basis ab, „die Verbindungen sind lose, werden partiell nur noch aus Legitimitätsgründen und der Erfordernis der Stimmengewinnung aufrecht erhalten" (Jun 2009a: 257). Als wichtigste dieser Umweltbedingungen gilt gemeinhin der sich seit drei Dekaden in westlichen Demokratien auch politisch dokumentierende ökonomische Wandel vom Keynesianismus zum Monetarismus. Die Sozialdemokraten allerdings standen innerhalb dieser häufig auf das

[2] Die Begriffe *Arbeitsmarktpolitik* und *Beschäftigungspolitik* werden hier synonym verwendet. Darüber hinaus wird keine analytische Trennung zwischen *beschäftigungsorientierten* und *ausbildungsorientierten* Maßnahmen vorgenommen, weil hier die wichtigsten Programme gemeinsam betrachtet werden sollen im Hinblick auf den zur Debatte stehenden Politikwechsel.

Schlagwort *Globalisierung* herunter gebrochenen kontextuellen Veränderungen erkennbar ohne eigene Antwort da, die über das reine Verwalten sozialdemokratisch-reformistischer Traditionen hinauszugehen vermochte. Mit Anthony Giddens versuchte in den 1990er Jahren ein renommierter Soziologe, das Dilemma der Sozialdemokratie zu lösen und entwickelte sein Modell des *Dritten Weges*, das den „Abschied von jahrzehntelang gehätschelten geistig-politischen Traditionen" (Misik 1998: 11) propagiert und auf das sich zuerst die britische Labour Party offen bezog, bevor das Konzept auch der SPD als „richtungweisender Polarstern" (Kwo-Chung Shaw 2003: 73) erschien.

Ziel und Fragestellung

Ein populäraphoristisches Bonmot besagt nun, Originalität sei in der Wissenschaft offenkundig nichts weiter als mangelnde Literaturkenntnis. Jenseits der Gassenhauer-Qualitäten liegt in diesem Spruch sicher insofern ein Quäntchen Wahrheit, als dass bei all der Fülle immer wieder neu erscheinender Forschungsliteratur sich tatsächlich das Gefühl einstellen kann, wonach sich mittlerweile schon „die Wiederholungen der Wiederholungen wiederholen" (Schmidt-Salomon 1999: 475). In ebenjenem Sinne fungiert die europäische Sozialdemokratie innerhalb der Politikwissenschaft mittlerweile als das, was Franz Kafka für die Neuere deutsche Literaturwissenschaft ist: als umfassend analysiertes Forschungsobjekt, in dessen Bedeutungsrahmen kaum etwas zu existieren vermag, das bis dato noch nicht gedacht, geschrieben oder gesagt wurde. Doch gibt es einen essentiellen Unterschied zwischen dem bereits 1924 verstorbenen Prager Dichter und dem hier interessierenden Untersuchungsgegenstand. Da sich die Welt nämlich im steten Wandel befindet, ergeben sich innerhalb der realpolitisch in Erscheinung tretenden Dimension der sozialdemokratischen Gesinnung auch immer wieder gänzlich neue Fragestellungen. Die vorliegende Arbeit zielt dementsprechend darauf ab, der sozialwissenschaftlichen Forschung einige Anreize zur Beseitigung des bisher überraschend dünnen Forschungsstandes zum Thema *Sozialdemokratische Strategien gegen Jugendarbeitslosigkeit in Großbritannien und Deutschland* zu bieten. Insofern handelt es sich um einen *different cases*-Vergleich, bei dem sich durch die nahezu parallele Inthronisierung von Vertretern der gleichen politischen Gesinnung eine Suche nach neu entstandenen Gemeinsamkeiten und/oder Unterschieden in einem speziellen Gesichtspunkt geradezu aufdrängt. So soll hier der *zentralen Frages-*

tellung nachgegangen werden, *ob die von Anthony Giddens konzipierte Theorie des Dritten Weges tatsächlich als arbeitsmarktpolitische Orientierung für das Regierungshandeln der britischen und deutschen Sozialdemokraten ab 1997 bzw. 1998 gesehen werden kann und wie sich der ausgemachte Paradigmenwechsel am Beispiel der jeweiligen Strategien gegen Jugendarbeitslosigkeit vergleichend einordnen sowie bewerten lässt.*

Diese Untersuchung versteht sich folglich nicht etwa primär als Studie zur umfassenden Evaluation von Programmen gegen Jugendarbeitslosigkeit. Vielmehr soll anhand des greifbaren Beispiels sozialdemokratischer Strategien gegen Jugendarbeitslosigkeit gezeigt werden, wie sich der arbeitsmarktpolitische Paradigmenwechsel zugunsten der theoretischen Leitlinien des *Dritten Weges* in Großbritannien und Deutschland vollzogen hat und mit welchen Chancen und Risiken diese neue Politik behaftet ist.

Definitionen

Im Gegensatz zum Alltagssprachgebrauch fällt eine präzise Definition des Terminus der *Jugend* nicht leicht, weil es hier nicht zureichend ist, lediglich biologische und/oder psychische Entwicklungsstadien festzulegen. Soziologisch fasst der Begriff allgemein

> „eine gesellschaftlich institutionalisierte und intern differenzierte Lebensphase, deren Abgrenzung und Ausdehnung sowie deren Verlauf und Ausprägung wesentlich durch soziale […] Bedingungen und Einflüsse bestimmt ist. Jugend ist keine homogene Lebenslage oder Sozialgruppe, sondern umfasst unterschiedliche, historisch veränderliche, sozial ungleiche und geschlechtsbezogen differenzierte Jugenden" (Scherr 2009: 24f.).

Aus pragmatischen Gründen wird hier jene Jugend-Definition der 15-24-Jährigen verwendet, die in den meisten *EU*-Publikationen gebräuchlich ist (vgl. Hackauf/Winzen 2004: 16). Nicht ganz einfach erscheint außerdem eine Begriffsbestimmung der *Jugendarbeitslosigkeit*. Zum einen ist die Dunkelziffer hier zumeist besonders hoch zu veranschlagen, weil sich nach dem Ende des schulischen Weges zahlreiche Jugendliche gar nicht erst arbeitslos melden. Die Zahlen registrierter Arbeitsloser sind zudem oft dergestalt, dass sie mit dem Begriff *unzuverlässig* noch recht euphemistisch charakterisiert sind (vgl. Raith 2008: 10). Nicht zuletzt gilt Jugendarbeitslosigkeit zudem als „unreines Phänomen" (Alheit/Glaß 1986: 11f.), weil einerseits die Dauer der Arbeitslosigkeit einen erheblichen Einfluss auf die konkrete Handlungsorientierung der Betroffenen nimmt; Jugendliche aber zugleich häufig gegen ihren Willen in Arbeitsbeschaffungsmaßnahmen gedrängt werden, um statistische Langzeitarbeitslosigkeit zu verhindern. Im vorliegenden Fall gelten ganz allgemein alle 15-24jährigen als arbeitslos, die gegen Entgelt arbeiten möchten und bei diesem Bemühen nicht erfolgreich sind.

Theoretische Verortung und Abgrenzung des Untersuchungsgegenstandes

Anthony Giddens' Theorie des *Dritten Weges* beabsichtigt, die positiven Elemente des von ihm kritisierten Neoliberalismus sowie der bis dato seit dem Zweiten Weltkrieg innerparteilich unter Artenschutz stehenden und von Giddens noch heftiger zerpflückten keynesianischen Sozialdemokratie zu vereinen. So stellt das Konzept vom *Dritten Weg* einen Versuch dar, die Mehrheitsfähigkeit der Sozialdemokraten wieder herzustellen durch ein neues, genuin sozialdemokratisches Modell, das einige traditionelle Werte gleichsam nicht aufgibt. Die Umsetzung dieser Ideen konnte in beiden untersuchten Ländern jedoch nicht gleichermaßen engagiert angegangen werden, was im Rahmen von Gøsta Esping-Andersens *Drei Welten des Wohlfahrtskapitalismus* erklärbar sein dürfte. Demnach ist Deutschland als *konservativer Wohlfahrtsstaat* zu bezeichnen, der sich auszeichnet durch den Willen zum Erhalt von Statusunterschieden sowie einer korporatistischen Entscheidungskultur, die deutlich mehr Akteure am unmittelbaren Willensbildungsprozess beteiligt, als es andere Konzeptionen der repräsentativen Demokratie vorsehen. Den *liberalen* britischen Wohlfahrtsstaat dagegen konstituieren niedrige, bedarfsgeprüfte Transferleistungen und die staatliche Funktion der Förderung des Marktes (vgl. Esping-Andersen 1990).

Die Wahl der beiden theoretischen Ansätze liegt aufgrund ihrer realpolitischen Relevanz nahe. Zudem betrachtet Giddens den „Arbeitsmarkt als Mittelpunkt der Sozialpolitik" (Ertel/Schäfer 1999: 170). Während der *Dritte Weg* mutmaßlich „one of the most successful theoretical and political strategies" (Geyer 2003: 237) bildet, auf das sich die britischen und deutschen Sozialdemokraten in ihrer Regierungsarbeit ab 1997 bzw. 1998 berufen haben, dienen Esping-Andersens *Drei Welten des Wohlfahrtskapitalismus* der analytischen Einordnung der Regierungspraxis beider Länder.

Es erscheint sinnvoll, den Untersuchungszeitraum in Großbritannien mit dem Wahlsieg New Labours 1997 und in Deutschland mit dem Wahlsieg der SPD 1998 beginnen zu lassen. Enden wird der untersuchte Zeitabschnitt in beiden Staaten im Jahr 2005. Die entscheidende Begründung für diese Festlegung bildet das Ende der Kanzlerschaft Gerhard Schröders in Deutschland. Zwar hielt sich die SPD bis 2009 an der Regierung, fungierte ab 2005 jedoch nur noch als Juniorpartner einer Großen Koalition mit der CDU/CSU. Tony Blair blieb in Großbritannien noch bis 2007 Premierminister. Um die Vergleichbarkeit nicht zu gefährden, endet jedoch auch der britische Analysefokus mit dem Jahr 2005. Die zu untersuchenden Akteure sind dementsprechend die sozialdemokratischen Regierungen Großbritanniens und Deutschlands. Nicht berücksichtigt werden kann und soll dabei die Rolle von Bündnis 90/Die Grünen, die zwischen 1998 und 2005 der deutschen Bundesregierung als Juniorpartner angehörten. Es war die SPD, welche die für die Sozialpolitik bedeutsamen Ressorts ministeriell besetzte (Arbeit, Soziales, Wirtschaft, Finanzen, dazu Gesundheit ab 2001). Außerdem ist von den Grünen nicht bekannt, dass sie sich in ihrer programmatischen Ausrichtung explizit auf die Ideen des *Dritten Weges* berufen hätten. Der Einfluss dieser relativ jungen Partei auf die in Deutschland über viele Jahre gewachsenen sozialstaatlichen Strukturen - die ja den Ausgangspunkt der Länderstudien darstellen - ist nicht zuletzt bestenfalls als marginal zu bezeichnen. Auch der Einfluss der Europäischen Union auf die nationale Arbeitsmarktpolitik muss hier unterbelichtet bleiben, weil es sich vorrangig um eine vergleichende Länderstudie handelt, in welcher davon ausgegangen werden muss, dass die Gesetzesvorhaben als Ergebnis des politischen Willens der Regierungsparteien und der im jeweiligen Land vorherrschenden kontextuellen Faktoren zu betrachten sind. Die Konzentration auf das Einzelbeispiel der Strategien gegen Jugendarbeitslosigkeit erfolgt neben ihrer Relevanz auch deshalb, weil damit die oftmals entstehenden, jedoch äußerst problematischen Verallgemeinerungen mit zeitlich und inhaltlich allzu ambitionierten Spannbreiten vermieden werden sollen. Bezüglich der Bewertung einzelner Gesetzesmaßnahmen kann kein Anspruch auf Vollständigkeit erhoben werden. Vielmehr sollen in beiden Staaten nur jene arbeitsmarktpolitischen Maßnahmen aufgelistet (und später beurteilt) werden, die als *größere Gesetzesvorhaben* identifiziert und mit den jeweiligen Begründungen und Zielen zugunsten des Politikwandels zweifelsfrei in Verbindung gebracht werden können. Auf eine Thematisierung der Wirkungen der analysierten Strategien wird hier vollständig verzichtet, weil es sich in diesem Zusammenhang weniger um ein ökonomisches Traktat handelt, als vielmehr um eine bewertende Abhandlung zur inhaltlich-programmatischen Neuausrichtung der sozialdemokratischen Parteien Großbritanniens und Deutschlands anhand eines konkreten Beispiels. Hier sollen Anstöße gegeben, aber keine endgültigen Wahrheiten formuliert werden; es soll erklärt und diskutiert, jedoch nicht abschließend beurteilt werden.

Vorgehensweise

Inhaltlich soll die Beantwortung der Fragestellung dreigeteilt erfolgen. Im ersten Teil wird mithilfe einer deskriptiven Analyse folgender Frage nachgegangen: *Was sind die sozialpolitisch motivierten Elemente von Anthony Giddens' Theorie des Dritten Weges und wie modernisierten sich Labour Party und SPD ab dem Beginn der Oppositionszeit 1979 bzw. 1982 innerparteilich in diesem Sinne?*

In Anschluss an die Erwähnung Gøsta Esping-Andersens sowie der theoretischen Ursprünge und zentralen Aussagen seiner idealtypischen Konzeption der *Drei Welten des Wohlfahrtskapitalismus* erfolgt die Darstellung von Giddens' *Dritten Weg*. Um diesen angemessen verstehen zu können, müssen zuvor die beiden anderen, von ihm in seiner Formel automatisch abgelehnten *Wege* ebenfalls abgegangen werden. Das betrifft zum einen den ab 1945 von der deutschen und britischen Sozialdemokratie antizipierten Übergang zur *etatistisch-keynesianischen Sozialdemokratie* einerseits und zum anderen den ab 1979 (in Großbritannien) und 1982 (in Deutschland) in beiden Ländern von konservativen Regierungen umgesetzten *Neoliberalismus*, dem in den Folgejahren der Aufstieg zum „vorherrschenden Paradigma der politischen Ökonomie unserer Zeit" (Chomsky 2001: 7) gelungen ist. Eine ausführlichere Darstellung von Giddens' *Drittem Weg* soll daran anschließen und die wesentlichen Ziele und arbeitsmarktpolitisch relevanten Kernelemente dieser Theorie herausarbeiten. Dabei muss auf die reine Deskription verzichtet werden, weil dies einen einseitigen Zugriff implizieren könnte, der wiederum den Erkenntnisgewiss zumeist eher behindert, als dass er ihn befördert (vgl. Giddens 1992: 35), denn „hat man nur einen Hammer, findet man auch immer nur Nägel" (Nachtwey 2009: 20). Deshalb werden die sozialpolitischen Elemente des *Dritten Weges* auch einer kritischen Überprüfung und/oder Ergänzung unterzogen. Den abschließenden Schritt des analytischen Teils bildet ein praktischer Blick auf den Verlauf der innerparteilichen Transformation von Labour Party und SPD zwischen dem Verlust der Regierungsverantwortung 1979 bzw. 1982 und der Rückkehr zu selbiger 1997 bzw. 1998 und auf die Leitlinien des Konzepts der *aktivierenden Arbeitsmarktpolitik* als Teil des *Dritten Weges*.

Teil zwei versteht sich als empirische Analyse mit diskursanalytischen Elementen und bearbeitet die folgende Fragestellung: *Stehen die Begründungen, Ziele und Maßnahmen sozialdemokratischer Politik gegen Jugendarbeitslosigkeit in Großbritannien (1997-2005) und Deutschland (1998-2005) mit Anthony Giddens' Theorie des Dritten Weges im Einklang?*

Hier werden zunächst in getrennten Länderstudien die arbeitsmarktpolitischen Ausgangsbedingungen von Labour Party und SPD bei deren Regierungsantritt erläutert und die strategischen Innovationen nachgezeichnet, mithilfe derer beide an die Macht gelangt sind, denn der *Dritte Weg* ist auch „ein Erfolgsrezept für Wahlkämpfe" (Sturm 1999: 10). Anschließend werden die offiziellen Begründungen, Zielsetzungen (die nicht systematisch, sondern repräsentativ darzulegen sind) und Maßnahmen referiert, bevor eine ausführliche, vergleichende Einordnung derselben mit explizitem Bezug auf Giddens' *Dritten Weg* erfolgt.

Im abschließenden dritten Teil der Untersuchung soll durch eine Diskursanalyse mit empirischen Elementen folgender Frage kritisch abwägend nachgegangen werden: *Wie lassen sich aus Sicht der Regierenden die Bedingungen zur Durchsetzung der Maßnahmen und aus Sicht der Aktivierungsadressaten die Chancen und Risiken dieser neuen Politik bewerten?*

Dadurch, dass die sozialdemokratisch initiierten Maßnahmen gegen Jugendarbeitslosigkeit im ersten Schritt dieses Parts der Arbeit in einen größeren Zusammenhang gestellt werden als jenem des rein Ökonomischen, werden die in Teil zwei herausgearbeiteten politischen Entscheidungsmuster verstehbar und nachvollziehbar gemacht. Die Berücksichtigung der (im Sinne Esping-Andersens) gänzlich verschieden beschaffenen Wohlfahrtssysteme erscheint dabei unabdingbar. Erklärung und Intensität des Bezugs der beiden sozialdemokratischen Regierungsparteien zu den sozialpolitisch motivierten Leitmotiven des *Dritten Weges* in ihrer Arbeitsmarktpolitik können damit nachhaltig untermauert werden. Dabei interessiert nicht vordergründig, *ob* der politische Wille innerhalb der Parteien vorhanden war (dieser kann wohl vorausgesetzt werden), weil es ja nicht etwa um die Frage nach dem *Warum* geht, sondern um die Bewertung der Durchsetzungsbedingungen. Der ausgewogene Blick auf die Adressaten der Aktivierungspolitik soll die Untersuchung abrunden, um den u. a. von Richard Sennett formulierten Umstand genauer zu eruieren, wonach sich die neue Politik „auf den Charakter derer, die keine Macht haben" (Sennett 1998: 80) völlig anders auswirke, als auf die Machthabenden. Mithilfe des (durchaus umstrittenen) Konzepts von *Inklusion und Exklusion*, auf das sich auch Anthony Giddens bei der argumentativen Rechtfertigung seiner Ideen beruft, sollen dabei die gesellschaftlichen Inklusionschancen und Exklusionsrisiken erörtert werden.

Untersuchungsmethode

Es gibt eine Reihe von Gründen, die für die Durchführung der anvisierten qualitativ vergleichenden[3] Fallstudie zur Beantwortung der vorliegenden Fragestellung(en) sprechen. Neben dem Praxisbezug bietet sie eine gewisse Flexibilität, d. h. die Vorgehensweise kann kurzfristig noch verändert werden, wenn sich - was im vorliegenden Fall nicht wirklich auszuschließen ist - im Forschungsprozess neue Erkenntnisse ergeben oder nicht antizipierte Problemlagen auftauchen. Die holistische Betrachtungsweise (Fälle werden im Kontext betrachtet, ebenso fließen historische und kulturspezifische Aspekte mit ein) garantiert, dass den längerfristig gewachsenen Wohlfahrtsstrukturen in der Untersuchung eine angemessene Berücksichtigung zuteil werden kann. In einem mehrschichtigen Politikfeld wie jenem der Arbeitsmarktpolitik sind Äquifinalitäten und multiple Kausalitäten (verschiedene Variablen haben unterschiedliche Folgen und Wirkungen) durchaus möglich und können mithilfe einer Fallstudie entsprechend gekennzeichnet und analysiert werden (vgl. Jahn 2006: 321). Das vorliegende Projekt soll nun in diesem Sinne eine theorieorientierte, interpretative Fallstudie umsetzen. Der Fall (Vergleich der sozialdemokratischen Regierungspolitik Großbritanniens und Deutschlands gegen Jugendarbeitslosigkeit) wird anhand zweier theoretischer Ansätze (*Dritter Weg* und *Die Drei Welten des Wohlfahrtskapitalismus*) analytisch eingeordnet und bewertet. Eine Generalisierungsabsicht ist damit aber ausdrücklich nicht verbunden. Die Theorien dienen dazu, den beobachtbaren Fällen für einen konkreten Zeitraum analytische Erklärungskraft und empirische Evidenz zu verleihen.

Zur Redlichkeit des Forschers gehört dabei auch, die eigenen Präferenzen bereits zu Beginn offenzulegen, denn „so etwas wie eine

---

[3] Dem Vergleich wird gemeinhin vor allem eine rückwirkende Funktion auf den Vergleichenden selbst bzw. dessen Lebensumwelt zugeschrieben, weil demnach „nur im Vergleich mit Anderen, dem zunächst Fremden, das Eigene wahrhaft verständlich wird" (Konle-Seidl 2007: 89).

neutrale Wissenschaft gibt es nicht" (Nachtwey 2009: 20). Das Anliegen dieser Untersuchung liegt nun darin, die politische Entwicklung zweier Regierungsparteien vergleichend-analytisch zu ergründen und vom Standpunkt der *Kritischen Wissenschaft* aus fundiert zu bewerten. Dies bedeutet, „auf Seiten derer zu stehen, die ein besseres Leben in der Gesellschaft verdient hätten" (Dörre et. al. 2009: 303). Stilistisch könnte die vorliegende Studie daher bisweilen einen Tonfall annehmen, der in wissenschaftlichen Kreisen (leider) nicht alltäglich anzutreffen sein dürfte. Da es sich hier jedoch nicht nur um ein wissenschaftlich notwendigerweise zu behandelndes, sondern mindestens ebenso um ein gesamtgesellschaftlich höchst relevantes Thema handelt, sollen die zutage geförderten Ergebnisse nicht nur aufklären, sondern auch gesellschaftliche Nähe suchen, mithilfe bestimmter Formulierungen fesseln und durch manch konzise und pointierte Wendung klar auf den Punkt gebracht werden, auch wenn man sich damit in der fachsprachenverliebten Welt des wissenschaftlichen Elfenbeinturms hier und da leider den Vorwurf der *Feuilletonpolitologie* einhandeln kann. Das mag für Wirtschafts- und Sozialwissenschaftler zwar dann und wann das Fallbeil bedeuten (vgl. Walter 2006: 43-45), doch soll dieses Risiko trotzdem ganz bewusst eingegangen werden, um der kritischen Beurteilung auch auf der sprachlichen Ebene gerecht zu werden, auf dass der Eindruck des erhobenen Zeigefingers stets absent bleiben mag und stattdessen die kritische Betrachtung für die Wissenschaft und den Untersuchungsgegenstand erkenntnisreiche, gewinnbringende und für den Laien nachvollziehbare Resultate produziert, denn „Kritik ist ein Geschenk" (Schmidt-Salomon 2009: 315).

Teil I

Der analytische Bezugsrahmen

„Ihr habt uns in die Welt gesetzt
Wer hatte euch dazu ermächtigt?
Wir sind nicht existenzberechtigt
und fragen euch: Und was wird jetzt?“

Erich Kästner: Das Riesenspielzeug (1932)

1. Der *Dritte Weg* als programmatische Neuausrichtung der Sozialdemokratie

> *„Ein Mann, der Herrn K. lange nicht gesehen hatte, begrüßte ihn mit den Worten: »Sie haben sich gar nicht verändert.« »Oh!« sagte Herr K. und erbleichte."*
>
> Bertolt Brecht (1971: 26)

1.1 Die Welten des Wohlfahrtskapitalismus

Neben dem im berühmten *Kategorischen Imperativ* formulierten moralischen Gesetz zählt Immanuel Kant auch das persönliche Interesse zu den *elater animi*, den Triebfedern menschlichen Handelns (vgl. Kant 2003: 37). Diese natürliche Neigung, das je eigene Glück erreichen zu wollen, resultiere aus einer rein vernunftgesteuerten Entscheidungsfreiheit, die es wiederum ermögliche, individuelle Handlungen jenseits unbewusster Instinkte normativ verbindlich zu beurteilen (vgl. Bojanowski 2006: 51f.). So treten die tatsächlichen Motive menschlichen Handelns durch jene Differenzierung zwischen wertgebundenem (bzw. notwendig gutem) und interessengeleitetem (also rein egoistischem) Verhalten deutlicher zutage.

Kaum mehr als ein halbes Jahrhundert nach Kant wandten Karl Marx und Friedrich Engels unter anderem dieses Prinzip auf die realhistorische Entwicklung der Menschheit an und kamen zu dem Schluss: „Die Geschichte aller bisherigen Gesellschaft ist die Geschichte von Klassenkämpfen" (Marx/Engels 2005: 48). Mit dem Siegeszug des industriellen Kapitalismus sei für die abhängig Beschäftigten die Notwendigkeit entstanden, sich zu organisieren, da ansonsten der Unterdrückung durch die Kapitalbesitzer keine Grenzen gesetzt werden. Die Arbeiterklasse verfügt nach marxistischer Auffassung seit ihrem Entstehen über ein objektives Klassenbewusstsein: Unabhängig von der Höhe des individuellen Einkommens oder des jeweiligen Sozialstatus vereint diese Klasse die Tatsache, dass die ihr Angehörigen nichts besitzen als ihre Arbeitskraft. Zur reinen Selbsterhaltung sind sie nun darauf angewiesen, diese Arbeitskraft innerhalb einer denkbar schlechten Verhandlungsposition zu verkaufen (vgl. Kellner 2004: 44). Was sich zur nachhaltigen Erkämpfung umfassender sozialer Rechte entwickeln muss, ist demnach ein subjektives Klassenbewusstsein (*Klassensolidarität*); also die Erkenntnis, dass das Wohl des Einzelnen von der kollektiven Aktion abhängt (vgl. Mandel 1998: 90).

Die seit den 1980er Jahren von der vergleichenden Wohlfahrtsstaatsforschung vielfach beachtete und gewürdigte Machtressourcentheorie geht von ebendiesen Konstellationen aus und konstatiert, dass die Entstehung des modernen Wohlfahrtsstaates als Resultat der Konflikte zwischen sozio-ökonomischen Interessengruppen zu erklären ist (vgl. Korpi/Palme 2003: 223). Jede Staatstätigkeit sowie deren Ergebnisse sind somit nicht etwa als direkte Funktion gesellschaftlicher und wirtschaftlicher Bedarfslagen zu betrachten, die Politikinhalte werden vielmehr maßgeblich geprägt durch die ökonomische und politische Machtverteilung unter gesellschaftlichen Gruppen oder Klassen mit jeweils konträren Interessen (vgl. Ostheim/Schmidt 2007: 40). Als zentraler Hauptvertreter der klassensoziologisch orientierten Variante des Machtressourcenansatzes hat sich Gøsta Esping-Andersen einen Namen gemacht. Dessen hoher Bekanntheitsgrad gründet in erster Linie auf der Studie *The Three Worlds of Welfare Capitalism* (1990). Darin erklärt er die Wohlfahrtsstaatsexpansion in den westlichen Demokratien seit dem Ende des Zweiten Weltkrieges vor allem über institutionelle und politische Flügel der Arbeiterbewegung (vgl. Siegel 2002: 48). Zentraler Indikator Esping-Andersens zur Einteilung der einzelnen Staaten in seine Typologie der *Drei Welten des Wohlfahrtskapitalismus* ist die Messung des Dekommodifizierungsgrades. Dieser drückt aus, inwiefern sozialstaatliche Leistungen als individuelle Rechtsansprüche garantiert werden und inwieweit ein Lebensunterhalt bestritten werden kann, ohne die eigene Arbeitskraft zur Verfügung stellen zu müssen (vgl. Esping-Andersen 1990: 21f.). Es handelt sich bei der Dekommodifizierung also wesentlich um die *Aufhebung des Warencharakters der Arbeit*. Den Hauptgrund für die starke Variation des Dekommodifizierungsgrades in verschiedenen Ländern sieht Esping-Andersen in den Machtressourcen, die von den so genannten Linksparteien und Gewerkschaften ausgehen (vgl. Schmidt 1998a: 182). Das zweite entscheidende Kriterium der Einordnung eines Wohlfahrtssystems ist die Stratifizierung. Diese drückt die Wirkung des Wohlfahrtsstaates auf die soziale Ungleichheit[4] aus. Von unterschiedlich beschaffenen sozialen Sicherungssystemen gehen demzu-

4 Soziale Ungleichheit ist ein recht abstrakter Begriff, bezieht sich jedoch in all seinen Lesarten auf die gesellschaftlich bedingten Unterschiede in der Verteilung knapp bemessener, begehrter Güter wie Bildung, Wohlstand und soziales Ansehen (vgl. Hradil 2005: 28-30).

folge qualitativ andere Wirkungen aus. So verschärfen bedürftigkeitsgeprüfte Leistungen bestehende Unterschiede, während Sozialversicherungsmodelle auf die Erhaltung von Statusunterschieden abzielen und universalistische Systeme eher auf klassenübergreifende Solidarität setzen (vgl. Esping-Andersen 1990: 25).

Aus den diesbezüglich erarbeiteten empirischen Befunden entwickelt Esping-Andersen seine Typologie der Wohlfahrtsregimes, die sich in den sozialdemokratischen, den konservativen und den liberalen Wohlfahrtsstaat gliedert. Im sozialdemokratischen Regime genießt die universalistische Versorgung aller Staatsbürger oberste Priorität, sodass hier meist ein hochgradiges Niveau an Gleichheit und Solidarität zu konstatieren ist (vgl. Esping-Andersen 1998: 45). Dagegen zeichnet sich der konservative Typus - zu dem Esping-Andersen auch Deutschland zählt - durch den Willen zum Erhalt von Statusunterschieden aus und fußt auf dem Subsidiaritätsprinzip: Der Staat greift seinen Bürgern erst dann unter die Arme, wenn die natürliche Fürsorge der Familie versagt (vgl. ebd.: 44). Die Gewährung sozialer Rechte ist hier primär klassen- und statusgebunden, auch wenn die Bedeutung rein privater Absicherung nur marginal ausgeprägt ist (vgl. Ullrich 2005: 46). Statusunterschiede werden in diesem Wohlfahrtsstaat nicht allein deshalb aufrecht erhalten und vertieft, weil die Kapitalseite ihre Privilegien bewahren möchte. Sie dienen darüber hinaus auch einer gezielten Schwächung der Organisationsfähigkeit von abhängig Beschäftigten, da sie so an der Entwicklung eines subjektiven Klassenbewusstseins gehindert werden können (vgl. Esping-Andersen 1985: 475). Den liberalen Wohlfahrtsstaat (mit dem Prototyp Großbritannien) charakterisieren eine „bedarfsgeprüfte Sozialfürsorge, niedrige universelle Transferleistungen und ebenso bescheidene Sozialversicherungsprogramme" (Esping-Andersen 1998: 43). Dem Staat obliegt hier in erster Linie die Aufgabe, den Markt zu fördern. Außerdem besteht ein politisches Ziel darin, sozialen Leistungen eine geringe Dekommodifizierungswirkung zu ermöglichen. Die keynesianische Umverteilungspolitik wird durch restriktiven Leistungszugang und geringen Leistungsumfang systematisch vermieden[5] (vgl. Ullrich 2005: 46).

[5] Die Variante Mancur Olsons soll hier nicht unerwähnt bleiben. Sie basiert auf der Annahme, dass es innerhalb der Gesellschaft „auf Kämpfe um die Verteilung von Einkommen und Vermögen ausgerichtete Sonderinteressengruppen" (Olson 1991: 56) gibt, die kein Interesse an der Steigerung des gesamtgesellschaftlichen Wohlstands haben. Deren Zahl wachse in Demokratien kontinuierlich, was die Staatsausgaben in die Höhe treibe (vgl. ebd.: 91-97) und zu sinkendem Wirtschaftswachstum führe (vgl. ebd.: 134).

Die Machtressourcentheorie und speziell Esping-Andersens Typologie standen in den vergangenen beiden Dekaden heftig unter Beschuss. Einen begründeten Kritikpunkt am Machtressourcenansatz bildet der Hinweis auf seine rein klassensoziologische Fixierung. Insbesondere beim kontinentaleuropäischen Modell wird den konfessionellen Faktoren zu wenig Beachtung geschenkt. Zwar weist Esping-Andersen an einigen Stellen auf den Einfluss der katholischen Soziallehre auf die Entstehung des konservativen Wohlfahrtsstaates hin (vgl. Esping-Andersen 1990: 4; 17; 40; 60f.), doch vernachlässigt er nahezu vollständig den Rang der Variable *Protestantische Arbeitsethik* für die Ausgestaltung dieses Regimetypus (vgl. Manow 2002: 206). Tatsächlich jedenfalls ist der Klassenkonflikt in Deutschland seit jeher lediglich eine Konfliktlinie unter mehreren (vgl. Schmidt 2005: 137), doch kann für die Entstehung des deutschen Sozialstaats der Konflikt zwischen Kapital und Arbeit (neben jenem zwischen Staat und Kirche) als dominant bezeichnet werden[6]. Darüber hinaus bleibt die zentrale Problemstellung der sich nach dem Ende des *kurzen Traums immerwährender Prosperität* (Burkhart Lutz) wieder vertiefenden und in einer Art neuer antagonistischer Klassengesellschaft manifestierenden sozialen Ungleichheit ungeachtet der derzeit zu beobachtenden Hochkonjunktur neuer Begriffe zur Kennzeichnung gegensätzlicher Interessen innerhalb der gegenwärtigen Gesellschaft weiterhin bestehen (vgl. Bischoff et. al. 2002: 7).

Neben dem Problem der bei idealtypischen Theoriekonstruktionen stets möglichen Missverständlichkeit (vgl. Rieger 1998: 75-81) wurden in den zurückliegenden Jahren vermehrt Erweiterungsvorschläge publik. Diese betrafen vor allem die europäischen Mittelmeerstaaten, Australien/Neuseeland, Japan und andere ostasiatische Staaten sowie das postkommunistische Europa, die jeweils mit eigenen Wohlfahrtsregimen versehen werden sollten (vgl. Ullrich 2005: 48). Von feministischer Seite wurde dagegen zunehmend der Vorwurf laut, nicht berücksichtigt zu haben, wie sich wohlfahrtsstaatliche Strukturen auf Frauen und deren Erwerbstätigkeit auswirken (vgl. Bambra 2004: 9). Der plausibelste Einwand gegen die

[6] Zu dieser Erkenntnis gelangten die Sozialforscher Seymour Martin Lipset und Stein Rokkan 1967 in einer einflussreichen Untersuchung. Die darin erarbeiteten vier wichtigsten gesellschaftlichen Konfliktlinien in entwickelten Industriestaaten sind Kapital gegen Arbeit, Kirche gegen Staat, Stadt gegen Land sowie Zentrum gegen Peripherie (vgl. Lipset/Rokkan 1967).

klassensoziologisch fundierte Machtressourcentheorie besteht jedoch im Vorwurf der Lückenhaftigkeit. Bislang hat sie sich nur bei der Analyse der Expansion von Wohlfahrtsstaatlichkeit bewährt. So fehlt bis heute eine schlüssige Weiterentwicklung für die Zeit seit dem Beginn des *neoliberalen Zeitalters* in den 1980er Jahren. Esping-Andersens zentrale Studie erschien zwar erst 1990, ihr arbeitsmarktspezifischer Teil basiert jedoch größtenteils auf Daten aus dem Jahr 1980 (vgl. Esping-Andersen 1990: vif.). Die wohlfahrtsstaatliche Entwicklung sollte zudem nicht isoliert betrachtet werden von den historisch gewachsenen politischen, wirtschaftlichen und sozialen Institutionen[7], die das Profil von Politikinhalten mitzuprägen vermögen. Institutionen werden demnach entwicklungsgeschichtlich zu „geronnene[m] politische[m] Willen der Vorgängerregierungen" (Schmid et. al. 1987: 25). Paul Piersons These von den *New Politics of the Welfare State* (2001) erfuhr in diesem Zusammenhang in der jüngeren Vergangenheit eine besonders große Resonanz. Der Autor konstatiert hier für liberale Wohlfahrtsstaaten wie die USA oder Großbritannien weniger stark ausgeprägte sozialpolitische Rückbaumaßnahmen und erklärt dies über die Ausprägung der Demokratie sowie institutionelle Kontextbedingungen, in denen sich auch rückbauwillige konservative und liberale Regierungen bewegen müssen. Kritisch anzumerken ist hier allerdings, dass dabei teilweise sehr stark vereinfachende Aussagen getroffen wurden, die in fundamentalem Widerspruch stehen zu empirisch nachweisbaren massiven Maßnahmen des Wohlfahrtsstaatsrückbaus in beiden durch Pierson analysierten Staaten (vgl. Siegel 2002: 96f.).

Die spannende Frage hingegen, ob im Zuge sich zunehmend verändernder interner und externer Handlungsbedingungen die Sozialdemokraten und Gewerkschaften überhaupt noch als *Verbündete* der Arbeitnehmerinteressen zu betrachten sind, wurde aus machtressourcen- und institutionentheoretischer Sicht bislang auffallend wenig berücksichtigt. Wolfgang Merkels Erklärungsversuch für die Erosion der Arbeitnehmermacht in Westeuropa (1993) ist hier eine Ausnahme. Die von ihm herausgearbeiteten drei *Angriffe* auf die Handlungsfähigkeit sozialdemokratischer Regierungen können durchaus als Anknüpfungspunkt dienen. Neben der ökonomischen Globalisierung zählt Merkel die Heterogenisierung kollektiver Akteure, Schichten, Milieus und Lebensstile sowie die fortschreitende

---

7 Mit Institutionen sind „interpersonale, formelle oder informelle Regeln und Normen [gemeint], die historisch-kulturell kontingent und variabel sind" (Schmidt 1993: 378f.).

funktionale Differenzierung gesellschaftlicher Subsysteme zu den Ursachen für die Abwertung traditioneller Machtressourcen der abhängig Beschäftigten (vgl. Merkel 1993: 363). Einen Ausweg aus diesen Dilemmata versucht die Theorie vom *Dritten Weg* zu weisen. Erarbeitet wurde der *Dritte Weg* von Anthony Giddens, dem ehemaligen Direktor der *London School of Economics* (vgl. Misik 1999: 450). Ein Modell, das auch von Gøsta Esping-Andersen in den vergangenen Jahren in die Erweiterungsversuche seiner Theorie maßgeblich aufgenommen wurde (vgl. Lessenich 2004: 472f.). Bevor jedoch der *Dritte Weg* genauer thematisiert wird, müssen zum besseren Verständnis zunächst die beiden anderen, von Giddens abgelehnten *Wege* kurz beschritten werden.

1.2 Die etatistisch-keynesianische Sozialdemokratie

Wer einen Streifzug durch die Geschichte des vergangenen Jahrhunderts wagt, wird erahnen können, welch apokalyptisches Klima im Jahr 1929 weltweit geherrscht haben muss. Die bis dahin größte Krise des kapitalistischen Systems offenbarte in jenen Tagen mehr als eindeutig, dass das Ideal des klassischen *Laissez-faire*-Liberalismus mit seinem wirtschaftspolitischen Rezept einer bedingungslos staatsfreien Wirtschaft unter vollständigen Konkurrenzbedingungen[8] gescheitert war (vgl. Wetzel 1986: 3). Im Zuge ebenjenes gesamtgesellschaftlichen Desasters schickte sich ein Ökonomie-Professor namens John Maynard Keynes (1883-1946) aus dem britischen Cambridge an, wirksame Lösungsansätze für die Krise zu entwickeln. Der hochgemute Wirtschaftswissenschaftler selbst prophezeite in einem Brief an den irischen Schriftsteller George Bernard Shaw im Januar 1935 Großes: „I believe myself to be writing a book on economic theory which largely revolutionise […] the way the world thinks about economic problems" (Keynes 1973a: 492). Tatsächlich lieferte Keynes im folgenden Jahr mit seiner *General Theory of Employment, Interest and Money* (vgl. Keynes 1973b) den bis dahin wohl „radikalste[n] Bruch mit den theoretischen Grundlagen der (Neo-)Klassik" (Stützle 2008: 23). Die darin entwickelten Ideen, die

[8] Die Anhänger dieser wirtschaftspolitischen Doktrin standen der akademischen Theorieschule der *Neoklassik* nahe, die ihrerseits die Ideen klassischer Nationalökonomen (vor allem Adam Smith, David Ricardo, Jean-Baptiste Say, Thomas Robert Malthus und John Stuart Mill) weiterzuentwickeln trachteten. Detailliertere Erläuterungen zur *Neoklassik* müssen hier unterbleiben, einen gut lesbaren ersten Einblick bieten Felderer/Homburg (2005: Kap. 4).

seither als *Keynesianismus*[9] firmieren, avancierten schnell zur „Grundlage der Wirtschaftsordnung der Nachkriegszeit" (Wee 1986: 322). Keynes artikulierte trotz seiner Bewunderung für die ökonomischen Studien von Karl Marx immer wieder seine deutliche Aversion gegen sämtliche *Marxismen* (vgl. Zinn 2007a: 1). Sein Ziel war vielmehr die Rettung des Kapitalismus vor sich selbst und vor dem autoritär-diktatorischen Staatssozialismus (vgl. Bontrup 2006: 1).

Den Ausgangspunkt seiner ökonomietheoretischen Überlegungen bildete die bereits von Marx fast siebzig Jahre zuvor analysierte systemimmanente Krisenanfälligkeit der Marktwirtschaft. Im Gegensatz zu Marx jedoch setzte Keynes darauf, dass der Staat jene Instabilität durch stetige Interventionen beheben könnte. So galt das *Saysche Theorem* über die Selbstheilungskräfte des Marktes nunmehr (vorerst) als überholt und wurde ersetzt durch die Annahme, dass nicht etwa das Angebot die Nachfrage bestimme, sondern umgekehrt die effektive Nachfrage das Angebot konstituiere. Lohnsenkungen führen demnach keineswegs automatisch zu mehr Beschäftigung, sondern verschärfen vorhandene Arbeitsmarktkrisen. Die (später rege und nicht ganz unerfolgreich angewendeten) politischen Instrumente zur staatlich geförderten Stabilisierung des Marktes bestehen wesentlich in einer Geldpolitik, welche die Investitionen durch niedrige Zinsen anheben soll sowie im so genannten *deficit spending*, einer antizyklischen und kreditfinanzierten Fiskalpolitik (vgl. Nachtwey 2009: 95). Einige der wesentlichen Prinzipien Keynes' vereinnahmten die britischen und deutschen Sozialdemokraten spätestens nach 1945 für das eigene politische Programm.

Der nach einem gewonnenen, aber nicht minder verlustreichen Krieg innerhalb der britischen Bevölkerung verankerte Ruf nach dem Staat zur Herstellung von mehr sozialer Fairness trug die britische Labour Party 1945 an die Macht (vgl. Sassoon 1996: 123f.). Es folgte ein nachfrageorientierter Wohlfahrtsstaatsausbau entlang kollektivistischer Leitlinien, die durch den Liberalen William Beveridge 1942 in dessen Bericht zur Entwicklung eines neuen Sozialsystems entwickelt wurden (vgl. Scharf 2001: 47f.). Die Regierung von Premierminister Clement Attlee erwirkte eine deutliche Erhöhung der Lohnquote (vgl. Deutschmann 1973: 122) und etablierte eine Sozial-

---

9 Eine genaue Illustration des *Keynesianismus* würde gewiss den gebotenen Rahmen sprengen. Von Scherf (1989) existiert hierzu ein gelungener Überblickstext, während die Lektüre von Keynes' oben erwähntem Hauptwerk mindestens ebenso gewinnbringend ist.

gesetzgebung, aus der einige der bis heute gültigen Eckpfeiler des britischen Wohlfahrtssystems hervorgingen; vom *National Insurance Act* über die Einführung des nationalen Gesundheitsdienstes *NHS* (*National Health Service*) 1946 bis zum Sozialhilfegesetz (*National Assistance Act*) von 1948 (vgl. Schmid 2002: 163). 1951 allerdings erlebte die Labour Party bei den Unterhauswahlen ein Debakel, das sich vorrangig über finanzielle Unstimmigkeiten im Zusammenhang mit dem Korea-Krieg erklärte (vgl. Whiteley 1983: 122). Unter der Führung von Hugh Gaitskell brachten die folgenden Oppositionsjahre einen innerhalb keynesianischer Modelle verharrenden Revisionismus weg von ehernen sozialistischen Prinzipien[10], weil sich - nach Einschätzung der Labour-Führung - die Arbeiterklasse in Großbritannien derart verbürgerlicht hatte, dass das Selbstverständnis der Partei als Artikulationsorgan der Arbeiterbewegung hinfällig geworden war (vgl. Anderson 1964: 4f.). Die Regierungen Wilson (1964-1970; 1974-1976) und Callaghan (1976-1979) setzten die neue Programmatik schließlich konsequent in Regierungshandeln um. Während der weltweiten Ölpreiskrise glaubte sich die Labour Party gezwungen zu sehen, empfindliche Einschnitte im Sozialbereich vorzunehmen (vgl. Howell 1980: 251-256). Unter dem Druck des *Internationalen Währungsfonds* (*IWF*) verfolgte insbesondere die Regierung unter der Ägide James Callaghans eine Konsolidierungspolitik zulasten kleiner und mittlerer Einkommen, welche gegen die Gewerkschaften durchgesetzt wurde und einen ersten zaghaften Schritt zur monetaristischen Politikkonzeption bedeutete (vgl. Scharpf 1987: 111-117). Damit wusste die Labour Party 1979 der konservativen Kandidatin Margaret Thatcher nichts mehr Wirkungsvolles entgegenzusetzen, weil sie bereits „Teile von Thatchers Agenda antizipiert" (Nachtwey 2009: 171) hatte.

In dem studierten Volkswirt sowie späteren Wirtschafts- und Finanzminister Karl Schiller fand die SPD ihren Protagonisten der in-

---

[10] Im Gegensatz zur SPD kann sich die Labour Party nicht auf eine dezidiert marxistische Tradition berufen. Zum einen waren die britischen Arbeitsbeziehungen nie so konfrontativ wie in Deutschland. Vielmehr war die Arbeiterklasse durch fest verbriefte soziale Rechte in die bürgerliche Gesellschaft integriert, ohne ausgeprägte Klassenkämpfe dafür ausfechten zu müssen. Darüber hinaus übte die Monarchie immer schon einen erheblichen Einfluss auf die Arbeiterschaft aus (vgl. McKibbin 1984: 314-320). Der Sozialismus der Labour Party hat seine Wurzeln im *Fabianismus*, der im Gegensatz zum Marxismus stark von der christlichen Soziallehre beeinflusst und nicht internationalistisch ausgerichtet ist sowie weniger auf Klassenkampf, als vielmehr auf Klassenkompromiss setzt (vgl. Nachtwey 2009: 48-51).

nerparteilichen Umsetzung keynesianischer Politikkonzepte, der 1959 triumphierend ausrief: „In der Tat: Keynes und nicht Marx regiert die Stunde!“ (zit. n.: Held 1982: 263). Im gleichen Jahr verabschiedete die Partei das *Godesberger Programm*, in dem sie sich endgültig von ihrer historischen Bindung an die Arbeiterklasse lossagte und sich vom Ziel der Überwindung des Kapitalismus verabschiedete: „Totalitäre Zwangswirtschaft zerstört die Freiheit. Deshalb bejaht die Sozialdemokratische Partei den freien Markt, wo immer wirklich Wettbewerb herrscht [...]. Wettbewerb soweit wie möglich, Planung soweit wie nötig!“ (SPD 1959: 8f.). Damit verband sich der endgültige Verzicht auf die Vergesellschaftung der Produktionsmittel und die grundsätzliche Anerkennung des Privateigentums sowie des Prinzips *Markt vor Staat*. 1966 traten die Sozialdemokraten als Juniorpartner in die Große Koalition mit der CDU/CSU ein und beeinflussten die Wirtschaftspolitik maßgeblich, indem sie durch eine Reihe konjunkturstützender Maßnahmen dem Staat die hauptsächliche Verantwortung für den Wirtschaftsablauf zu übertragen vermochten (vgl. Abelshauser 2004: 410). Zugleich zementierte die zutiefst ablehnende Haltung der Parteimehrheit gegenüber der 1967 beginnenden Studentenbewegung die Abkehr von sozialistischen Idealen nachhaltig (vgl. Lehnert 1983: 198f.). Zwischen 1969 und 1982 kam erstmals eine SPD-geführte Bundesregierung mit der FDP zustande. Ausgehend von Bundeskanzler Willy Brandt machte bereits die Formel von der *Neuen Mitte* die Runde (vgl. Grebing 2007: 177), seine vielzitierte programmatische Kernaussage *Mehr Demokratie wagen* implizierte eine weitere Sozialstaatsexpansion und war getragen von den Leitbildern der Chancengleichheit, Verteilungs- und Leistungsgerechtigkeit (vgl. Nachtwey 2009: 147f.). Erst unter Brandts Nachfolger Helmut Schmidt veränderten sich diese Rahmenbedingungen ab 1974 sukzessive. Im Zuge der sich verschärfenden Wirtschaftskrise konnten zwar nach wie vor Phasen der Rezession über die starke Exportwirtschaft kompensiert werden, doch setzte sich damit auch innerhalb der SPD mehrheitlich die Überzeugung durch, dass die Abhängigkeit vom Weltmarkt umso mehr zunehme (vgl. Altvater et. al. 1979: 156-179). Das allmähliche Abrücken von keynesianischen Positionen begann 1975, als die Haushaltskonsolidierung (vor allem mittels Einsparungen im Sozialbereich) Prioritätscharakter annahm und Schmidt sich der im Aufstieg befindlichen monetaristischen Angebotsökonomie zuneigte (vgl. Scherf 1986: 57). Gleichwohl manifestierte sich der erhebliche Einfluss des linken Parteiflügels in der Friedensbewegung und dem damit verbundenen Protest gegen den *NATO*-Doppelbeschluss (vgl. Gebauer 2005: 191-217). So erlangte in der Wirtschafts- und Sozialpolitik der oppositionellen SPD auch der Keynesianismus nach dem erzwungenen Ende der sozialliberalen Koalition (1982) vorerst seine Dominanz zurück (vgl. Nachtwey 2009: 163).

Ab 1945 lässt sich damit für die deutsche und britische Sozialdemokratie zweifellos eine vollständige Abkehr von revolutionär-sozialistischen Zielen feststellen. Als zentrales wirtschaftspolitisches Paradigma bildete der Keynesianismus fortan den scheinbar gefundenen Klassenkompromiss. Der Wohlfahrtsstaat ließ die große Hoffnung aufkeimen, die theoretische Unvereinbarkeit der nach rechtlicher und sozialer Gleichheit strebenden Demokratie und des auf ungleicher Verteilung des Privateigentums an Produktionsmitteln beruhenden Kapitalismus ein für allemal aufgelöst zu haben (vgl. Przeworski 1985: 209). Zwar akzeptierte man die von Marx analysierten negativen Folgen der Marktwirtschaft; doch glaubte man ebenso daran, diese durch staatliche Eingriffe in sozialverträglichen und konfliktentschärfenden Grenzen halten zu können. Hierzu wurde dem Staat die Pflicht auferlegt, jene öffentlichen Güter bereitzustellen, die Märkte nur unzureichend oder gar nicht erzeugen können (Gesundheit, Bildung etc.) sowie den Gleichheitsgedanken durch Umverteilung zu verwirklichen (vgl. Giddens 1999a: 19f.). Ihren terminologischen Ausdruck fand die *etatistisch-keynesianische* Sozialdemokratie im Begriff des *Demokratischen Sozialismus*[11]. Demnach ist der Sozialismus nicht revolutionär, sondern nur durch Reformen zu erreichen (vgl. Meyer 1982: 45). Eduard Bernstein brachte diesen Glauben an die Möglichkeit der *sozialen Gestaltung des Kapitalismus* bereits 1898 konzis auf den Punkt: „In einem guten Fabrikgesetz kann mehr Sozialismus stecken, als in der Verstaatlichung einer ganzen Gruppe von Fabriken" (Bernstein 1973: 96). Im Zuge der ersten globalen Wirtschaftskrise nach dem Zweiten Weltkrieg ist seit den 1970er Jahren im Regierungshandeln beider Länder eine nicht zu übersehene Schwerpunktverlagerung vom *Keynesianismus* zum *Neoliberalismus* zu beobachten und damit zu einer spezifischen Variante des marktradikalen Denkens, die sich seither sowohl in Großbritannien, als auch in Deutschland realpolitisch in unterschiedlicher Intensität niedergeschlagen hat.

---

[11] Die Theorie des *Demokratischen Sozialismus* kann hier nicht eingehend behandelt werden. Für eine ausführliche Erläuterung der recht zahlreichen Unterschiede zwischen *revolutionärem* und *demokratischem Sozialismus* siehe Meyer (1982).

1.3 Der Neoliberalismus

Milton Friedmans (1912-2006) immer wieder artikulierte Sehnsucht nach einem grundlegenden Paradigmenwechsel in der praktischen Politik der kapitalistischen Welt zugunsten einer „konsequente[n] Ausweitung ökonomischer Formen auf das Soziale" (Lemke et. al. 2000: 16) erfüllte sich spätestens zu Beginn der 1980er Jahre in einigen demokratischen Staaten derart erfolgreich, dass der US-Ökonom pathetisch von einer *neoliberalen Konterrevolution* sprach (vgl. Altvater 2008: 50). Eine griffige Definition jenes neoliberalen Theoriegebäudes existiert bis heute nicht, was weniger einer mangelnden Intelligenz der mit diesem Begriff befassten Wissenschaftler geschuldet ist als vielmehr der Tatsache, dass jener Terminus eine Heterogenität beinhaltet, die in wenigen Sätzen kaum angemessen erfasst werden kann. Die folgenden Ausführungen haben daher auch nicht zum Ziel, eine solche Definition zu wagen, doch soll zumindest ein knappes Panorama zum neoliberalen Paradigma dessen Vielschichtigkeit dokumentieren.

Einer der häufig anzutreffenden Irrtümer besteht in der Annahme, beim Neoliberalismus habe man es mit einer in den 1980er Jahren von den USA ausgehenden imperialistischen Spielart des Kapitalismus zu tun[12] (vgl. Ptak 2004a: 15). Faktisch jedoch existiert dieses Modell bereits seit der Weltwirtschaftskrise 1929/32 (vgl. Ptak 2008a: 17). Als Reaktion zum aufblühenden Keynesianismus sollte damals für das wirtschaftsliberale Gedankengut eine neue Legitimationsgrundlage geschaffen werden (vgl. Ptak 2005: 132). Walter Eucken und Alexander Rüstow schlugen mit dem „liberalen Interventionismus" (Behlke 1961: 75) 1932 erstmals einen mit großer Machtfülle ausgestatteten Staat vor, der einem übergeordneten Wirtschaftsinteresse dienen und damit den Einfluss von Parteien und Gewerkschaften zurückdrängen sollte (vgl. Ptak 2008a: 20). Staatliche Eingriffe hatten demnach zu erfolgen „in genau der entgegengesetzten Richtung, als in der bisher eingegriffen worden ist, nämlich nicht entgegen den Marktgesetzen, sondern in Richtung der Marktgesetze" (Rüstow 1963: 252f.). Eucken betonte explizit, dass der Staat idealerweise eine Wettbewerbsordnung entlang der vollständigen Konkurrenz zu veranstalten habe (vgl. Eucken 1968: 372f.). Ebenjener „Heros Archegetes neoliberalen Denkens" (Kunze 1954:

[12] In diese vor allem in Westeuropa verbreitete Falle ist selbst der sonst meist unangreifbar wasserdicht argumentierende Pierre Bourdieu getappt (vgl. Bourdieu 2001).

7f.) bezeichnete gemeinsam mit Alfred Müller-Armack seine Ideen als *Ordoliberalismus* und entwickelte diesen im Laufe der nationalsozialistischen Diktatur zu einer geschlossenen wirtschaftswissenschaftlichen Strömung weiter (vgl. Becker 1965: 43). Wenig später bildete jene als *Freiburger Schule* bezeichnete Bewegung den Ausgangspunkt für das von Ludwig Erhard weitgehend umgesetzte Konzept der *Sozialen Marktwirtschaft* in Deutschland. Ein Faktum, das allzu oft übergangen wird, denn insbesondere sozialdemokratisch orientierte Kritiker konstruieren gerne einen Gegensatz zwischen *Sozialer Marktwirtschaft* und Neoliberalismus[13], was allein schon deshalb faktisch falsch ist, weil beide unbestreitbar einen gemeinsamen historischen Pfad bilden (vgl. Ptak 2004b: 289). Erhard zählte sich selbst ausdrücklich zu den Ordoliberalen (vgl. Erhard 1962: 12; 476-491; 592); auch wenn er betont hat, dass es im Zuge der bundesdeutschen Verhandlungsdemokratie mit der arbeitnehmerseitlichen Mitbestimmung nicht möglich sei, eine Wirtschafts- und Sozialpolitik im rein ordoliberalen Sinne umzusetzen (vgl. Erhard 1957: 181f.). Dennoch ist es gelungen, dem nach dem Zweiten Weltkrieg entstandenen Trend zu einem makroökonomisch gestützten Wohlfahrtsstaat zu stoppen. Als zentrale Botschaft der *Sozialen Marktwirtschaft* setzte sich die Auffassung durch, dass soziale Schieflagen nur durch marktkonforme Interventionen aufgefangen werden können (vgl. Ptak 2008b: 84). Das System wurde ab 1966 zwar verstärkt von der SPD immer weiter keynesianisch ausstaffiert, die wichtigsten ordoliberalen Grundlagen blieben dagegen unangetastet. Deshalb ist der seit Jahren zu beobachtende „Boom" (Walpen 2000: 1066) des Neoliberalismus als inflationär gebrauchter, „hoffnungslos politisiert[er] und seiner ursprünglichen Bedeutung entfremdet[er]" (Heuser 2003: 800) Kampfbegriff völlig irreführend und dient ausschließlich der oberflächlichen Abgrenzung zum politischen Gegner, woraus eine undifferenzierte Banalisierung der politischen Debatte resultiert.

Im Gefolge der *Freiburger Schule* entwickelte sich der Neoliberalismus international zu einer heterogenen akademischen Strömung. Die in den 1940er Jahren entstandene *Wiener Schule* um Friedrich August von Hayek (1899-1992) versucht, Wirtschaft und Gesellschaft über evolutionäre Prozesse zu erklären. So bildet laut Hayek

---

[13] So behaupten beispielsweise Oskar Lafontaine und Christa Müller (1998: 54) sowie Werner Vontobel (1998: 9), der Neoliberalismus kündige zentrale Prinzipien der *Sozialen Marktwirtschaft* auf.

der Markt keine gemachte, sondern eine vom natürlichen Selektionsprinzip hervorgebrachte *spontane Ordnung*, die zu einem natürlichen Gleichgewicht tendiert (vgl. Waibl 1989: 199). Für Hayek gibt es im Sinne seiner Idee von der *kulturellen Evolution* zu Markt und Wettbewerb auf allen Ebenen keine Alternative. Menschen - die er stets aus der Sicht nutzenmaximierender Individuen betrachtet - sind demnach nicht fähig, diesen Entwicklungsprozess zu begreifen: „Wir haben unser Wirtschaftssystem nicht entworfen, dazu waren wir nicht intelligent genug. Wir sind in dieses Wirtschaftssystem hineingestolpert" (Hayek 1981b: 222). So lehnt er trotz seiner Verortung im Ordoliberalismus (vgl. Moeller 1950: 224) den Begriff der *Sozialen Marktwirtschaft* kategorisch ab, weil der Markt an sich weder sozial noch unsozial sein könne (Hayek 1981a: 108) und der Terminus daher „nur verdunkelt und nicht aufhellt" (Hayek 1957: 72f.). Auch vom Gerechtigkeitsbegriff hält Hayek überhaupt nichts, weil die aus dem Marktprozess hervorgehende Verteilung niemals das beabsichtigte Ergebnis menschlichen Handelns sein und jede Herstellung von Gerechtigkeit im Sinne von Gleichheit (mit Ausnahme der *Gleichheit vor dem Gesetz*) nur in Diktaturen bestehen könne[14] (vgl. Baron 1981: 38). Dagegen gilt „der Egoismus [...] als Zaubertrank für das Gemeinwohl. Wenn jeder nur auf seinen eigenen Vorteil achte, sei dies für alle gut" (Felber 2008: 55). Dies findet seinen Ausdruck im Leitbild des *unternehmerischen Selbst*[15], wonach der Arbeiter für sich selbst ein Unternehmen sein soll, das die eigene Lebenswirklichkeit eigenverantwortlich zu managen pflegt: „Wir müssen uns bewußt sein, daß wir die Menschen nicht für eine freie Gesellschaft erziehen, wenn wir Spezialisten heranziehen, die erwarten, daß sie verwendet werden, aber unfähig sind, selbst die eigene Verwendung zu finden" (Hayek 1959: 163). Deshalb spricht sich Hayek gegen jede wohlfahrtsstaatliche Einrichtung der Gesell-

[14] Hayeks Aversion gegen egalitäre Bestrebungen wird anhand einer Interview-Aussage besonders deutlich: „Wenn wir garantieren, daß jeder am Leben erhalten wird, der erst einmal geboren ist, werden wir sehr bald nicht mehr in der Lage sein, dieses Versprechen zu erfüllen. Gegen Überbevölkerung gibt es nur die eine Bremse, nämlich daß sich nur die Völker erhalten und vermehren, die sich selbst ernähren können" (zit. n. Baron 1981: 38). Seine diesbezüglich recht starke ideologische Einfärbung wird auch in seinem 1944 erstmals erschienenen Buch *Der Weg zur Knechtschaft* evident, das er „den Sozialisten in allen Parteien" (Hayek 1976) widmete. Gemeint ist mit dieser zynischen Formel ganz offensichtlich eine populistische Gleichsetzung von Nationalsozialismus und Kommunismus, denn Hayek hielt beide für „Geschwister ein und derselben Familie" (Schuhler 2008: 3).

[15] Zu einer kurzen Begriffsgeschichte des *unternehmerischen Selbst* siehe Bröckling (2007: 50-53).

schaft aus (vgl. Hayek 2003: 164). Ihre Legitimationsgrundlage glaubt diese Form des Neoliberalismus durch das Versprechen zu gewinnen, eine von wohlfahrtsstaatlicher Regulierung *befreite* Marktwirtschaft würde grundsätzlich individuelle Freiheit und allgemeine Prosperität schaffen (vgl. Schmidt 2008a: 14).

In ebendieser Tradition steht die *Chicago School* um Milton Friedman. Die Rolle der Regierung besteht für ihn darin, den Rahmen für die geforderte Universalisierung des Wettbewerbs vorwiegend in Form von Deregulierung[16], Liberalisierung[17] und Privatisierung[18] auf das bisher Außerökonomische zu bereiten (vgl. Harvey 2007: 9). Friedman vergleicht den Staat dabei mit einem Schiedsrichter, der die Spielregeln festlegt, sie interpretiert und ihre Einhaltung überwacht. Dieser Logik zufolge besteht generell eine formale Freiheit und Gleichheit aller Individuen als Staatsbürger, die auf dem Markt aufeinandertreffen und daher eigenverantwortlich zu handeln haben (vgl. Friedman 1970: 15). In diesem Spiel zählen jedoch nicht Köpfe, sondern vielmehr die „Dicke der Brieftaschen" (Altvater 1981: 13), weil in ausnahmslos jeder nach Schichten gegliederten Gesellschaftsformation materielle Ressourcen höchst ungleich verteilt sind (vgl. Berger 2004: 356). Diese Nicht-Berücksichtigung der ungleichen Ausgangsbedingungen geschieht allerdings nicht etwa versehentlich, zumal insbesondere Hayek immer wieder betonte, dass die Rede von *Anfangsausstattungen* zur Herstellung von Chancengleichheit vollkommen uninteressant sei, weil diese ohnehin nach kurzer Zeit bedeutungslos würden (vgl. Zintl 2000: 101). Friedman meinte sogar, jegliche Umverteilungsbestrebung von *reich* zu *arm* sei zutiefst unmoralisch (vgl. Zucker 2006: 18). Leidet eine Ökonomie unter hoher Inflation - so die *Chicagoer* - dann liegt dies stets daran, dass die Regierung zu große Geldmengen einleiten ließ, statt dem Markt die Möglichkeit zu geben, selbstständig seine Balance zu finden (vgl. Klein 2007: 77). Eine derartige Glorifizierung des Marktprinzips bedeutet in letzter Konsequenz nichts weniger, als dass selbiges nicht nur die ökonomische Aktivität, sondern das politische

---

16 Unter Deregulierung versteht man in diesem Zusammenhang „den Abbau staatlicher Steuerung, die wirtschaftliche Aktivitäten reguliert und Marktmechanismen einschränkt" (Deckwirth 2005: 32).

17 Im außenwirtschaftlichen Kontext ist damit vor allem der „Abbau administrativer Beschränkungen des internationalen Güter- und Kapitalverkehrs" (Willke 2006: 62) gemeint.

18 Privatisierung ist die „Einführung gewinnorientierter Steuerung in Bereiche, die bisher an Kriterien des Gemeinwohls ausgerichtet waren" (Huffschmid 2005: 148).

und gesellschaftliche Zusammenleben insgesamt entscheidend bestimmen muss (vgl. Schui/Blankenburg 2002: 79).

Durch die Verleihung des Wirtschaftsnobelpreises an Hayek im Jahr 1974 und an Friedman 1976 (vgl. Walpen 2004: 212) erfuhren die Ideen der beiden neoliberalen Vordenker mitten in der Legitimationskrise des Keynesianismus eine entscheidende Aufwertung. Neben den USA war es Großbritannien, das dem radikalen Neoliberalismus als erste demokratische Regierung der Welt ab 1979 unter der konservativen Premierministerin Margaret Thatcher eine reale Chance gab. Nach einem sehr zögerlichem Beginn ging die Hayek-Bewunderin in Anschluss an einen zwar aus wenig überzeugenden Gründen vom Zaun gebrochenen, aber triumphal gewonnen Falkland-Krieg mit herausragender Zustimmung seitens weiter Teile der britischen Bevölkerung wirtschafts- und sozialpolitisch in die Offensive (vgl. Klein 2007: 192-194) und verschaffte der neoliberalen Doktrin eine realpolitische Geltung, die der Kabarettist Volker Pispers mithilfe eines zugespitzten Rates an sein Publikum pointiert zusammenfasst: „Gehen Sie mal nach Liverpool und fragen Sie auf der Straße Leute nach Maggie Thatcher. Aber bevor Sie das tun, kaufen Sie sich bitte Schuhe, in denen Sie schnell laufen können!" (Pispers 2004). Damit spielt er darauf an, dass Thatcher ihre neue Politik überwiegend gegen die Interessen der Arbeitnehmerschaft durchsetzte. Das zuvor eiserne Ziel der Vollbeschäftigung wurde aufgegeben, stattdessen standen - ganz im monetaristischen Sinne - die durch sehr hohe Arbeitslosigkeit und dramatisch ansteigende Einkommensungleichheit erkaufte Inflationsbekämpfung (von 21,9 % 1980 auf 3,7% 1983), die Reduzierung sämtlicher öffentlicher Ausgaben sowie eine strikte Geldmengenkontrolle im Zentrum des Regierungshandelns (vgl. King/Wood 1999: 380f.). Zahlreiche Sozialleistungen wurden gekürzt, die Steuern für Gut- und Besserverdienende gesenkt (vgl. Stöger 1997: 266), die Gewerkschaften spätestens nach der Niederringung des Bergarbeiterstreiks 1984/85 marginalisiert (vgl. Gelfert 1999: 330f.) sowie ein ebenso rasantes wie umfassendes Privatisierungsprojekt umgesetzt (vgl. Klein 2007: 196). Als eines der letzten Überbleibsel aus dem keynesianischen Zeitalter blieb der staatliche Gesundheitsdienst *NHS* weitgehend unangetastet, sodass die Bilanz der Thatcher-Ära aus neoliberaler Sicht eindeutig positiv ausfällt (vgl. Plickert 2008: 411-413).

Auch in Deutschland gedieh „auf der Basis einer ebenso stürmischen wie krisenhaften Produktivkraftentwicklung" (Haug 1999: 182) ein konservativ unterlegtes - und im Vergleich zum Thatcherismus klar abgeschwächtes - neoliberales Programm. Mit Helmut Kohl (CDU) gelangte 1982 ein Verfechter der angebotsorientierten Wirtschaftspolitik an die Macht. Seine Politik zeichnete sich durch eine *geistig-moralische Wende* aus, die vor allem das Ziel verfolgte, die Prinzipien *Leistung* und *Eigenverantwortung* auch auf außerökonomische Lebensbereiche zu übertragen (vgl. Stüwe 2005: 320). Im Jahr der Regierungsübernahme der Koalition aus CDU/CSU und FDP veröffentlichte letztere das nach dem dieser Partei angehörenden Bundeswirtschaftsminister benannte *Lambsdorff-Papier*, welches den sozialpolitischen Kurs der folgenden Jahre vorgab: Kürzung wesentlicher Sozialleistungen, Teilprivatisierung der sozialen Sicherungssysteme sowie Förderung der individuellen Eigeninitiative (vgl. Lambsdorff 1982). Der Staat mutierte zum „ausbeuterische[n], eigenwillige[n] Leviathan, der seine Bürger/innen mit zu hohen Steuern und Abgaben drangsaliert" (Engartner 2008: 97). Maßnahmen, die dem Einzelnen und dessen Familie zur Entlastung des Sozialstaats deutlich mehr Verantwortung übertrugen, die gewerkschaftliche Macht begrenzten und innerhalb bestehender korporatistischer Strukturen den Unternehmerinteressen deutlich mehr Raum boten, waren fortan keine Seltenheit (vgl. Schmidt 2008b: 134-143).

Gelegentlich wird in der politisch-ideologischen Kampfarena kolportiert, der Neoliberalismus kenne „nur Gegner, keine Anhänger" (Willke 2003: 13). Dass diese Aussage jeder Grundlage entbehrt, liegt schlicht daran, dass die Vertreter des Neoliberalismus sich selbst nur höchst selten als solche zu bezeichnen bereit sind. Zum einen gewiss, um den Flair des bloß Restaurativen zu verbergen (vgl. Hirschfeld 1967: 16). Wichtiger noch erscheint aber die Tatsache, dass er keineswegs eine einheitliche Strömung repräsentiert, wie die vorangegangenen Ausführungen verdeutlicht haben dürften. Der Neoliberalismus ist also

> „kein Singular, sondern ein Plural [...], der über eine Basis gemeinsamer Grundbestandteile sehr vielfältige Ausprägungen kennt [...]. Er bildet ein widersprüchliches Ensemble von wissenschaftlichen, insbesondere ökonomischen Theorien, staatlichen und zivilgesellschaftlichen Politikformen, Konzernstrategien und Selbst-Praktiken" (Plehwe/Walpen 1999: 206).

Als gemeinsame Bestandteile können das Menschenbild des *Homo Oeconomicus*, die Ökonomisierung möglichst vieler Lebensbereiche (umfassende Privatisierung der öffentlichen Daseinsvorsorge, Deregulierung, Kürzung von Sozialausgaben, steuerliche Entlastung von Unternehmen und Vermögenden) sowie die Betonung der Rolle des

Staates als Manager des Wettbewerbs ausgemacht werden. Der Erfolg des Neoliberalismus seit dem Ende der 1970er Jahre erklärt sich vor allem aus seiner exzellenten Vernetzung (vgl. Plehwe/Walpen 2004: 49-52), der glaubhaften Darstellung als Modell der Befreiung und Veränderung und durch die ihm eigene Inszenierung als gefestigte Weltanschauung mit enormem Sendungsbewusstsein (vgl. Ptak 2002: 98f.). So wirkt Eric Hobsbawms Einschätzung nicht übertrieben, wonach der Neoliberalismus eine Art *Wirtschaftstheologie* darstellt, „die auf die Verwirklichung der Utopie einer entpolitisierten Marktgesellschaft ausgerichtet ist" (Hobsbawm 1995: 226).

1.4 Die Theorie des *Dritten Weges*

Zeitdiagnosen sind eine heikle Angelegenheit. Lange schon wird durch sie versucht, allgemein sichtbare Tatsachen durch prägnant formulierte Gesellschaftstrends zu erklären und daraus Prognosen abzuleiten. Als prominenter Protagonist solcher Weissagungen hat sich Francis Fukuyama hervorgetan. Der US-Politologe interpretierte den Untergang des stalinistischen Staatssozialismus in Osteuropa 1989ff. als *Ende der Geschichte*, konstatierte den „Endpunkt der ideologischen Evolution der Menschheit" (Fukuyama 1992: 11) und sah die liberal-demokratische Variante des Kapitalismus als „endgültige menschliche Regierungsform" (ebd.). Bis zu jenem Zeitpunkt feierte der Neoliberalismus noch immer fröhliche Urständ und es schien, als gäbe es keine Perspektive mehr für linke Politik, da sich „Idee, Utopie, Ethik, Menschenbild und Programm des Sozialismus für alle Zeit erledigt" (Schneider 1996: 13) hätten. In dieser historischen Konstellation geriet die Sozialdemokratie in besondere Nöte. Großer Beliebtheit erfreute sich seinerzeit der Abgesang auf diese traditionsreiche Weltanschauung; doch sollten die Folgejahre demonstrieren, dass sämtliche Grabgesänge die Wandlungsfähigkeit der Sozialdemokratie einmal mehr erheblich unterschätzten (vgl. Jun 2004a: 199f.). Als Reaktion auf die neuen Gegebenheiten suchten die europäischen Sozialdemokraten nämlich hartnäckig nach einem neuen Weg, der die grundlegenden Bestandteile der neoliberal geprägten Modernisierung zwar akzeptieren, zugleich aber eine Grundskepsis gegenüber der freien Marktwirtschaft nicht völlig verlieren sollte. Den zentralen Baustein für ein theoretisches Fundament dieser als notwendig erachteten inhaltlich-programmatischen Erneuerung der Sozialdemokratie lieferte der britische Soziologe Anthony Giddens, dessen Theorie des *Dritten Weges*[19] seit dem Ende des 20. Jahrhunderts zunehmend zum „wichtigsten Reformdiskurs in der europäischen Parteienlandschaft" (Merkel 2000a: 100) avanciert ist.

Die zentrale Annahme dieses theoretischen Ansatzes besteht darin, dass der demokratisch-kapitalistische Wohlfahrtsstaat zu seiner Erhaltung aufgrund unumgänglicher und vorrangig durch die Globalisierung hervorgerufener Sachzwänge umgebaut werden muss. Soziale Gerechtigkeit dürfe nicht mehr gegen die Marktkräfte durchgesetzt werden; vielmehr müsse unbedingt der Versuch im Vordergrund stehen, diese mithilfe des Marktes zu verwirklichen:

> „Statt Marktverlierer *ex post* zu kompensieren, solle er darauf setzen, möglichst vielen Menschen *ex ante* eine Chance auf Markterfolg zu geben - und dafür sorgen, dass sie diese auch nutzen: Hilfe durch Kommodifizierung statt Schutz durch Dekommodifizierung (Herv. im Orig.)" (Genschel 2003: 450).

In Giddens' eigenen Worten impliziert die Formel vom *Dritten Weg* ein Modell, das „aus dem Respekt für die Werte und für die Grundideen der Sozialdemokratie heraus nach Wegen [sucht], diese so anzupassen, dass sie in einer seit 1989 dramatisch veränderten Welt ihre Gestaltungskraft zurückgewinnen" (zit. n. Guez 2006). 1998 legte er seine zentralen Ideen in dem Buch *Der Dritte Weg* vor, das in nicht weniger als 25 Sprachen übersetzt werden sollte (vgl. Callinicos 2001: 3). Ein Blick auf die darin formulierten Wertvorstellungen des *Dritten Weges* zeigt eine beträchtliche Analogie zu klassisch sozialistischen Prinzipien, wie *Abbildung 1* zeigt:

[19] Die *Dritte-Weg*-Metapher ist keineswegs neu. Bereits Rüstow und Röpke sahen ihren Ordoliberalismus als Synthese von Kapitalismus und Kommunismus (vgl. Gallus/Jesse 2001: 8f.). Darüber hinaus benutzten die Austro- und Eurokommunisten diesen Terminus (vgl. ebd.: 9-11) ebenso wie oppositionelle Gruppen in der DDR (vgl. Jänicke 1964) und der Tschechoslowakei (vgl. Šik 1972). Anthony Giddens selbst betonte allerdings mehrfach, dass es ihm mehr auf die inhaltlichen Aspekte seiner Theorie ankomme als auf deren Bezeichnung (vgl. Giddens 1999a: 37f.; Giddens 2000b: 59; Giddens 2001a: 36; Giddens 2001b: 2).

Abbildung 1: Die Werte des Dritten Weges (Darstellung nach Giddens 1999a: 82)

- Gleichheit
- Schutz der Schwachen und Verletzlichen
- Freiheit als selbstbestimmtes Handeln
- Keine Rechte ohne Verpflichtungen
- Keine Entscheidungsmacht ohne Demokratie
- Kosmopolitischer Pluralismus
- Philosophischer Konservatismus

Die Vertreter des *Dritten Weges* sind überzeugt, dass „the ethical foundations of socialism - fraternity and solidarity - can coexist with the freedoms of liberalised markets and liberal democracy" (Latham 2001: 26). Was allerdings vollständig ausgeblendet wird, sind wichtige praxisorientierte Aspekte des Sozialismus wie Macht, Interesse und Eigentum, sodass der sozialistische Bezug des *Dritten Weges* ausschließlich auf der Wertebene existiert (vgl. Sandner 2000: 104) und damit einkalkulieren muss, sich einer gewissen Beliebigkeit verdächtig zu machen (vgl. Sturm 2001a: 4). Dies zeigt sich besonders dann, wenn Giddens' konkrete Vorstellungen von *Gleichheit* unter die Lupe genommen werden. Hier wendet er sich gegen die vorgebliche *Gleichmacherei* des Sozialismus und favorisiert dagegen einen „Sozial-Investment-Staat" (Giddens 1999b: 438), der sich durch Investitionen in so genanntes Humankapital auszeichnet, womit vor allem Bildung und *lebenslanges Lernen* gemeint sind. Offenbar gebraucht Giddens den Begriff der *Gleichheit* also synonym mit jenem der *Chancengerechtigkeit* (vgl. Jun 2004a: 210). Wirtschaftspolitisch schlägt sich dies in der Ablehnung zentraler Instrumente der Umverteilungspolitik sowie der Befürwortung einer angebotsorientierten Ökonomie (Giddens nennt dies eine *neue gemischte Wirtschaft*) nieder, wie sie von konservativen Parteien bereits seit den 1980er Jahren umgesetzt wird (vgl. Giddens 2001a: 62f.). Giddens verwahrt sich allerdings vehement gegen die Annahme, er liefere mit seinem Konzept euphemistische Argumente für Sozialabbau (vgl. Lamla 2003: 140). Vielmehr soll jedem Bürger die Möglichkeit zur Teilhabe am Erwerbsleben eingeräumt werden, weil Giddens der Erwerbsarbeit aufgrund des mit ihr verbundenen Gewinns an Ressourcen zur eigenverantwortlichen Lebensführung (wie regelmäßiges Einkommen, soziale Anerkennung, Karrierechancen und Selbstwertgefühl) eine überragende Bedeutung zur Verhinderung bzw. Beendigung von sozialer Ausgrenzung beimisst (vgl. Jun 2004a: 209). Diese Auffassung resultiert aus jener Grundüberzeugung Giddens', wonach der protektionistische Wohlfahrtsstaat ganze Generationen in eine Abhängigkeitssituation führe und damit jede Eigenverantwortung hemme (vgl. Giddens 2000a: 21). Das zentrale Motto des *Dritten Weges* formuliert Giddens ganz in jenem Sinne: „*Keine Rechte ohne Verpflichtungen* [...]. Die Sozialdemokratie alten Stils neigte [...] dazu, Rechte als unbedingte Ansprüche zu behandeln. Mit der zunehmenden Individualisierung sollte eine Zunahme der Verpflichtungen des Einzelnen einhergehen (Herv. im Orig.)" (Giddens 1999a: 81). Einen ausgeprägten Pragmatismus demonstrieren auch die bewusst vage formulierten Ziele des *Dritten Weges*, die in *Abbildung 2* veranschaulicht sind:

Abbildung 2: Die Ziele des Dritten Weges (Darstellung nach Giddens 1999a: 86)

- die radikal-demokratische Mitte
- der neue demokratische Staat
- eine aktive Zivilgesellschaft
- die demokratische Familie
- die neue gemischte Wirtschaft
- Gleichheit als Inklusion
- positive Wohlfahrt
- der Staat als Sozialinvestor
- die kosmopolitische Nation
- kosmopolitische Demokratie

Begründet wird die Notwendigkeit eines Paradigmenwechsels mit einigen Dilemmata, die der Theoretiker ausgemacht haben will (vgl. Giddens 1999a: 39-80). Giddens selbst entschuldigt sich schon im Vorfeld für die Unvollständigkeit seiner Ausführungen (vgl. ebd.: 39), sodass die von ihm aufgeworfene Argumentation einer gründlicheren Überprüfung und Ergänzung bedarf. Die aus Giddens' Publikationen zum *Dritten Weg* entnehmbaren und für den vorliegenden Zusammenhang relevanten Elemente können in drei Kategorien eingeteilt werden.

1) *Globalisierung und Wissensgesellschaft*

Laut Giddens bildet die Globalisierung den Schlüsselbegriff der politischen Philosophie des *Dritten Weges* (vgl. Giddens 2001a: 136). Globalisierung definiert er

> „im Sinne einer Intensivierung weltweiter sozialer Beziehungen, durch die entfernte Orte in solcher Weise miteinander verbunden werden, dass Ereignisse an einem Ort durch Vorgänge geprägt werden, die sich an einem viele Kilometer entfernten Ort abspielen, und umgekehrt" (Giddens 1996: 85).

Im Gegensatz zur landläufig gebrauchten Definition von Globalisierung[20] zeichnet sich Giddens' Vorstellung dadurch aus, dass sie jenes Phänomen nicht in erster Linie als ökonomisches betrachtet (vgl. Giddens 1997: 23). So sei die treibende Kraft nicht der Markt, sondern die seit den 1960er Jahren zu beobachtende Kommunikationsrevolution (vgl. Giddens 2000a: 13). Geradezu überschwänglich preist Giddens die Segnungen der globalen Vernetzung: „Ohne das Massenmedium Fernsehen und weltweite Kommunikationsmittel [hätte es] kein ›1989‹ in Ost-Europa gegeben [...], keine Revolution in der Tschechoslowakei, kein friedliches Ende der Apartheid in Südafrika und keinen ›Tiananmen-Platz‹ in China" (Giddens 2003: 37). Durch den technologischen Wandel sei eine *Wissensökonomie* entstanden (vgl. Giddens 2000a: 13), an der selbst die Ärmsten teilnehmen könnten (vgl. Giddens 2001d: 23).

Dem ist gewiss nicht generell zu widersprechen, doch vernachlässigt Giddens bei seiner Betrachtung die Schattenseiten jener *Wissensgesellschaft*. Die Flut an ungefilterten Informationen kann nämlich ebenso zu einer ausgeprägten (und gefährlichen) Orientierungslosigkeit führen. Wer wenige Minuten in den Weiten des Internets verweilt, kann erahnen, dass die Masse des scheinbar frei verfügbaren Wissens der gegenwär-

---

20 Sicher ist der Globalisierungsbegriff aufgrund seiner semantischen Überladung ein schillernder Terminus (vgl. Degele/Dries 2005: 182). Zumeist wird er allerdings rein ökonomisch verstanden als „Zunahme der Intensität und der Reichweite von grenzüberschreitenden Interaktionen durch den Austausch oder die gemeinsame Produktion von Waren, Dienstleistungen, Kapital und Arbeitskräften" (Zürn 1998:125).

tigen Gesellschaft bei weitem nicht immer mit dem zu tun hat, was gemeinhin als *Weisheit* bezeichnet wird. Im Gegenteil erhält sich hier oftmals gerade das - wie Theodor W. Adorno es einmal formuliert hat - „alte Unwahre [...] zäh [...] am Leben und reproduziert sich erweitert“ (Adorno 2006: 8). Schon Georg W. F. Hegel verurteilte 1807 jene leichtsinnige Vereinfachung, indem er bemerkte, dass das Bekannte „darum, weil es bekannt ist, nicht erkannt“ (Hegel 1970: 35) sei. Konrad Paul Liessmann wendet sich daher heftig gegen eine allzu ubiquitäre Verwendung des Begriffs der *Wissensgesellschaft* und spricht indessen lieber von der *Desinformationsgesellschaft*, weil die

> „Zunahme der Informations- und Kommunikationsmöglichkeiten, die reine Fülle der als Informationen getarnten Eindrücke, Töne, Zahlen, Bilder, die auf einen durchschnittlichen Stadtbewohner heute einströmen, [dazu tendiert], Unterschiede erst einmal verschwimmen zu lassen, und wenn sie doch sichtbar werden, machen sie keinen Unterschied im Hinblick auf ein späteres Ereignis, weil sie aus Kapazitätsgründen nur peripher wahrgenommen werden können und in der Regel auch sofort wieder vergessen werden müssen“ (Liessmann 2008: 28).

Im Dezember 1998 behauptete Giddens in einem Zeitungsinterview: „Wir leben heute in einer globalen kapitalistischen Gesellschaft ohne Alternative“ (zit. n. Taschwer 1998: 15). Aus diesem Grund interessiert ihn auch weniger, ob die Auswirkungen der wirtschaftlichen Globalisierung nun insgesamt eher positiv oder negativ ausfallen, denn sie sei ein unabänderliches Faktum (vgl. Sandner 2003: 286). Tatsächlich jedenfalls sei die ökonomische Globalisierung eine „Erfolgsgeschichte“ (Giddens 2001a: 138). So betrachtet er die weltweit zunehmende wirtschaftliche Ungleichheit nicht etwa als Resultat der Globalisierung oder der damit verbundenen Liberalisierung, sondern vorrangig als Ergebnis der sinkenden Nachfrage nach unqualifizierter Arbeit (vgl. Giddens 2000b: 53). Die linken Kritiker - denen Giddens pauschal „Angst vor der Globalisierung“ (ebd.) unterstellt[21] - müssten daher lernen, Marktwirtschaft und Globalisierung positiv zu sehen (vgl. Giddens 2000a: 13).

Auch hier jedoch drängt Giddens die negativen Folgen der ökonomischen Globalisierung zu sehr in den Hintergrund.

[21] Für einen intensiveren Einblick in die Argumente der Globalisierungskritiker siehe Grefe et. al. (2002).

Zwar sollte die Betrachtung jenes Phänomens in der Tat nicht nur auf wirtschaftliche Aspekte beschränkt bleiben, doch stellt sich unweigerlich die dialektische Frage, inwieweit die ökonomischen Seiten nicht doch auch in außerökonomische Lebensbereiche maßgeblich hineinspielen. Die von Giddens hoch gelobte Dynamisierung der Globalisierung führt nämlich in der Realität nur allzu oft zu Entsolidarisierung:

> „Menschen [kaufen sich Dinge], um bewundert, respektiert und letztlich geliebt zu werden, tatsächlich jedoch fast immer das Gegenteil damit erreichen. Der Mensch mit dem chromglänzenden neuen Auto setzt sich von den anderen ab, und dies steigert sein Bedürfnis nach Anerkennung noch. Ein Teufelskreis wird in Bewegung gesetzt, bei dem die Leute von sich selbst und von anderen immer mehr abgespalten werden" (Norberg-Hodge 2002: 245f.).

Selbst der Ökonom Joseph Stiglitz gesteht ein, dass die wirtschaftliche Flanke der Globalisierung tatsächlich die soziale Ungleichheit international ansteigen lasse und fordert daher eine Vielzahl von Veränderungen in den verschiedensten Politikfeldern (vgl. Stiglitz 2006: 11). Zwischen 1997 und 2000 amtierte Stiglitz als Chefökonom der *Weltbank* (vgl. Stiglitz 2002: 7) - eine der Verbreitung marktwirtschaftsfeindlichen Gedankenguts gänzlich unverdächtige Institution.

Tatsächlich ist in den zurückliegenden Jahrzehnten eine umfängliche Internationalisierung des Wirtschaftsgeschehens als Konstante in sämtlichen liberalen Verfassungsstaaten zu beobachten. Die Art der Auswirkungen dieses Phänomens auf den Wohlfahrtstaat ist allerdings nicht unumstritten[22]. Als dominante Variante hat sich die *Effizienzthese* herausgebildet (vgl. Siegel 2002: 88). Diese besagt, dass die zunehmende internationale Liberalisierung und Verflechtung von Finanzmärkten einen Standortwettbewerb zwischen Nationalstaaten hervorgerufen hat, die um den grenzüberschreitenden und höchst mobilen Faktor *Kapital*[23] konkurrieren und daher Ans-

---

[22] Einen groben Überblick über die einzelnen Denkschulen, die sich in diesem Diskurs gegenüberstehen, bietet Busch (1999).

[23] Der *Kapital*-Begriff wird gemeinhin mit *Geld* gleichgesetzt, was jedoch deutlich zu kurz greift, wie James Fulcher mithilfe konkreter Unterscheidungsmerkmale erläutert: „Es ist [...] nur möglich, Besitz in Kapital zu verwandeln, wenn die Eigentümerschaft eindeutig nachweisbar ist, sein Wert abgeschätzt werden kann, der Besitztitel übertragbar ist und wenn für dieses Gut ein Markt existiert" (Fulcher 2007: 24).

trengungen unternehmen, die auf Steuer- und Abgabenentlastung zielen und damit restriktive Wirkungen auf die staatliche Sozialpolitik entfalten. Die Arbeitgeber forcieren dieser Logik zufolge eine *Standortdebatte* und bauen ein erhebliches Erpressungspotenzial auf. So können Unternehmen aufgrund der Erleichterung grenzüberschreitender wirtschaftlicher Aktivitäten die *Exit-Option* androhen, falls sich (sozial)staatliche Maßnahmen gegen ihre Interessen richten. Da transnationale Unternehmen in diesem Verständnis nach Monopolisierung streben (vgl. Hensche 2000: 67) und daher in der Realität aufgrund der Vermeidung des direkten Wettbewerbs zur Bildung von Oligopolen neigen, gilt ein Markt dann als globalisiert, wenn es eine kleine Anzahl an Teilnehmern gibt, die sich untereinander kennen und länderübergreifend mit gemeinsamen Kontrollkonzepten operieren (vgl. Fligstein 1996: 662f.). Die folgende Verschiebung der Machtressourcen zugunsten des Faktors *Kapital* zwingt den Regierungen nun einen *Quasi-Imperativ* auf, während als Begründung für den von den Arbeitgebern als notwendig erachteten Sozialstaatsrückbau stets der *Globalisierungsdruck* angeführt werden kann (vgl. Siegel 2002: 88f.). Diese Entwicklung kann daher durchaus als *Entbettung* des Marktes aus den gesellschaftlichen Verhältnissen betrachtet werden, die dem Zweck dient, dessen Automatismen der Politik aufzuerlegen (vgl. Altvater/Mahnkopf 2002a: 95-98). Das Leben der Menschen wird vom Markt abhängig, die Politik ist dabei eine „Charaktermaske", also eine „Personifikation[...] der ökonomischen Verhältnisse [...], als deren Träger sie sich gegenübertreten" (Marx 2008: 100). Auch Giddens selbst spricht hier von *Entbettungsmechanismen* der Wirtschaft aus der Gesellschaft (vgl. Giddens 1996: 33f.). So lässt sich dessen Forderung nach bedingungsloser Anerkennung dieser globalisierungsbedingten Gegebenheiten als Kapitulationsempfehlung an die Sozialdemokraten verstehen, die Vorrechte des globalen Kapitals nicht mehr anzufechten und stattdessen eine Strategie zu wählen, „die das Kapital durch Opfer der Arbeiter ködern will" (Zuege 1999: 106). Die emphatische Betonung der Globalisierung dient in diesem Prozess als Rhetorik, derer sich die Regierungen bedienen sollen, um ihre „freiwillige Unterwerfung" (Bourdieu/Wacquant 2003: 75) unter diese Sachzwänge zu rechtfertigen.

2) *Aufweichung der Links-Rechts-Dyade und soziale Ungleichheit*

Eine wichtige Annahme des *Dritten Weges* besteht darin, dass sich die Gestaltungskraft der Politik erschöpft und politische Ideologien weitgehend entleert haben (vgl. Giddens 1997: 9). Dies - so Giddens - bedeute allerdings nicht, dass die Unterscheidung zwischen *links* und *rechts* völlig an Relevanz verloren hätte (vgl. ebd.: 14). Aufgabe der Sozialdemokratie sei es vielmehr, die einstmals von den Sozialisten vereinnahmte Positionsbestimmung *links* zu ihrem Gunsten umzudeuten (vgl. Sandner 2002a: 7). Hierzu erscheine es notwendig, die Raummetapher durch die Zeitmetapher zu ergänzen, die ihrerseits eine Unterscheidung zwischen Erneuerern und Konservativen, zwischen Progressiven und Traditionalisten erlaube (vgl. hierzu Bobbio 1994: 48). Die dann verbleibende Differenzierung von *links* und *rechts* lässt sich für Giddens äußerst simpel auf den Punkt bringen: „Insgesamt gesehen, findet sich die Rechte eher als die Linke mit dem Vorhandensein von Ungleichheit ab, und sie unterstützt außerdem lieber die Mächtigen als die Machtlosen" (Giddens 1997: 336). Abgesehen davon, dass es längst nicht immer so eindeutig auszumachen ist, wer genau mit bestimmten politischen Maßnahmen unterstützt werden soll, sieht sich Giddens selbst durchaus als *Linker*, befürwortet aber zugleich eine Umdeutung des Gleichheitsterminus, der den *Machtlosen* weitaus mehr Nachteile als Nutzen verschafft. Die staatliche Verantwortung für Menschen, die in untere Gesellschaftsschichten hineingeboren werden, soll teilweise abgegeben werden. In dieser Hinsicht hat sich jeder als seines eigen' Glückes Schmied zu beweisen (vgl. Dworkin 2001: 172). Giddens spricht das aktive Regieren sogar von der Aufgabe frei, Solidarität und soziale Gerechtigkeit herzustellen (vgl. Giddens 2000a: 17). Gleichwohl wird die Notwendigkeit wohlfahrtsstaatlicher Absicherung unmissverständlich unterstrichen, ähnlich der Gerechtigkeitstheorie von John Rawls, der die Chancengleichheit ebenso klar betont wie das Differenzprinzip, wonach wirtschaftliche Ungleichheiten zwar anerkannt und erwünscht sind, allerdings dergestalt eingerichtet sein müssen, „daß sie [...] zum größtmöglichen Vorteil der am wenigsten begünstigten Gesellschaftsmitglieder wirken" (Rawls 1994: 70f.).

Auch hier muss die Frage aufgeworfen werden, ob diese strikte Unterscheidung zwischen Verteilungs- und Chancengleichheit so trennscharf überhaupt möglich ist. Harald Schumann und Christiane Grefe erachten beide Gleichheitsdimensionen als seit jeher eng miteinander verflochten und sehen im Falle einer dauerhaften Missachtung dieser Tatsache unkalkulierbare politische Gefahren heraufziehen (vgl. Schumann/Grefe 2008: 167). Sekundiert wird diese Ansicht von Inge Kloepfer, die bemerkt, dass das politisch forcierte Ende der Verteilungsgerechtigkeit in einer Welt stetig steigender sozialer Ungleichheit innergesellschaftliche Polarisierungstendenzen schaffe, welche künftig drastische Verteilungskämpfe provozieren und damit das bestehende Sozialgefüge in seinen Grundfesten erschüttern könnten (vgl. Kloepfer 2008: 270f.). Auch Jürgen Habermas kritisiert am *Dritten Weg* die liberale Reduktion der sozialen Gleichheit auf Chancengerechtigkeit, weil sie diese zentrale Norm der sozialen Demokratie nurmehr von der Input-Seite aus betrachte (vgl. Habermas 2006: 155). Die Bedarfsgerechtigkeit wird hier aus dem Wertekatalog der Sozialdemokratie komplett suspendiert: „In Zeiten der Globalisierung ist dem Ziel wirtschaftlicher Effizienz gegenüber allen anderen politischen Zielen, insbesondere dem der Herstellung möglichst gleicher Lebensbedingungen für alle Bürger, Vorrang einzuräumen" (Altvater/Mahnkopf 2002b: 58).

3) Individualisierung und Zivilgesellschaft

Als Bestandteil der Globalisierung diagnostiziert Giddens eine Tendenz zur Individualisierung, die sich durch eine schwindende Bedeutung von Traditionen für das gesellschaftliche Zusammenleben erklären ließe (vgl. Giddens 1999a: 49). Hier scheint Giddens in Übereinstimmung mit Pablo Flores d'Arcais von der europäischen Sozialdemokratie einen Perspektivwechsel zu fordern: „Das *Ethos* der Linken muß auf das *Individuum* als den nicht hintergehbaren höchsten Wert verweisen; [...] mit einer Politik, die darauf abzielt, *alle* und *jeden einzelnen* als autonom zu konstituieren (Herv. im Orig.)" (d'Arcais 1997: 43). Dieser Logik zufolge solle der Staat nicht ungehemmt in Lebensläufe intervenieren, denn damit „engt er die Dynamik wirtschaftlicher Entwicklungen ein" (Rieger/Leibfried 1997: 790). Der *Dritte Weg* unterstellt dem Staat in dieser neuen Konstellation allerdings nicht nur ein Effizienz-, sondern auch ein Legitimationsproblem (vgl. Hajen 2000: 86). An die Stelle des *steuernden Staates* solle stattdessen das Idealbild des Staates als unabhängiger *Moderator* der an ihn herangetragenen Interessen treten (vgl. Mahnkopf 2000a: 29). Angesprochen wird dabei das „action potential of the poor" (Leisering/Leibfried 2001: 202). Gemäß dem Grundsatz *Keine Rechte ohne Verpflichtungen* baut Giddens auf das Bild vom *Aktiven Bürger,* der überall erscheint, wo die Sachzwänge der Wohlfahrtsstaatsreformen Versorgungslücken aufgerissen haben (vgl. Mahnkopf 2000a: 29). So soll nicht Umverteilung Chancengleichheit herstellen, sondern die Politik der Lebensführung staatlich dezent gestaltet werden, um Chancengerechtigkeit zu schaffen. Jeder Bürger ist demzufolge aufgefordert, dies möglichst eigenverantwortlich zu bewerkstelligen (vgl. Giddens 1997: 185). *Abbildung 3* erläutert mit der Zivilgesellschaft das zur Privatisierung von Lebensrisiken vorgesehene, übergeordnete Konzept:

Abbildung 3: Die Erneuerung der Zivilgesellschaft (Darstellung nach Giddens 1999a: 96)

- Partnerschaft zwischen Staat und Zivilgesellschaft
- Erneuerung der Gemeinschaft durch lokale Initiativen
- Förderung des gemeinnützigen Sektors
- Schutz der lokalen Öffentlichkeit
- Die Belebung des Gemeinschaftslebens
- Die demokratische Familie

Staat, Wirtschaft und Zivilgesellschaft sollen demnach eine symbiotische Trias bilden, in der jeder Bereich den anderen unterstützt und in dessen Aktionsradius entsprechend begrenzt (vgl. Giddens 2001a: 61). Die Stärkung des Ehrenamts gehört hier ebenso dazu (vgl. Giddens 1999a: 98f.) wie ein modernes Familienbild (vgl. ebd.: 106-116).

Giddens benutzt in diesem Zusammenhang eine ausgesprochen „inklusive Rhetorik" (Sandner 2002b: 155), doch drängen sich auch hier einige offensichtliche Einwände auf. Dem zivilgesellschaftlichen Konzept vom *Aktiven Bürger* liegt das Menschenbild des *Homo Oeconomicus* zugrunde, auf dessen „starken Schultern [...] die Welt der Eigenverantwortung" (Schmidt 2008: 32) lastet. Alle Menschen haben demnach „ihre eigene Entscheidung vor sich selbst als endgültig und irreversibel zu verantworten" (Priddat 1998: 7). In letzter Konsequenz mündet dieses Bild darin, „dass wir für alles, was uns widerfährt, selbst verantwortlich sind" (Ehrenreich 2005: 89). So erweckt der universelle Gebrauch des Schlagworts *Eigenverantwortung* unweigerlich den Eindruck, als erscheine materielle Not pauschal als Ergebnis individuellen Versagens (vgl. Schui 2004: 327). Darüber hinaus kann sich die besondere Betonung des Ehrenamtes einseitig für die herrschenden Eliten als lukrativ erweisen. Der Staat darf seine Verantwortung so an den Privatbürger abgeben und sich selbst als *Belohner* in Szene setzen, indem ehrenamtlich Tätige mit Auszeichnungen überhäuft werden. Ein Beispiel aus Deutschland dürfte dies deutlicher machen. Seit 1995 erleben die *Tafeln* hierzulande einen parallel zur voranschreitenden *Prekarisierung*[24] verlaufenden Aufschwung (vgl. Selke 2008: 40). Deren subsidiäre Idee besteht darin, dass Menschen, die unterhalb oder knapp über dem politisch definierten *sozioökonomischen Existenzminimum* leben, Zugang zu kostenfreien Lebensmitteln erhalten. Die Aktivisten sammeln dazu überschüssige Lebensmittel im Handel und bei Herstellern ein (vgl. o. V. 2009a). Zwar stabilisiert dieses Engagement zweifellos den gesellschaftlichen Zusammenhalt, doch zugleich etablieren und untermauern diese Tätigkeiten ein ausgeklügeltes System des Umgangs mit sozialer Ungerechtigkeit, statt sich an einer fundamentalen Änderung der Vorstellungen darüber zu beteiligen (vgl. Selke 2008: 212). Wenn etwa Bundespräsident Horst Köhler die *Tafeln* würdigt (vgl. o. V. 2005) oder die damalige Bundesfamilienministerin Ursula von der Leyen gar die Schirmherrschaft über die deutschen *Tafeln* übernimmt (vgl. BMFSFJ 2006), dann dient dies am ehesten dazu, Bedürftige *ruhig zu stellen* und entbindet den Staat von seiner Aufgabe, jene zu versorgen, die sich nicht selbst helfen können (vgl. Selke 2008: 213). Die von Giddens nonchalant kolportierte Definition des schützenden Wohlfahrtsstaates als *soziale Hängematte* vermag ihr

[24] Gemeint ist mit dem relativ neuen und durchaus mehrdeutigen Begriff der *Prekarisierung* im Wesentlichen der Umstand, dass soziale Schieflagen nicht mehr nur die *Ränder*, sondern mehr als bisher auch die *Mitte* der Gesellschaft treffen können (vgl. Kraemer 2009).

übriges zur Verstärkung jener Tendenz beizutragen. Indem die Inanspruchnahme von Sozialleistungen bewusst stigmatisiert wird, setzt eine disziplinierende Diskriminierung ein, weil sie dazu motiviert, sich in die Gesellschaft widerspruchslos einzugliedern sowie sich ihr bedingungslos anzupassen und zwingt damit Unterprivilegierte, eine Handlungsweise zu wählen, die von den Diskriminierenden als wünschenswert angesehen wird (vgl. Demsetz 1964: 270f.).

Die hier bisher geäußerte Kritik und Ergänzung zu Giddens' sozialpolitisch relevanten Ausführungen beruht insgesamt auf einem gemeinsamen Kern, den Chantal Mouffe treffend beschreibt. So übersehe Giddens „schlicht und einfach die systemischen Beziehungen zwischen den globalen Marktkräften und der Vielzahl von Problemen [...], die seine Politik in Angriff nimmt" (Mouffe 2007: 79). Bisweilen lancierte, einseitige Charakterisierungen des *Dritten Weges* als neoliberal (vgl. Mahnkopf 2000a: 26f.; Gerlach 2000: 1055; Walpen 2004: 236) greifen dagegen ein wenig zu kurz, „weil es Giddens auch um Begrenzung des Marktes, um die Vermeidung von Armut, um die Herstellung eines Mindestmaßes an sozialer Gerechtigkeit und um eine verantwortliche, wirkungsvolle Rolle des Staates in der Wohlfahrts- und Wirtschaftspolitik" (Jun 2004a: 214) geht. Neben konservativen Einflüssen wie die Hinwendung zum Ideal des *eigenverantwortlichen Bürgers*, dem zivilgesellschaftlichen Engagement sowie der herausragenden Bedeutung der Familie (vgl. ebd.: 215) befinden sich im *Dritten Weg* auch klassisch sozialdemokratische Elemente wie das Festhalten an sozialistischen Werten oder die Forderung nach progressiver Besteuerung (vgl. Giddens 2001c: 184), eine *Demokratisierung der Demokratie* durch plebiszitäre Elemente (vgl. Giddens 2000a: 19) und die Befürwortung eines - in der Höhe allerdings nicht näher definierten - gesetzlichen Mindestlohns (vgl. ebd.: 22). Zu den neoliberalen Bausteinen der Theorie vom *Dritten Weg* zählen das Verständnis der bestehenden ökonomischen Globalisierung als alternativlos sowie die Forderung nach bedingungsloser Anpassung an deren *Sachzwänge*, der Appell zugunsten einer umfassenden sozialpolitischen Deregulierung (vgl. Giddens 2000a: 18), der Vorschlag zur Abschaffung des umlagefinanzierten Rentensystems (vgl. Ertel/Schäfer 1999: 172), das Verständnis des protektionistischen Wohlfahrtsstaates als ineffiziente Armutsfalle, die liberale Umdeutung des Gleichheitsbegriffs und nicht zuletzt der Wunsch nach Anwendung einer rein angebotsorientierten Wirtschaftspolitik und der damit verbundenen Anerkennung des *Say-*

schen Theorems (vgl. Arestis/Sawyer 2005: 178f.). So liegt die Attraktivität des *Dritten Weges* für die Sozialdemokratie wohl genau in jener Multiperspektivität, die Martin Frenzel pointiert benennt:

> „Giddens' Dritter Weg läuft [...] auf die (sozial abgefederten [sic!]) Neoliberalisierung sozialdemokratischer Wirtschaftspolitik hinaus - gekoppelt mit *ökologischen, kosmopolitischen und sozialliberalen (sozialinvestiven)* Elementen, die die gravierendsten Auswüchse und Härten des Globalismus abmildern sollen (Herv. im Orig.)" (Frenzel 2002: 62).

Mitten in der populären Endzeitstimmung steuerten die sozialdemokratischen Parteien Großbritanniens und Deutschlands eine organisatorische[25], strategische[26] und inhaltlich-programmatische Modernisierungsoffensive an. Der von Anthony Giddens skizzierte *Dritte Weg* sollte dafür eine wichtige theoretische Basis liefern.

[25] Organisatorische Reformen sind hier „alle planvollen, auf strategische Entscheidungen zurückzuführende Veränderungen der Organisationsstrukturen einer Partei, die unmittelbar das Binnenleben betreffen" (Jun 2009b: 188).

[26] Der politologische unterscheidet sich hier nicht vom herkömmlichen Strategiebegriff. Demnach sind Strategien „situationsübergreifende, erfolgsorientierte Ziel-Mittel-Umwelt-Kalküle" (Raschke 2002: 210).

2. Die Transformation von Labour Party und SPD

„It's not my burning ambition to make sure that David Beckham earns less money."

Tony Blair (zit. n. Grice 2005)

„Wer nicht arbeitet, soll auch nicht essen."

Franz Müntefering (zit. n. Schuler 2006)

Am 8. Juni 1999 legten der deutsche Bundeskanzler Gerhard Schröder und der britische Premierminister Tony Blair ein programmatisches Papier mit dem Titel *Der Weg nach vorne für Europas Sozialdemokraten* vor, das den Geist des *Dritten Weges* in praktische Politik umzusetzen empfiehlt. Zwar fand es in Großbritannien kaum mediale Resonanz (vgl. Jeffery/Handl 1999: 84), doch stürzte der Text die parlamentarische Linke in Deutschland und in weiten Teilen Europas in eine „tiefe Sinnkrise" (Ertel et. al. 1999: 161). Zudem bildete es zugleich den vorläufigen Höhepunkt des umfassenden Modernisierungsprozesses der europäischen Sozialdemokratie. Hier werden vor allem der Bruch jener historischen Bindung der Sozialdemokraten an die Arbeiterbewegung zugunsten der Mittelschicht und eine neue, angebotsorientierte Agenda propagiert (vgl. Schröder/Blair 1999: 893). Innnerhalb der Labour Party setzte sich dies spätestens mit der Wahl Tony Blairs 1994 zum Parteiführer durch. Dieser (hier mit der Marke *Neue Mitte* versehen) Politikwechsel konnte innerhalb der SPD jedoch erst nach dem Rückzug Oskar Lafontaines als Parteivorsitzender und Bundesfinanzminister im März 1999 endgültig greifen. Daher geschieht im Folgenden die Beschreibung der Transformation der Labour Party bis zu deren Übernahme der Regierungsgeschäfte im Mai 1997, während die Deskription des SPD-Wandels bis zu Lafontaines Rücktritt fortgeführt wird.

2.1 Die Transformation der Labour Party

Nachdem die Wahlen 1979 gegen die mit einem marktradikalen Programm angetretenen Tories zum Fiasko wurden, kam es innerhalb der Labour Party zu einem Linksruck. Als Reaktion darauf gründeten vier Vertreter des rechten Labour-Flügels am 26. März 1981 die *Social Democaratic Party* (*SDP*). In ihrem ersten offiziellen

Positionspapier forderten sie Tribute an den Zeitgeist in Form einer weiteren Privatisierung zentraler sozialpolitischer Bereiche[27] (vgl. Binzenbach 1993: 58). Nichtsdestotrotz trat die Labour Party im Wahlkampf[28] 1983 mit Forderungen auf wie dem Austritt Großbritanniens aus der EG sowie dem Ende der Privatisierungspolitik Thatchers. Dass jenes Parteiprogramm wie das „längste[...] Selbstmordschreiben der Parteiengeschichte" (Sturm 2001b: 34) wirkte, gestand man sich erst nach der mit einem historischen Tief (26,7 Prozent der Wählerstimmen) verlorenen Unterhauswahl und der Wahl von Neil Kinnock zum Parteichef im Oktober 1983 ein (vgl. Dixon 2000: 20), denn auch für die Labour Party galt die Binsenweisheit: „Institutionen erneuern sich nur unter Existenzdruck" (Walter 2009a: 12). Allmählich setzte sich die Auffassung durch, dass innerparteiliche Veränderungen „dictated by circumstances" (Faucher-King 2009: 44) waren. So sollten die Wähler der *bürgerlichen Mitte* stärker umworben werden, um die Mehrheitsfähigkeit zurückzugewinnen. Jene Wählerschicht mochte die Sozialpolitik der konservativen Regierung insgesamt ablehnen, doch mit dem sozialistisch angehauchten Konzept der Labour Party schienen sie noch weniger anfangen zu können (vgl. Krönig 1989). Parteiinterne Analysen ergaben, dass der innerhalb der Bevölkerung eigentlich fest verankerte Klassenbegriff an Bedeutung eingebüßt habe, was gemeinhin dem eigenen Erfolg zugeschrieben wurde. So sei der Bürgerstatus über Jahrzehnte hinweg ausgedehnt worden. Darüber hinaus habe im Zuge der zunehmenden postmodernen Individualisierung die Gemeinschaft an Bedeutung verloren, während neue Formen gesellschaftlicher Differenzierung (Geschlecht, Ethnie, Religion etc.) den Klassencharakter mehr und mehr in den Schatten stellten (vgl. Roberts 2007: 227-229). Kinnocks Ziele bestanden daher folgerichtig darin, die Parteilinke zu marginalisieren, den Einfluss der Gewerkschaften zu schwächen und die Autonomie der Parteiführung zu erhöhen (vgl. Jun 2004a: 165-174). Erste Zeichen der Neu-

---

27 Die SDP suchte von Beginn an die Nähe zu den Liberalen, trat mit diesen zu den Unterhauswahlen 1983 und 1987 auch gemeinsam an. Seit 1989 firmieren beide geeint unter dem Namen *Liberal Democrat Party* (vgl. Helms 2006: 222); mittlerweile befindet sich diese Partei allgemeinen Einschätzungen zufolge in wesentlichen Politikfeldern sogar eindeutig links von der Labour Party (vgl. Kaiser 2007: 189).

28 Unter Wahlkampf versteht man die „zeitliche Phase im Wettbewerb der Parteien [...], in der die politischen Akteure (vornehmlich Parteien und Kandidaten) über den Politikalltag hinausgehende organisatorische, inhaltliche und kommunikative Leistungen erbringen, um Wähler für sich zu mobilisieren und Stimmen zu gewinnen" (Jun 2001: 52f.).

ausrichtung setzte er ausgerechnet beim als „Krieg der Klassen" (Hoelzgen 1984: 166) charakterisierten Bergarbeiterstreik 1984/85, der sich gegen die Schließung von 20 Zechen und den damit verbundenen Abbau von etwa 20.000 Arbeitsplätzen richtete (vgl. o. V. 1984).

Trotzdem erlitt die Partei bei den Unterhauswahlen 1987 erneut eine schwere Niederlage (vgl. Kaiser 2007: 185). Als Reaktion setzte die Parteiführung einen umfassenden innerparteilichen Reformprozess in Gang (*Operation Rethink*), der die Unterstützung zuvor verloren geglaubter Wählerschichten zurückerobern sollte (vgl. Hay 1999: 66). Dem Freiheitsideal räumte die Labour Party in einem mit *Democratic Socialist Aims and Values* überschriebenen ersten Dokument jenes *Policy Review* 1988 durch die herausgehobene Forderung nach einer „genuinely free society" (Labour Party 1988: 3) eine unmissverständlich prioritäre Bedeutung ein. Eine programmatische Schrift mit dem symptomatischen Titel *Social Justice & Economic Efficiency* aus dem gleichen Jahr setzte diesen Prozess konsequent fort, indem Chancen- und Leistungsgerechtigkeit erstmals wichtiger eingestuft wurden als Verteilungs- und Bedarfsgerechtigkeit (vgl. Nachtwey 2009: 192). Das Abschlussdokument des *Policy Review* propagierte im Jahr darauf einen „supply-side socialism" (Labour Party 1989: 6) und erkannte endgültig die Vorrangstellung von Markt und Wettbewerb an: „The single most important requirement of economic policy is to make Britain internationally competitive" (ebd.: 9). Verlangte die Partei in den späten 1980er Jahren noch die Rücknahme aller Privatisierungen der Thatcher-Regierung (vgl. Shaw 1993: 118f.), begleitete nun die Forderung nach einer unbeirrten Abkehr von sämtlichen Verstaatlichungsforderungen deren Wandel. Im Wahlprogramm von 1992 fand sich lediglich der Wunsch nach einer Wiederverstaatlichung der Stromversorgung (vgl. Nachtwey 2009: 193). Zugleich ging der Kampf gegen die innerparteilichen Rebellen vom linken Flügel weiter und gipfelte in den kollektiven Ausschlusskampagnen gegen die zuvor stark vertretenen (und, wie beispielweise in Liverpool 1984-1987, zeitweise lokal auch regierenden) Trotzkisten (vgl. Hüllen 2008: 476). Mit dem Abschluss der umkämpften *Policy Review* bildeten die Parteirechte sowie die pragmatische Mitte fortan die klar „dominante Achse" (Jun 2004a: 168) der Labour Party. 1992 folgte allerdings eine in dieser Form kaum erwartete neuerliche Wahlschlappe, die Neil Kinnock zum Rücktritt veranlasste. Ihm folgte im Parteivorsitz der Schotte John Smith, der zwei Jahre später überraschend an einem Herzinfarkt verstarb. Mit großer interner Unterstützung wurde nun der 41jährige Tony Blair ins Amt gehievt. Zwischen 1992 und 1997 sollte die Labour Party den größten innerparteilichen Reformprozess ihrer Geschichte erleben - besonders Blair wandelte die Partei ab 1994 mehr als all seine Vorgänger in den 88 Jahren zuvor (vgl. Meier-Walser 2001: 153). Auf die weiterhin vorhandene Krise der Labour Party reagierte der juvenile *Leader* mit einer ausgeprägten organisatorischen und programmatischen Erneuerung[29].

Neben der umstrittenen Einführung einer Frauenquote für Parlamentssitze (vgl. Jun 2003: 171) bestand die wichtigste innerparteiliche Reform jener Jahre in der Einführung des Prinzips *One Man One Vote* (*OMOV*), welches das Ende der Vorherrschaft des linken Parteiflügels institutionalisieren sollte. Noch im Jahr 1993 kontrollierten die vier größten Gewerkschaften des Landes gut die Hälfte aller *Party Conference*-Stimmen, weil sie diese bis dahin geblockt abgaben (vgl. Quinn 2004: 79f.). Die Selektion der Parlamentskandidaten wurde nun von den Parteiaktivisten zu den Einzelmitgliedern per Urwahl verlagert. Hauptgrund war hier die Überlegung, dass die meist passiven Mitglieder deutlich moderater seien als die eher linken und/oder gewerkschaftsnahen Aktivisten (vgl. Russell 2005: 34f.). Als positiver Nebeneffekt brauchte die Parteispitze aufgrund der eher geringen Organisationsdichte der Einzelmitglieder fortan auch keine ernsthafte innerparteiliche Opposition mehr zu befürchten (vgl. Schreiber 2004: 85). Die Gewerkschaftsbeiträge flossen nun naturgemäß nicht mehr so großzügig wie zuvor an die Partei (vgl. Lösche 2003: 210), doch verkam der Einfluss der Gewerkschaften aufgrund jener finanzieller Ressourcen dennoch nicht zur völligen Bedeutungslosigkeit (vgl. Jun 1996: 232). Paradoxerweise bedeutete OMOV faktisch eine Aushöhlung der innerparteilichen Demokratie. Zwar besteht die Wählerschaft zum Parteivorsitzenden seither aus mehreren Millionen Wahlberechtigten - die „mit Abstand größte in einer westeuropäischen Partei" (Shaw 1996: 206) - doch wird die Auswahl der zu bestimmenden personellen und programmatischen Ausrichtung durch die Neustrukturierung der *Joint Policy Committees* und die Entmachtung der Parteitage ausschließlich von den engen Führungszirkeln getroffen (vgl. Nachtwey 2009: 189); die OMOV-Entscheidungen können daher nur noch bestätigenden Charakter annehmen (vgl. Jun 2000: 1514). Zum Symbol der Runder-

[29] Zu Blairs arbeitsmarktpolitischem Leitbild siehe Kapitel *2.3*, zum strategischen Konzept siehe Kapitel *4.1*.

neuerung wurde schließlich die offizielle Umbenennung der Partei in *New Labour*, welche bereits drei Monate nach der Wahl Blairs zum Parteichef vollzogen wurde (vgl. Driver/Martell 2006: 10).

Seine zentrale programmatische Orientierung trug Blair im März 1998 dem französischen Parlament vor: „La gestion de l'économie n'est ni de gauche ni de droite, elle est bonne ou mauvaise" (zit. n. Linhardt 2004). Explizit berief er sich dabei auf Giddens' *Dritten Weg* - der Soziologe gilt sogar als „Blairs Lieblingsvordenker" (Fischermann 1998: 31). Die von Blair hervorgehobenen „traditionellen Werte für eine verändert Welt" (Blair 1999a: 441) sind Gleichheit, Chancengerechtigkeit, Eigenverantwortung sowie die besondere Rolle der Gemeinschaft (vgl. Blair 1999b: 3f.). Leitlinien seiner Politik sind eine dynamische, globalisierte Wirtschaft, eine starke Zivilgesellschaft sowie eine aktivierende Rolle des Staates (vgl. ebd.: 7). Im Unterschied zu Giddens betonte Blair ausdrücklich die ökonomische Dimension der Globalisierung, welcher nicht zu entrinnen sei (vgl. Driver/Martell 2001: 43). Damit verbunden ist der Glaube an einen „moral market" (Freeden 2003: 46): „New Labour welcomes the rigour of competitive markets as the most efficient means of anticipating and supplying consumers' wants, offering choice and stimulating innovation" (Mandelson/Riddle 1996: 22). Daher sei es im Interesse aller unabdingbar, den Unternehmerbedürfnissen zu folgen oder, wie Blair 1991 verlautbarte: „You can measure how well you're doing by the number of invitations you get to address businessmen" (zit. n. Anderson/Mann 1997: 26). Tatsächlich wurde seit den 1990er Jahren viel Mühe darauf verwendet, der *City of London* - der britischen Finanzbranche - immer wieder zu verdeutlichen, dass die Wirtschaft in den Händen von New Labour am besten aufgehoben sei (vgl. Jessop 2006: 348), zumal der ab 1997 als Schatzkanzler amtierende Gordon Brown New Labour als „party of enterprise" (Brown 2001) bezeichnet hat. Kehrseite der Medaille war der offene Bruch mit den Arbeitnehmerverbänden. So lobte Blair in einem Interview insonderheit die konfrontativ-zermürbende Haltung Thatchers gegenüber den Gewerkschaften (vgl. Dörler/Follath 1995: 151). Die Betonung der Zivilgesellschaft erfüllt für Blair den Zweck, große Einkommensunterschiede zu legitimieren, indem jedem die reale Chance eingeräumt wird, seine Lebensverhältnisse aus eigener Kraft zu verbessern (vgl. Dörler/Follath 1997: 32). Damit bildet die Zivilgesellschaft ganz im kommunitaristischen Sinne die Brücke zum aktivierenden, seine Bürger befähigenden statt bevormundenden Staat (vgl. Vorländer 2001: 21f.). Bedeutsamster programmatischer Baustein war hier die am 29. April 1995 vollzogene Generalrevision der legendären *Clause IV* der Parteisatzung. Diese legte die Labour Party seit 1918 auf den Vorrang des Gemeineigentums gegenüber dem Privateigentum sowie auf die Verstaatlichung der Produktionsmittel fest (vgl. Maurer 2007: 474). Tony Blair dagegen feierte die geänderte Fassung geradezu emphatisch: „The new Clause IV is much more than a symbol of change for the Labour Party: it is a symbol of hope for the country" (Blair 1996a: 55). So wurde im Zuge des programmatischen Erneuerungsprozesses das zuvor anerkannte und konkrete Gleichheitsideal durch das weitaus schwerer zu fassende Ziel einer verbesserten sozialen Integration ersetzt[30] (vgl. Fairclaugh 2000: 65). Die Rolle des Staates besteht hier darin, in Schlüsselgebieten wie Ausbildung oder Hilfe für Kleinunternehmen die Bürger auf alternativlose Veränderungen vorzubereiten (o. V. 1996: 144). Weil die Regierung demzufolge „nie klüger sein kann als der Markt" (ebd.), gehe es ausdrücklich nicht um staatliche Kontrolle. Damit bestand nach dem Wahlsieg 1997 auch kein Zweifel mehr daran, dass die Labour Party sich nun ebenso endgültig wie bedingungslos mit den zentralen Prinzipien der Marktwirtschaft angefreundet hat und die eigene Politik nicht mehr allzu schnell gegen diese durchzusetzen versuchen würde: „Labour has undoubtly learned to love the market - or at least, a deregulated, largely private economy characterised by strongly targeted and carefully controlled public spending" (Huntington/ Bale 2002: 48).

2.2 Die Transformation der SPD

Im Frühsommer 1982 forcierte Oskar Lafontaine den Bruch der sozialliberalen Koalition[31], weil er einzig in der Oppositionsrolle für die SPD die Möglichkeit zur Regeneration sah (vgl. Miller/Potthoff

---

30 Die neue Fassung der *Clause IV* vermeidet jedoch bewusst jeden Verweis auf die Eigentumsfrage: „The Labour Party is a democratic socialist party. It believes that by the strength of our common endeavour we achieve more than we achieve alone, so as to create for each of us the means to realise our true potential and for all of us a community in which power, wealth and opportunity are in the hands of the many, not the few, where the rights we enjoy reflect the duties we owe, and where we live together, freely, in a spirit of solidarity, tolerance and respect" (zit. n. Jones 1996: 144).

31 Eine medial besonders starke Wirkung entfaltete ein Interview mit dem Boulevardmagazin *Stern*, in dem Lafontaine gegen den Führungsstil des Bundeskanzlers polemisierte: „Helmut Schmidt spricht weiter von Pflichtgefühl, Berechenbarkeit, Machbarkeit und Standfestigkeit [...]. Das sind Sekundärtugenden. Ganz präzis gesagt: Damit kann man auch ein KZ betreiben" (zit. n.: Filmer/Schwan 1990: 128).

1991: 255). Insgesamt hatte seine Partei bereits mehrheitlich mit dem damaligen Kanzler Helmut Schmidt gebrochen, bevor die FDP in das Lager der Unionsparteien übergetreten war (vgl. Walter 2009b: 201). So verlor die innerlich zerrissene SPD die Bundestagswahl 1983 deutlich. Nicht der einzige, doch ein nicht zu unterschätzender Faktor für diese Niederlage war sicher der erstmalige Einzug der Grünen (5,6%) in den Bundestag, welcher gemeinhin als *Quittung* für den Rechtsruck unter Schmidt interpretiert wurde (vgl. ebd.: 262). 1984 argumentierte der Soziologe Burkart Lutz in einer viel beachteten Analyse, dass die durch den keynesianisch geprägten Wohlfahrtsstaat produzierte Prosperität - womit in erster Linie der Massenwohlstand mit relativ geringen Einkommensunterschieden gemeint ist, der in den ersten Dekaden nach dem Zweiten Weltkrieg in Deutschland in weiten Teilen bestand - deshalb im Kapitalismus immer lediglich von kurzer Dauer sein kann, weil das wohlfahrtsstaatliche System eine eigene Dynamik entwickelt, die dem Profitdiktat der Marktwirtschaft diametral entgegensteht und das System daher noch weitaus krisenanfälliger macht, als es ohnehin schon ist (vgl. Lutz 1989: 261). Die SPD allerdings vertraute nach dem Rücktritt Willy Brandts vom Parteivorsitz 1987 auch unter dem neuen Vorsitzenden Hans-Jochen Vogel weiter auf ihr „Oppositionssyndrom" (Walter/Dürr 2001: 170), verweigerte sich einer programmatischen Erneuerung (vgl. Heimann 1991: 42) und musste bei der Bundestagswahl 1987 mit dem Spitzenkandidaten Johannes Rau erneut eine Niederlage hinnehmen. Symbolisiert wurde die notorische Konfliktscheue der Führung durch die 1988 eingeführte einzige nennenswerte parteiinterne Neuerung jener Jahre, die Frauenquote (40% in allen Parteigliederungen und Kandidatenlisten). Widersprüche wurden *hinwegintegriert* und das Programm leerformelhafter denn je:

> „Und so wußten über Jahre weder Wähler noch Parteimitglieder, wie die Antworten der SPD auf die wichtigen Fragen der deutschen Politik nun eigentlich lauteten. Auch das demobilisierte Aktivisten, Anhänger und Wähler. Das sozialdemokratische Milieu dämmerte, lustlos und lethargisch, vor sich hin" (Walter/Dürr 2000: 99).

Das *Berliner Programm* (1989) vermied zudem jede Festlegung; es probte vielmehr einen Spagat zwischen traditionellen sozialdemokratischen Werten und neuen postmateriellen Herausforderungen und sparte wirtschaftspolitische Probleme der Zeit nahezu vollständig aus[32].

Erst als sich die Hoffnungen der SPD gegen Ende der 1980er Jahre ganz auf die Generation der so genannten *Enkel* Willy Brandts richteten, schlüpfte besonders Brandts Lieblingsschüler Oskar Lafontaine in die Rolle des „originären Leitwolf[s]" (Walter 2009c), um die verlorene Profilschärfe zurückzuerobern und neue Wählerschichten zu erschließen. Anders als die Gewerkschaften verortete er beispielsweise einen der Hauptgründe für die massiv steigende Arbeitslosigkeit in einem Verteilungsproblem vorhandener Arbeit und forderte eine Arbeitszeitverkürzung ohne Lohnausgleich, um die Arbeitslosigkeit in Wachstumskrisen durch eine Redistribution zulasten der Arbeitnehmer zu bekämpfen (vgl. Lafontaine 1989: 42-44). Im Zuge des DDR-Beitritts zur BRD jedoch lief Lafontaine mit seinen unpopulären Ideen als Kanzlerkandidat im Bundestagswahlkampf 1990 „in die populistische Falle Kohls, der den Deutschen blühende Landschaften und keine zusätzlichen Belastungen durch die Einheit versprach, während Lafontaine vor den Kosten der Vereinigung warnte" (Nachtwey 2009: 213). Zum dritten Mal in Folge ging eine Bundestagswahl verloren.

Nach dem Ende des Ost-West-Konfliktes und dem damit verbundenen endgültigen Wegfall des staatssozialistischen Expansionsdrucks auf den westlichen Wohlfahrtsstaat verlagerte sich die soziale Frage auf eine innerkapitalistische Systemkonkurrenz. Es war bereits abzusehen, dass der angelsächsische Kapitalismus, der primär auf dem „individuellen Erfolg und dem schnellen finanziellen Gewinn" (Albert 1992: 25f.) beruht, über das von Burkart Lutz beerdigt geglaubte *rheinische Modell* obsiegen würde, das eher „den gemeinschaftlichen Erfolg, den Konsens und das langfristige Vorausdenken" (ebd.) favorisiert. Gemeinsam mit den Lasten der deutschen Einheit wuchs damit ein Problemdruck heran, unter dem das einst so robuste deutsche Kapitalismusmodell endgültig erodierte (vgl. Streeck 1997: 53). Nichtsdestotrotz konzentrierte sich der ab 1991 amtierende neue Parteivorsitzende Björn Engholm von Beginn an weniger auf die Reform des inhaltlichen, sondern vielmehr des or-

[32] Auch wenn der Wachstumsoptimismus hier vorsichtig relativiert wurde, ist der Versuch, an einer eklektischen Kombination von Chancen- und Verteilungsgerechtigkeit festzuhalten, charakteristisch für das neue Grundsatzprogramm: „Gerechtigkeit erfordert mehr Gleichheit in der Verteilung von Einkommen, Eigentum und Macht, aber auch im Zugang zu Bildung, Ausbildung und Kultur" (SPD 2007: 55).

ganisatorischen Charakters der SPD (vgl. Sommerfeld 1991: 11). Einer der innovativsten Vorschläge in dem Modernisierungspamphlet *SPD 2000* (1993) war die Absicht, sich „durch neue Formen, auch zeitlich begrenzter politischer Projektarbeit für die Mitwirkung von interessierten und engagementbereiten Bürgerinnen und Bürgern [zu] öffnen, die nicht Mitglieder der Partei sind" (Projektgruppe SPD 1993: 44). Mit seiner *neuen Dialogkultur nach außen* vermochte Engholm allerdings nicht durchzudringen. Neben den Nachwirkungen der *Barschel-Affäre*[33] war es vor allem die mangelnde innerparteiliche Kommunikation, die sein Scheitern verursachte: „Er führte nicht genug Gespräche, organisierte zu wenig Teamarbeit und war nicht in der Lage, den nötigen Konsens zwischen den wichtigen Parteileuten herzustellen" (Walter 2009a: 217). Nach Engholms Rücktritt wurde 1993 organisatorisch wieder ein neuer Weg beschritten, indem etwa Mitgliederbegehren ermöglicht wurden. Ein solches kommt seither zustande, wenn innerhalb von drei Monaten zehn Prozent der Parteimitglieder einem solchen zustimmen (vgl. Sturm 2009: 141). Zudem sollte der Parteichef erstmals per Urwahl bestimmt werden. Die Parteibasis hatte damit die Möglichkeit, aus den drei Kandidaten Rudolf Scharping, Gerhard Schröder und Heidemarie Wieczorek-Zeul zu wählen (vgl. Hörnle 2000: 373). Dabei handelte es sich jedoch weniger um eine altruistische Förderung der Basisdemokratie, als um einen wohl kalkulierten Schachzug. Es galt als sicher, dass der ambitionierter Gerhard Schröder auf einem regulären Parteitag das Rennen gemacht hätte, doch beabsichtigte die Achse Lafontaine/Scharping/Klose/Rau, dies unbedingt zu verhindern (vgl. o. V. 1993a: 31). Eine solche Urwahl bot zudem den Vorteil einer Imageverbesserung für die SPD, was sich in einer wohlwollenden Berichterstattung der Presse niederschlug. Die Beteiligung an der Wahl lag bei überraschend hohen 56% - die Parteiführung hatte im Vorfeld mit bestenfalls 20% gerechnet (vgl. o. V. 1993b: 22) - die Scharping mit 40,3% vor Schröder (33,2%) und Wieczorek-Zeul (26,5%) für sich entscheiden konnte (vgl. Hörnle 2000: 373). Der Kampf um die Kanzlerkandidatur prägte die Folgezeit bis zur Bundestagswahl 1994, denn die SPD stellte in den Län-

[33] Die *Barschel-Affäre* wurde nach Uwe Barschel (CDU) benannt, dem damaligen Ministerpräsidenten Schleswig-Holsteins. Sie begann im dortigen Landtagswahlkampf 1987 und gilt bis heute als einer der größten politischen Skandale der bundesdeutschen Geschichte. Hans-Jürgen Wirth (2002: 117-174) hat den komplexen und noch immer nicht vollständig aufgeklärten Ablauf des Ereignisses kenntnisreich nachgezeichnet und mit äußerst aufschlussreichen psychoanalytischen Mitteln weitergehend eruiert.

dern zehn ehrgeizige Ministerpräsidenten (vgl. Leinemann 1995: 27). Auch die mangelnde inhaltliche Weiterentwicklung der Partei - die sich in Scharpings Versuch erschöpfte, ins Stammlager der Union einzubrechen (vgl. Fuhr 1994: 9) - war paradoxerweise auf die regionale Stärke der SPD zurückzuführen. Sie regierte über den Bundesrat auch im Bund stets ein bisschen mit und sah sich daher auch nach der erneuten Wahlniederlage 1994 keinem massiven Veränderungsdruck ausgesetzt (vgl. Nachtwey 2009: 213). Der Widerstand gegen Scharpings Kurs wurde größer; die SPD schien nun in fast allen Fragen gespalten, von Unstruktur gekennzeichnet und glich so einer „lose verkoppelte[n] Anarchie" (Lösche 1993: 34).

Der Mannheimer Parteitag 1995 leitete die ersehnte Wende ein und wirkte wie ein Stück von Shakespeare. Nicht etwa in dunklen Hinterzimmern wurde der *Königsmord* an Scharping vorbereitet, sondern als spontane Aktion auf offener Bühne zur Schau gestellt. Nachdem er in früheren Jahren mehrmals gute Chancen auf den Parteivorsitz ungenutzt verstreichen ließ, griff Oskar Lafontaine nun entschieden nach dem zuvor ungewollten Amt, indem er sich zu einer Kampfkandidatur gegen Scharping hinreißen ließ und diese mit beachtlichem Abstand gewann (vgl. Hoell 2004: 172). Zwar war damit der weitere organisatorische Reformprozeß auf Bundesebene erst einmal blockiert[34] (vgl. Jun 1996: 222) und eine „Cäsarisierung der SPD" (Lösche 1996: 27) unverkennbar, doch zugleich begann Lafontaine, die SPD wieder zu einem *Gemeinschaftsprojekt* zu formen, wodurch er so viel Autorität innerhalb der Partei errang wie seit Willy Brandt kein SPD-Vorsitzender mehr besaß (vgl. Walter 2009a: 82). Er rückte die Sozialdemokraten wieder deutlich nach links, forderte eine unverkrampfte Annäherung an die PDS (vgl. Ihlau/Wirtgen 1995: 33) und plädierte offen für eine rot-grüne Regierungskoalition nach der Bundestagswahl 1998 (vgl. o. V. 1995: 32). Als dessen Kontrahent erwies sich der niedersächsische Ministerpräsident Gerhard Schröder. Bereits 1995 verlautbarte dieser (wie später Blair), es gebe keine linke oder rechte, sondern nur gute oder schlechte Wirtschaftspolitik (vgl. Meyer 1998: 241). Im Clinch lagen beide auch in der Frage nach Regulierung oder Deregulierung. Während Schröder annoncierte, die Politik habe „Resultate zu fördern, statt Regeln vorzugeben" (Schröder 1997: 93), befürwortete

---

[34] Erst im Jahr 2000 regte der damalige SPD-Generalsekretär Franz Müntefering eine Neubelebung des innerparteilichen Diskurses um Organisationsreformen an (vgl. Müntefering 2000a).

Lafontaine als neuen Bezugsrahmen für staatliches Handeln internationale Rahmenverträge zu Sozialstandards und zur Stabilisierung der Kapitalmärkte sowie eine konzertierte europäische Beschäftigungspolitik jenseits des dominanten Standortkonkurrenz-Paradigmas (vgl. Lafontaine 1998: 275). Die gegensätzlichen Auffassungen produzierten jedoch (noch) keinen Bruch zwischen beiden, sondern kulminierten vorerst in einer engen Zusammenarbeit, in welcher der Parteivorsitzende Lafontaine als Bewahrer traditioneller sozialdemokratischer Werte auftrat und Schröder als Kanzlerkandidat den kompetenten Modernisierer gab, um die SPD nach sechzehn Jahren auf der harten Oppositionsbank wieder an die Macht zu führen (vgl. Jun 2004b: 326).

In der Tat konnten die Sozialdemokraten mithilfe des Slogans *Innovation und Gerechtigkeit* und eines mediatisierten Wahlkampfs „eine optimale Wählerkoalition schmieden, d. h. Stammwähler mobilisieren und zugleich enttäuschte Unions- und Wechselwähler gewinnen"[35] (Egle/Henkes 2003: 73). Gezielt wurde mit dem Label von der *Neuen Mitte*[36] auf

> „die Leistungsträgerinnen und Leistungsträger unserer Gesellschaft: auf die hoch qualifizierten und motivierten Arbeitnehmer, auf die Frauen und Männer, die in Familien und Schulen Verantwortung tragen für Erziehung und Bildung unserer Kinder, auf die vorausschauenden und engagierten Manager und Unternehmer, auf die innovativen und flexiblen Mittelständler, Handwerker und Freiberufler, auf die mutigen Existenzgründer, auf die hervorragend ausgebildeten Informatikerinnen, Ärztinnen und Ingenieurinnen, auf die erfindungsreichen Techniker und Wissenschaftler und auf die verantwortungsbewußten deutschen Gewerkschaften" (SPD 1998: 13).

Unmittelbar nach dem Beginn der Regierungsarbeit mit Bündnis 90/Die Grünen wurden zentrale Wahlversprechen eingelöst. Der demographische Faktor der Rentenreform von 1997 wurde ausge-

---

35 Noch kurz zuvor schien die breite Mittelschicht wenig mit der SPD anfangen zu können. Dies änderte sich jedoch Mitte der 1990er Jahre, wie Franz Walter pointiert konstatiert: „Nun gehörten große Teile auch im gesellschaftlichen Zentrum zu den Verlierern der sozialen und ökonomischen Entwicklung im neu vereinten Deutschland. Überdies schreckten die rüden neoliberalen Sprüche der Herren Westerwelle, Schäuble und des jungwilden Anhangs. [...] Die Mitte suchte [...] ein politisches Versicherungsinstitut als Schutzvorkehrung gegen die Risiken zu schnellen sozialen und gesellschaftlichen Wandels." (Walter 2002: 78).

36 Die Bezeichnung *Neue Mitte* hat ebenso wie jene des *Dritten Weges* bereits eine längere Historie. Näheres zur Begriffsgeschichte der *Neuen Mitte* siehe Spoo (1999: insb. 206-220).

setzt, die Lockerung des Kündigungsschutzes zurückgenommen und das Gesetz zur Minderung der Lohnfortzahlung im Krankheitsfall revidiert (vgl. Nachtwey 2009: 214). Oskar Lafontaine schien als machtvoller Finanzminister die Richtlinien der Regierungspolitik vorzugeben. Schröders Gefolgsleute zeigten sich allerdings ebenso wie die machtvollen Wirtschaftsverbände schnell ganz und gar unzufrieden mit der Arbeit der neuen Regierung[37] (vgl. Niejahr et. al. 1998: 22). Ebenso war Lafontaines neokeynesianische Finanzpolitik international nicht einmal ansatzweise durchsetzbar, was sich Wolfgang Filc - damals Ministerialdirektor im Bundesfinanzministerium - vor allem durch die „amerikanische Meinungsdominanz hinsichtlich der Finanzarchitektur" (Filc 1999: 102) erklärte. Lafontaine galt dem deregulierungsfreundlichen Ausland bald schon - wie das britische Boulevardblatt *Sun* titelte - als *gefährlichster Mann Europas* (vgl. Hoell 2004: 198). Als seine Position auch innerhalb des Kabinetts zunehmend fragiler wurde, beschloss Lafontaine bereits im Dezember 1998 seinen Rücktritt für den folgenden Mai in Anschluss an die anstehende Wahl Johannes Raus zum Bundespräsidenten (vgl. Lafontaine 1999: 223). Interne Indiskretionen und offensichtliche Falschmeldungen bezüglich einer hitzigen Kabinettssitzung vom 10. März 1999 über angebliche Rücktrittsdrohungen Schröders, welche dieser zum Zweck einer wirtschaftsfreundlicheren Ausrichtung Lafontaines genutzt haben soll, veranlassten den angeschlagenen Saarländer schließlich, seinen Entschluss vorzuziehen. Am 11. März 1999 reichte er seine Demission als Bundesfinanzminister, als Parteivorsitzender und als Bundestagsabgeordneter ein (vgl. ebd.: 221f.) und ließ eine überraschte Öffentlichkeit sowie eine zutiefst konsternierte SPD zurück. Ein nicht ganz unzynischer Nebeneffekt: Die Wirtschaft schien hocherfreut, so schiss der DAX sogleich um fünf Prozent in die Höhe, während auch der Euro direkt kräftig zulegen konnte (vgl. Sturm 2009: 39).

Die SPD wurde nach diesem Abgang vollständig auf Schröder zugeschnitten, der nun auch den Parteivorsitz übernahm, um seine Macht nachhaltig zu festigen (vgl. Korte 2003: 65f.). Fortan galt die Partei vielen Beobachtern nurmehr als „Kanzlerwahlverein" (Walter

---

[37] Schon die Berufung Bodo Hombachs zum Kanzleramtsminister musste Lafontaine als Affront werten; stand dieser doch unmissverständlich für die *modernisierte* SPD und machte aus seiner Abneigung gegen Lafontaine keinen Hehl. So bezeichnete Hombach selbst das Ziel der Machteinschränkung des unter den *Schröderianern* als *Der Makroökonom* verspotteten Parteichefs als stärkstes Motiv, das ihm angebotene Wirtschaftsministerium abzulehnen und Chef des Bundeskanzleramtes zu werden (vgl. Sturm 2009: 23).

2005: 26). Machtpolitisch bedeutete Lafontaines Kapitulation innerhalb der SPD den endgültigen Durchbruch der hierzulande als *Neue Mitte* etikettierten Idee vom *Dritten Weg*, welchen Lafontaine noch als „Holzweg" (Lafontaine 1999: 274) bezeichnet hatte. Diese beinhaltete im Wesentlichen eine „Anpassungsstrategie, die realen oder vermeintlichen Zwängen marktgetriebener Restrukturierung folgt, ohne Basisinstitutionen des rheinischen Kapitalismus gänzlich in Frage zu stellen" (Dörre 1999: 20). Franz Müntefering formulierte das neue Paradigma im Jahr 2000 ganz im Sinne Giddens': „Es ist nicht die Aufgabe des Staates, dem Menschen zu sagen, was er zu tun hat" (Müntefering 2000b: 145). Das Leitbild vom *Aktiven Bürger* sollte also auf die Agenda gehoben werden, um den deutschen Sozialstaat mithilfe der Betonung der individuellen Eigeninitiative umzubauen. Damit verbindet sich die Durchsetzung eines Wettbewerbsstaates, der „unter den Bedingungen einer sich weiter internationalisierenden Weltwirtschaft sich als weiterhin erfolgreicher Staat behaupten will" (Wendl 1999: 152). Die Gewährung von Sozialleistungen sollte sich auf die so genannten *wirklich Bedürftigen* konzentrieren (vgl. Butterwegge 1999: 199). Bodo Hombach brachte das neue Paradigma der Sozialdemokratie prägnant auf den Punkt: „Wir müssen den Menschen helfen, das zu bekommen, was sie in ihrer jeweiligen Situation am meisten brauchen - und das ist in den meisten Fällen eben nicht die reine Transferleistung, sondern ein Platz in der Arbeitsgesellschaft" (Hombach 1999: 42).

2.3 Das Leitbild der aktivierenden Arbeitsmarktpolitik

Eine einheitliche, von allen darauf bezugnehmenden sozialdemokratisch geführten Regierungen praktizierte Version des *Dritten Weges* in sämtlichen Politikfeldern gibt es nicht. Im Bereich der Arbeitsmarktpolitik jedoch ist die Übereinstimmung mit ihren jeweiligen Aktivierungskonzepten überaus groß (vgl. Meyer 2005: 520). Normativ setzt sich dieses neue Leitbild der *aktivierenden Arbeitsmarktpolitik* aus zwei Bausteinen zusammen: dem *Workfare*-Konzept einerseits und dem Modell des *Enabling* andererseits.

Workfare betont die auf die steigende Konkurrenzfähigkeit abzielenden Aspekte des neuen Paradigmas und leitet daraus die Notwendigkeit ab, das Ziel der Vollbeschäftigung durch Arbeitszwang zu revitalisieren. Dem Status der Arbeitslosigkeit wird hier unverhohlen pauschal eine *Lasterhaftigkeit* angeheftet. Beim *Enabling* hingegen stehen die befähigenden Maßnahmen im Vordergrund. Hier soll das

Humankapital gesteigert und zur Anpassung der Erwerbslosen an die neuen Arbeitsmarktbedingungen ausgeweitet werden (vgl. Dingeldey 2007: 190). Miteinander kombiniert, zielt diese Politik auf eine institutionelle Selbstveränderung ab, „ohne dabei die öffentliche (staatliche) Verantwortung für gesellschaftliche Wohlfahrt aufzugeben" (Lamping/Schridde 2004: 401). Philosophisch fußt das Konstrukt auf dem bereits erwähnten Kommunitarismus. Ein staatlich garantiertes Wohlfahrtsminimum soll demnach ausdrücklich an die individuelle Beteiligung der Leistungsnehmer gekoppelt werden (vgl. Merkel 2001: 139). Alex Callinicos diagnostiziert hier eine Mischung aus Kommunitarismus und methodologischem Individualismus, weil die Rechte Einzelner demnach dann eingeschränkt werden dürften, wenn davon die Gemeinschaft in ihrer Gesamtheit profitiere (vgl. Callinicos 2001: 58-63).

Die Arbeitsmarktpolitik der Tories konzentrierte sich stets auf eine zunehmende Kommodifizierung, welche durch die neue Regierung unter Tony Blair ab 1997 zwar nicht in Frage gestellt, aber umgeformt wurde. Der *passive* sollte zum *aktivierenden Wohlfahrtsstaat* umgebaut werden durch Investitionen in Bildung (vgl. Merkel 2000b: 286). Hierzu steigerte man den Druck auf die arbeitslose, erwerbsfähige Bevölkerung durch Qualifizierungsangebote, während zugleich zum Ausbau der Arbeitsanreize die Sozialleistungen nicht erhöht wurden. Daraus resultierte ein neuer Vertrag zwischen Staat und Bürgern, der weniger die rechtlichen Ansprüche auf Sozialleistungen als vielmehr die Bedeutung der Eigenverantwortung und der Beteiligung am Erwerbsleben betont (vgl. Mitton 2008: 269). In Deutschland arbeitete vor allem Bodo Hombach daran, der SPD ein „sozialpolitisches Godesberg" (Sturm 2009: 17) zu verpassen: „Wir müssen den Sozialstaat wieder vom Sicherheitsnetz zum Trampolin machen, von der Hängematte zum Sprungbrett, das den Einzelnen zurückfedert" (Hombach 1998: 18). Gerhard Schröder formulierte diese Forderung noch deutlicher, als er verlautbarte, niemand solle in den *Genuss* von Sozialleistungen kommen, wenn er das Angebot zur Integration in den Arbeitsmarkt ausschlage (vgl. Schröder 1999: 445). Realpolitisch fand die *aktivierende Arbeitsmarktpolitik* in Deutschland ihre Geltung allerspätestens mit der Durchsetzung des Gesetzespakets *Moderne Dienstleistungen am Arbeitsmarkt* - dem wichtigsten Teil der weit reichenden Sozialreform *Agenda 2010* - sowie nach der innerparteilichen Etablierung des Modells vom *Vorsorgenden Sozialstaat*, die beide in Teil II näher thematisiert werden.

3. Zusammenfassung und Zwischenfazit

> *„The attraction of the idea of the Third Way lies in the promise it offers of escaping the dead-ends we have inherited from the past. Confronted with the unpalatable alternatives of Stalinism and Thatcherism, who wouldn't prefer a third way?"*
>
> Alex Callinicos (2001: 121)

Nach dem Ende der Sowjetunion schienen die von den Sozialdemokraten rhetorisch auf der Agenda sekurierten wichtigsten sozialistischen Ideale (Freiheit, Gerechtigkeit, Solidarität) ihren Kredit zunächst verspielt zu haben. Doch beabsichtigten die Sozialdemokraten keinesfalls eine bedingungslose Anpassung an den modischen Marktfundamentalismus, sodass eine traditionsreiche politische Richtung ob ihrer Ratlosigkeit überflüssig zu werden drohte[38]. Mit Anthony Giddens verweigerte sich ein Mann ganz besonders der in den Folgejahren zum Mainstream avancierten Verabschiedung der Sozialdemokratie aus dem politschen Spektrum und bot eine insbesondere von den britischen und deutschen Sozialdemokraten freudig angenommene Alternative an. Seine Theorie vom *Dritten Weg* beabsichtigt, die positiven Elemente des von ihm kritisierten Neoliberalismus sowie der bis dato seit dem Zweiten Weltkrieg innerparteilich unter Artenschutz stehenden etatistisch-keynesianischen Sozialdemokratie beizubehalten und zu einem neuen Paradigma weiterzuentwickeln, um genuin sozialdemokratische Antworten auf die sich neu stellenden Herausforderungen zu entfalten.

Das Modell vom *Dritten Weg* ist ein „Versuch, eine originäre sozialdemokratische Konzeption angesichts der Wandlungen in den Umwelten der Parteien auf der Basis traditioneller sozialdemokratischer Werte zu entwickeln und zugleich mehrheitsfähig zu sein" (Jun 2002a: 505). Es geht davon aus, dass vor allem die Globalisierung – welche Giddens nicht in erster Linie als ökonomisches Phänomen betrachtet, sondern als allumfassende Intensivierung weltweiter sozialer Beziehungen – dem nationalen Wohlfahrtsstaat einen Druck auferlege, der sozialpolitische *Umbaumaßnahmen* erzwinge. Die

[38] In der Komödie *Die Ehe des Herrn Mississippi* von Friedrich Dürrenmatt findet sich ein diese Lage fabelhaft auf den Punkt bringendes Bonmot: „Der Westen hat die Freiheit verspielt, der Osten die Gerechtigkeit" (Dürrenmatt 1970: 30).

Anerkennung von Deregulierungsnotwendigkeiten bei den sozialen Sicherungssystemen gehört hier ebenso zum Instrumentarium wie die Verwendung angebotsorientierter Wirtschaftspolitikkonzepte. Zentrale sozialistische Prinzipien sollen dabei jedoch nicht aus den Augen verloren werden. Pate steht für diesen Kompromiss das Ideal vom *eigenverantwortlichen Bürger*. Statt der Verteilungsgerechtigkeit gebühre nunmehr der Chancengerechtigkeit der Aufstieg zum obersten sozialdemokratischen Ziel. Dem Paradigma der *aktivierenden Arbeitsmarktpolitik* kommt hier die Aufgabe zu, die Bürger durch Anreize zur Arbeitsaufnahme zu bewegen. Leisten soll dies eine Kombination aus Zwangselementen (*Workfare*) und Qualifizierungsmaßnahmen (*Enabling*).

Lange Zeit verweigerte sich die Labour Party einer umfassenden inhaltlich-programmatischen, organisatorischen sowie strategischen Erneuerung. Nach einer Serie von Wahlniederlagen nahm der Reformprozess in den 1990er Jahren jedoch deutlich Fahrt auf. Mehr als jeder seiner Vorgänger veränderte besonders Tony Blair seit seiner Wahl an die Parteispitze 1994 die internen Strukturen der Labour Party, die in der Umbenennung in *New Labour* ihren Höhepunkt fand. Dabei bediente er sich der Leitideen des *Dritten Weges* und führte seine Partei so mit sicherer Hand 1997 zum klaren Sieg bei der Unterhauswahl. In Deutschland verlief der Pfad zum *Dritten Weg* noch weitaus weniger geradlinig. Bis zur Mitte der 1990er Jahre erteilte die SPD einer deutlichen inhaltlichen und organisatorischen Neuausrichtung partout eine Absage. Erst im Vorfeld der Bundestagswahl 1998 bekannten sich auch zunehmend mehr deutsche Sozialdemokraten zu den Ideen des *Dritten Weges*. So ebnete eine strategisch brillant inszenierte Kampagne 1998 die Rückkehr an die Schalthebel der Macht. Gleichwohl traten nach dem Wahlsieg die Differenzen zwischen dem als Parteichef und Bundesfinanzminister amtierenden Lafontaine (der den *Dritten Weg* kategorisch ablehnte) und Bundeskanzler Schröder (der sich an Blair orientieren wollte) offen zutage. Am 11. März 1999 trat Lafontaine überraschend von allen Ämtern zurück, sein Nachfolger im Parteivorsitz wurde Schröder, während die Leitung des Bundesfinanzministeriums an den treuen *Schröderianer* Hans Eichel ging. Fortan waren die Spitzenpositionen der SPD fast ausschließlich mit Befürwortern (und auffallend stillen Kritikern) des Schröder-Kurses besetzt. Die deutsche und die britische Regierung konnten nun ihren Marsch auf dem *Dritten Weg* mehr oder weniger entschlossenen Schrittes antreten

Teil II

Analyse der *aktivierenden Arbeitsmarktpolitik* von Labour Party und SPD am Beispiel der Strategien gegen Jugendarbeitslosigkeit

**„Sind wir denn da, um nichts zu tun?
Wir, die gebornen Arbeitslosen,
verlangen Arbeit statt Almosen
und fragen euch: Und was wird nun?“**

Erich Kästner: Das Riesenspielzeug (1932)

4. Die Regierungspolitik der Labour Party in Großbritannien (1997-2005)

> *„The role of government has changed. Today it is to give people the education, the skills, the technical know-how to let their enterprise and talent flourish in this new marketplace. This is the Third Way."*
>
> Tony Blair (zit. n. Linhardt 2004)

4.1 Ausgangslage und Problemkontext

Haben Thatcher und Major es Blair am Ende doch deutlich einfacher gemacht, als er selbst zuzugeben bereit wäre? Schon in den 1970er Jahren nahm in der britischen Bevölkerung die Unterstützung für das Beveridge-System merklich ab, sodass die entschlossene „Demontage des Wohlfahrtsstaates" (Reitzig 2005: 117) durch Margaret Thatcher und ihren Nachfolger John Major bis zu Tony Blairs Übernahme des Premierministeramtes 1997 ein Ausmaß erreicht hatte, das für den sozialdemokratischen Regierungschef die Gefahr, von Kritikern das Etikett des *neoliberalen Sozialabbau-Apologeten* verpasst zu bekommen, verschwindend gering hielt. Viel weniger Sozialstaat schien zu diesem Zeitpunkt kaum mehr möglich.

Insbesondere arbeitsmarktpolitisch betrieben die konservativen Regierungen seit 1979 gewissermaßen Monetarismus in Reinkultur. Die Gewährung von Sozialleistungen wurde zunehmend an die Arbeitssuche gekoppelt. Relativ spät wandten sich die Tories der *Enabling*-Strategie zu. Zwar stieg die Zahl der an staatlichen Weiterbildungsmaßnahmen partizipierenden Erwerbslosen zwischen 1984 und 1989 von 194.000 auf 457.000 Personen beträchtlich an, doch erklärt sich dies vor allem durch die in den 1980er Jahren schier explodierende Arbeitslosenzahl. Der Anteil der Ausgaben für staatlicherseits aktive Arbeitsmarktpolitik nämlich machte in jenen Jahren durchschnittlich nur 0,58 Prozent des BIP aus (vgl. Schmucker 1997: 68). Erst nach siebzehn *Workfare*-geprägten Jahren wagte Major 1996 den ersten Schritt in Richtung *aktivierende Arbeitsmarktpolitik*. Im Zuge des *Jobseekers Act* vereinheitlichte seine Regierung das System der Arbeitslosenunterstützung. Die beitragsfinanzierten (*Unemployment Benefit*) und die auf Steuern basierenden (*Income Support*) Transferzahlungen für Arbeitslose sind seither zur *Jobseekers Allowance* (*JSA*) zusammengefasst. Nunmehr existiert lediglich in den ersten sechs Monaten der Arbeitslosigkeit ein Anspruch auf Versicherungsleistungen, anschließend greift die deutlich geringfügigere (weniger als die Hälfte des vorherigen Einkommens), bedarfsgeprüfte Transferleistung, die obendrein nur dann gezahlt wird, wenn der Leistungsnehmer seine Beteiligung an der Arbeitssuche regelmäßig nachweist (vgl. Dingeldey 2007: 195).

Die Stimmung im Land schien sich nichtsdestoweniger immer mehr gegen die amtierende Regierung zu wenden. So bestand für New Labour die Hauptaufgabe im Wahlkampf 1997 darin, die Wähler davon zu überzeugen, dass die sozialdemokratische Partei nach achtzehn Jahren Opposition wieder eine ernst zu nehmende politische Alternative darstellte. Eine diesem Zweck sehr dienliche Vorarbeit bildete die bereits erwähnte organisatorische und programmatische Erneuerung der Labour Party. Allerdings gilt es mittlerweile als Binsenweisheit, dass Parteien allein aufgrund ihrer Organisationsstrukturen nur noch einen geringen Wähleranteil erreichen - mögen diese auch noch so modernisiert sein. Vielmehr ist ein Sieg im Kampf um die medial vermittelte Aufmerksamkeit der Bevölkerung von unabdingbarer Bedeutung (vgl. Jun 2008a: 182).

Frühzeitig haben die Führungszirkel der Labour Party diese Entwicklung erkannt und ihre Wahlkampfstrategie genau auf die Erfordernisse des Medienzeitalters ausgerichtet. Schon 1992 sind Tony Blair und Gordon Brown in die Vereinigten Staaten von Amerika gereist, um die Kampagne des siegreichen demokratischen Präsidentschaftskandidaten Bill Clinton zu verfolgen (vgl. Reitan 2003: 158). Eine der wichtigsten aus Übersee mitgebrachten Erkenntnisse lag neben der gebotenen Personalisierung in der erstaunlichen Wirksamkeit einfach und eingängig gehaltener Slogans, die partiell sogar wörtlich übernommen wurden[39]. Diese schienen nötig, weil der bereits 1985 durch Neil Postman diagnostizierte Bedeutungsgewinn des Komplexität reduzierenden Fernsehens spätestens Ende der 1990er Jahre in der von manchem Zeitgeistkritiker abwertend als *Spaßgesellschaft* gebrandmarkten Dominanz der Unterhaltungslogik mündete: „Das Entertainment ist die Superideologie des gesamten Fernsehdiskurses. Gleichgültig, was gezeigt wird und aus welchem Blickwinkel - die Grundannahme ist stets, daß es zu unse-

[39] Beispiele sind etwa „Time for Change“, „The Failure of Bush (Major)“, „Clinton (Blair) is young and dynamic“ oder „We offer a partnership between government and people“ (vgl. Sturm 2001b: 43).

rer Unterhaltung und unserem Vergnügen gezeigt wird" (Postman 1985: 110). Nichts überließ die Wahlkampfzentrale in diesem Medienwahlkampf dem Zufall, keine Entscheidung vermochten die Parteistrategen zu fällen, die nicht zuvor als Testballon losgelassen wurde: „Everything the party has done has been tested relentlessly on focus groups of target voters, and many of its policy shifts are explicable in terms of their impact on public opinion" (Anderson/Mann 1997: 386). Auch das Verhältnis zu den einflussreichsten Medienbesitzern konnte Blairs Kampagnenteam um Peter Mandelson - der als „the party's real deputy leader" (Wring 2005: 139) fungierte - im Vorfeld der Wahl erheblich verbessern, sodass sie nunmehr eher Blair und nicht mehr Major unterstützten (vgl. Sturm 2001b: 45f.). Tatsächlich ergab eine von Earl A. Reitan zitierte Studie zur Auswertung von zweitausend Zeitungsartikeln aus der Zeit des Wahlkampfs 1997, dass 26 Prozent der Berichte New Labour wohlgesonnen begegneten und 31 Prozent eher negativ, während das Presseecho für die Tories mit siebzehn Prozent positiven und 40 Prozent negativen Medientexten deutlich schlechter ausfiel (vgl. Reitan 2003: 170). Die Labour Party mauserte sich also zu einem Gebilde, für das der Begriff der *professionalisierten Medienkommunikationspartei* sehr treffend erscheint: „Ihre Organisation und ihre Kommunikationstechniken sind durch Innovation [...] den Erfordernissen der Mediendemokratie angepasst worden" (Jun 2002b: 305). Selbiges war den Konservativen ebenso wenig gelungen wie die Aufrechterhaltung ihres bis dahin nahezu unerschütterlich wirkenden Images als traditionell wirtschaftskompetentere der beiden großen Parteien (vgl. Sturm 2001b: 50), sodass das Unterhauswahlergebnis vom 01. Mai 1997 nichts weniger als einen Erdrutschsieg für Tony Blairs New Labour-Projekt bedeutete:

Tabelle 1: Stimmen- und Mandatsverteilung bei der Unterhauswahl 1997; in Klammern Ergebnisse der Unterhauswahl 1992 (Eigene Darstellung; Zahlen nach Helms 1997: 1344)

Partei	**Stimmen in %**	**Mandate**
Labour Party	43,2 (34,4)	419 (271)
Conservative Party	30,7 (41,9)	165 (336)
Liberal Democratic Par-	16,8 (17,8)	46 (20)
Scottish National Party	2,0 (1,9)	6 (3)
Plaid Cymru	0,5 (0,5)	4 (4)
Andere	6,8 (3,5)	18 (17)

Der Problemdruck, mit dem sich die Blair-Regierung beim Amtsantritt konfrontiert sah, schien auf den ersten Blick recht gering. Beispielsweise ist die Arbeitslosigkeit aller Erwerbsfähigen zwischen 1992 und 1997 offiziell gesunken:

Tabelle 2: Arbeitslosigkeit in Großbritannien 1992-1997 (Eigene Darstellung; Zahlen nach Roberts 2000: 58)

1. Quartal (Frühjahr)	**Arbeitslose in Tausend**	**Arbeitslose gesamt in %**
1992	2.830	9,9
1993	2.996	10,5
1994	2.796	9,8
1995	2.512	8,8
1996	2.388	8,3
1997	2.083	7,2

Doch ganz so rosig sah es zu jenem Zeitpunkt nicht aus. Die Konsequenzen der von den Tories betriebenen wirtschaftsliberalen Politik nämlich bestanden in einem nicht unbeträchtlichen Anstieg der Armutssituation innerhalb der Bevölkerung. Neben einer enorm gestiegenen Zahl Obdachloser und nicht wenigen verfallenen Stadtteilen lebten zu Beginn der Regierungszeit Blairs ein Drittel aller Kinder in Großbritannien (vier Millionen) in Haushalten, die über ein Einkommen unterhalb der Hälfte des durchschnittlichen Haushaltseinkommens verfügten (1979: 10 Prozent). Insgesamt schnellten die durchschnittlichen Haushaltseinkommen der Bevölkerung zwischen 1979 und 1991 um 36 Prozent in die Höhe, während jedoch die Einkommen des untersten Bevölkerungszehntels real nur um 14 Prozent anstieg (vgl. Scharf 2001: 52). Tony Blair und dessen Regierungsmannschaft sahen sich also mit einer Lage konfrontiert, in der die Vorgängeradministration mit der Bekämpfung sozialer Ungleichheit ein historisch wichtiges Ziel sozialdemokratischer Politik stark vernachlässigt zu haben scheint.

4.2 Begründungszusammenhang

Tabelle 2 vermag nachzuweisen, dass sich die Arbeitslosigkeit in Großbritannien zwischen 1993 und 1997 offiziell rückläufig zeigte. Ebenso verhält es sich mit der Jugendarbeitslosigkeit, die sich zwischen 1992 und 1997 von 16,6 auf 13,7 Prozent verringerte (vgl. Petring 2006: 131). Insbesondere das Niveau der Arbeitslosigkeit junger Menschen wurde jedoch zum Amtsantritt von New Labour als deutlich zu hoch bewertet. Eine möglichst rasche Reduzierung derselbigen stand dann auch folgerichtig im arbeitsmarktpolitischen Programm der neuen Regierung hoch im Kurs. Dabei hatte Blairs Regierungsmannschaft zahlreiche Bedingungen zu beachten, die sich in den Jahrzehnten zuvor als problematisch erwiesen, von den Tories jedoch - wenn überhaupt - nur marginal angetastet wurden. So besteht bis heute für junge Leute nach dem Erreichen des sechzehnten Lebensjahres keine Verpflichtung, sich weiterzubilden oder sich einer systematischen Ausbildung zu unterziehen. Da seit 1988 nur wenigen Jugendlichen im Alter zwischen sechzehn und achtzehn Jahren ein Anspruch auf Arbeitslosenunterstützung gewährt wird und über 18-jährigen nur dann, wenn sie eine aktive Arbeitssuche nachweisen können, ist ein Leben jenseits der Erwerbsarbeit für Jugendliche keine wirklich existente Option. Auf der anderen Seite müssen Arbeitgeber keine qualitative oder quantitative Ausbildung/Qualifizierung für ihr Personal anbieten. Überhaupt ist für die meisten Berufe eine vorherige Ausbildung gesetzlich oder kollektivvertraglich nicht zwingend erforderlich. Theoretisch kann jeder eine Baufirma oder einen Friseursalon eröffnen. *Der Kunde entscheidet* - so lautet das Motto, auf dem dieser weitgehend unreglementierte Arbeitsmarkt in Großbritannien nahezu vollständig beruht (vgl. Roberts 2000: 70).

New Labour sah sich selbst als „Regierungspartei, [welche] die "Kundenwünsche" der Wähler umsetzt" (Sturm 2006: 285). Die Begründungen zugunsten von *Welfare-to-Work* sind dementsprechend werbend und versuchen, eine Verbindung zur *großen Erzählung* herzustellen (vgl. Delhees et. al. 2008: 90). Wurde das Regierungsprogramm mit positiven Eigenschaften garniert (*new; comprehensive*), erhielt das bestehende System negative Charakteristika (*old; benefit system; passive*) (vgl. Fairclough 2000: 13). Die Sichtung verschiedener Quellen lässt nun mit der Globalisierung, der Kostenfrage und der Armutsfalle vor allem drei Elemente hervortreten, die eine Präferenz für marktorientierte Reformen[40] in der Beschäftigungspolitik New Labours erklären. Alle drei seien kurz vorgestellt.

1) Das Globalisierungsargument

Durch die Zunahme des internationalen Handels und des durch die Politik der Liberalisierung betriebenen massiven Abbaus der Zölle reagieren die verarbeitende Industrie und selbst kleinere Unternehmer sensibel auf Importe und orientieren sich mehr am Export. Multinational agierende Investoren dagegen versuchen, die kapitalinvestive und in der Wertschöpfungskette hoch angesiedelte Produktion in entwickelten Industrienationen gegen niedrige Löhne für sehr arbeitsintensive Produktionsprozesse in weniger entwickelten Ländern einzutauschen (vgl. Evans/Cerny 2004: 208f.). „New Labour [...] believes in the market and in efficiency and in the need to compete" (Mandelson/Riddle 1996: 30), verlautbarte Peter Mandelson schon vor Blairs Regierungsübernahme, der bekanntermaßen seinerseits diese Umstände für ebenso begrüßenswert wie unumkehrbar hält (siehe *2.1*). Die Transformation des britischen Wohlfahrtsstaates in einen *Wettbewerbsstaat* bildet hieraus die logische Konsequenz.

---

40 Als marktorientierte Reformen bezeichnet die Sozialpolitikforschung allgemein die „decollectivisation of social risks and provision of social services" (Klitgaard 2007: 173).

2) Das Kostenargument

Neoklassische bzw. angebotsorientierte Ansätze zur Erklärung von Arbeitslosigkeit unterstellen im Wesentlichen, dass es sich für Arbeitgeber aufgrund einer gestörten Preisbildung für die Ware *Arbeitskraft* nicht lohne, in Beschäftigung zu investieren. Arbeitslosigkeit entsteht demnach also vor allem dann, wenn der Faktor *Arbeit* zu teuer ist, weshalb zur Erlangung eines möglichst hohen Beschäftigungsgrades lohnrelevante Nebenkosten und gesetzliche Sozialleistungen möglichst gering zu halten sind (vgl. Boeckh et. al. 2006: 202f.). New Labour diagnostizierte in diesem Sinne die bestehende Arbeitslosigkeit als „supply-side-problem" (Eric Shaw 2003: 11) und betrachtete Preisstabilität, Wettbewerbsfähigkeit und Beschäftigung in erster Linie durch zu hohe Lohnkosten[41] gefährdet (vgl. Dingeldey 1998: 38). Um dies zu verhindern, müsse der Staat seiner Aufgabe gerecht werden, Rahmenbedingungen zu schaffen, unter denen die Wirtschaft floriere, damit sich sodann ein ausreichendes Arbeitsplatzangebot von selbst einstelle (vgl. Maurer 2007: 477).

3) Das Armutsfallenargument

Auch die Bekämpfung des Missbrauchs von Sozialleistungen[42] hat New Labour sich auf die Fahnen geschrieben. So wird unter der Regierung Blair die Vermögenssituation jedes Sozialhilfeempfängers im Einzelfall detailliert überprüft (vgl. ebd.). Normativ fußt diese Fokussierung vermeintlicher Systemmissbräuche auf der bereits erwähnten und von Blair selbst immer wieder bekräftigten Auffassung, dass der dauerhafte Empfang von staatlichen Transferleistungen ins soziale Abseits führe: „The benefit system penalizes the husband or wife of an unemployed person who takes up a job [...]. It offers lit-

[41] Lohnkosten sind „das Niveau der Löhne und Gehälter" (Altmann 2000: 123).

[42] Die Missbrauchs-Debatte hat in Großbritannien bereits eine längere Tradition und musste von der New Labour-Regierung nicht mehr dezidiert thematisiert werden. Innerhalb weiter Teile der Bevölkerung gilt der unverhältnismäßige Missbrauch von Sozialleistungen zulasten der britischen Wirtschaft als nicht zu hinterfragendes Faktum. Grund dafür ist vor allem die Tatsache, dass Thatchers Team im Unterhauswahlkampf 1979 den angeblich ausufernden Sozialmissbrauch als eine der wichtigsten Ursachen für die diagnostizierte Instabilität des *Beveridge-Systems* darstellte (vgl. Scharf 2001: 50).

tle incentive to work part-time, or for irregular earnings" (zit. n.: Anderson/Mann 1997: 205). Damit *Arbeit sich wieder lohnt*, mündet die Betonung der Verpflichtungen, die aus der Entgegennahme von Sozialleistungen entstünden, in der Ausübung von Druck, um Erwerbslose notfalls auch über die vorhandene Bereitschaft hinaus zur Arbeitsaufnahme zu bewegen (vgl. Schmid/Schroeder 2001: 207). Besonders dringlich erschien der Blair-Riege in diesem Zusammenhang offenbar die Notwendigkeit, das individuelle Qualifizierungsniveau zu fördern, zumal die Thatcher-Administrationen und deren Nachfolgeregierung dies noch sträflich vernachlässigt hatten (vgl. Glynn 1999: 192f.). So betont das zentrale *Green Paper* der Regierung im dritten Kapitel: „The new welfare state should help and encourage people of working age to work where they are capable of doing so" (DSS 1998: 23).

4.3 Zielsetzung

In allen Ländern, die sich auf die *aktivierende Arbeitsmarktpolitik* konzentriert haben, sind junge Menschen zwischen achtzehn und 24 Jahren neben Langzeitarbeitslosen die wichtigste Zielgruppe. New Labours Ausgangspunkt ist die Erkenntnis, „dass angesichts rapider technologischer Wandlungsprozesse eine stete Anpassung von Wissen, Kenntnissen und Fertigkeiten erforderlich ist und hohe Flexibilität des Einzelnen verlangt" (Jun 2004a: 240) werden müsse. Nun war sich die neue Regierung besonders des im internationalen Vergleich geringen Qualifikationsniveaus ihrer Bevölkerung durchaus bewusst. Auf einem Gewerkschaftskongress gelobte Tony Blair kurz nach Antritt seines Amtes, „für die Wettbewerbsfähigkeit der britischen Ökonomie, beruhend auf der am besten ausgebildeten und anpassungsfähigsten Arbeitnehmerschaft der westlichen Welt, zu kämpfen" (zit. n. Dingeldey 1998: 37). Verwirklicht werden sollte das Ziel, das Land wieder zu einer führenden Wirtschaftsnation der Welt zu machen (vgl. Blair 1996: 57), mithilfe einer „dynamic knowledge-based economy founded on individual empowerment and opportunity, where governments enable, not command" (Blair 1999a: 7). Während in der ersten Legislaturperiode noch defensiv von *full employability* statt *full employment* gesprochen wurde (vgl. Ludlam 2007: 469), propagierte New Labour in der zweiten Amtszeit eine „zeitgemäße Vollbeschäftigung" (Annesley 2007: 482). Dazu gehört die Überzeugung, dass Armutsbekämpfung nur erfolgreich sein kann, wenn die *Kultur der Abhängigkeit* von Transferzahlungen durchbrochen und stattdessen deren Gewährung an Gegenleistungen der Qualifizierung und Arbeitssuche geknüpft wird, was in der Formel *From Dole To Dignity* ihren Ausdruck fand (vgl. Fromm/Sproß 2008: 2).

4.4 Maßnahmen im Überblick

Bereits am 6. April 1998 trat mit dem *New Deal for Young People*[43] ein Gesetz zur *aktivierenden Arbeitsmarktpolitik* in Kraft, das „subsidies, job-search assistance, training and direct job creation" (Cressey 2000: 177) zu kombinieren trachtet. Für Arbeitslose unter 24 Jahren beginnt hier nach einer sechs Monate andauernden Arbeitslosigkeit[44] für maximal vier Monate die so genannte *Gateway*-Phase. Hier soll mittels individueller Hilfe seitens des zuständigen Arbeitsvermittlers auf der Grundlage eines *Individual Action Plan* dem Teilnehmer ein Arbeitsplatz vermittelt werden (vgl. Dingeldey 2007: 195). Ist bis dahin noch kein Arbeitsverhältnis zustande gekommen, wird dem Teilnehmer eines von vier Angeboten unterbreitet:

1) Subventionierte Tätigkeit in einem Unternehmen

Hier wird eine zwischen 24 und 28 Wochenarbeitsstunden beinhaltende und mindestens sechs Monate andauernde Voll- oder Teilzeitbeschäftigung durch Schulungen oder Ausbildungsprogramme ergänzt, die zeitlich mindestens einem Tag pro Woche zu entsprechen haben und mit einem anerkannten Abschluss enden. Staatlicherseits wird jede Stelle mit wöchentlich 60 £ (und gegebenenfalls insgesamt 750 £ für Schulungen) subventioniert, während die Teilnehmer ein Entgelt erhalten, das der normalen Höhe eines mit ähnlicher Tätigkeit befassten

43 Jugendliche bilden nur eine der Zielgruppen des *New Deal*. Daneben gibt es in diesem Gesetzespaket u.a. Maßnahmen, die speziell auf die Risikogruppen *Langzeitarbeitslose* und *Alleinerziehende* ausgerichtet sind (vgl. Mädler/Pilz 1999: 172f.), wobei manche natürlich mehrere dieser Merkmale zugleich aufweisen.

44 Dass Jugendliche besonders wichtige Adressaten des Programms sind, zeigt ein intergenerationaler Vergleich. Arbeitslose über 25 Jahren müssen beim *New Deal* nämlich nicht nach sechs, sondern erst nach achtzehn Monaten Erwerbslosigkeit an den Aktivierungsmaßnahmen teilnehmen (vgl. Schommer 2008: 87). Sollte der Wille beim jeweiligen Teilnehmer vorhanden sein, ist prinzipiell auch eine Integration in das *New Deal*-Programm vor Ablauf der sechsmonatigen Frist möglich (vgl. Mädler/Pilz 1999: 170).

Angestellten des Unternehmens entsprechen sollte - was allerdings lediglich eine Empfehlung darstellt. Wenn die Unternehmen einem Jugendlichen anschließend eine Festanstellung offerieren, können sie mit der *Upfront Skills Shortage Subsidy* eine weitere staatliche Zuwendung erhalten. Allerdings nur dann, wenn während der ersten acht Wochen mindestens fünfzehn Tage und während des ersten halben Jahres mindestens 26 Tage für die Ausbildung des Teilnehmers aufgewendet werden. Mit 1730 £ bei Vollzeitbeschäftigung und 1340 £ bei Teilzeiteinstellung sowie weiteren 580 £ (450 £), wenn das vereinbarte Ausbildungsziel spätestens nach 26 Wochen erreicht wurde, sind die finanziellen Anreize für die Arbeitgeber in dieser Variante des *New Deal* besonders hoch angesetzt.

2) *Environment Task Force*

Eine regierungseigene Umweltinitiative bietet in diesem Programm eine sechsmonatige Tätigkeit an, die ebenfalls durch wenigstens einen Tag wöchentlich umfassende und mit einem anerkannten Abschluss endende Schulungs- und Ausbildungsmaßnahmen erweitert wird. Die Tätigkeiten sollen dabei nicht nur manueller Natur sein, sondern möglichst auch administrative Bereiche (z. B. Buchhaltung) einschließen. Pro Teilnehmer erhalten die Einrichtungen einen staatlichen Zuschuss von 750 £, an die Jugendlichen wird ein regional unterschiedlicher monatlicher Lohn (zuzüglich eventueller Reisekostenerstattung) gezahlt, welcher der Höhe von *JSA*[45] nahekommt.

3) *Voluntary Sector Option*

Die zeitlichen und qualifikationsspezifischen Rahmenbedingungen werden bei diesem Einsatz im gemeinnützigen Sektor genauso gehandhabt wie bei den beiden bereits genannten Tätigkeiten. Auch die vom Staat ausgezahlte Unterstützungsleistung sowie die Entlohnung der Teilnehmer für die anbietende Einrichtung sind hier ebenso hoch angesetzt wie beim staatlichen Umweltprogramm.

---

[45] In der Höhe variiert *JSA* ausschließlich nach Alter, eine finanzielle Berücksichtigung von Ehestand und Kindern erfolgt nicht. Jugendliche (Stand: 2005) erhalten wöchentlich 33,85 £ (vgl. Sarter 2007: 6).

4) Full-time Education or Training

Diese *New Deal*-Alternative ist vor allem für Jugendliche mit einem geringen beruflichen Qualifikationsniveau konzipiert. Sie besteht aus einer bis zu zwölf Monate währenden Vollzeitschulung oder -ausbildung, die einen Umfang von je 30 Stunden pro Woche vorsieht und mit einem anerkannten Abschluss beendet wird. Die Arbeit mit dem persönlichen Betreuer, welche in den drei zuvor geschilderten Programmen auch existiert, wird hier besonders intensiviert. Hinzu kommen Bewerbungstrainings, weitere Hilfen bei der Arbeitssuche, eine ausführliche Leistungsdokumentation sowie (wenn erforderlich) Kurzzeitschulungen zum Erwerb oder zum Ausbau grundlegender Fertigkeiten (vgl. Mädler/Pilz 1999: 170f.).

Eine fünfte Option im Sinne freiwilliger Arbeitslosigkeit gibt es beim *New Deal* ausdrücklich nicht. Wer eines der Angebote ohne triftigen Grund ablehnt oder vorzeitig abbricht, muss die Einstellung von allen monetären Zahlungen hinnehmen. Geht aus der Tätigkeit keine Festanstellung hervor, gibt es eine dritte Aktivierungsphase (*Follow-Through*), in welcher sich der *JSA*-Anspruch erneuert und die Berater weiterhin aktive Unterstützung bei der Arbeitssuche mit der Erwartung verknüpfen, dass der Kunde sich ebenfalls aktiv an der Stellensuche beteiligt und diese nachweist[46]. Dabei ist jede Arbeit anzunehmen, welche von der anbietenden Behörde einseitig als nicht sittenwidrig klassifiziert wird (vgl. ebd.: 173). Im Oktober 1998 wurden diese Sanktionen auch auf Alleinerziehende ausgeweitet (vgl. Dingeldey 1998: 38). Hat es eine Person geschafft, innerhalb des *New Deal* eine feste Stelle zu finden, wird aber innerhalb von dreizehn Monaten nach dem Verlassen des *New Deal* wieder arbeitslos, kann das Programm dort fortgesetzt werden, wo es zuvor beendet wurde (vgl. Raith 2008: 193).

Mit dem *Employment Act 2001* verschmolz New Labour den *ES* mit den *Benefit Agencies* zum *Jobcentre*. Seither stellen diese auch die Beratungsangebote für jugendliche Arbeitslose und Berufsanfänger. Darüber hinaus kreierte die Regierung so genannte *Employment Zo-*

---

46 Eine große Anbieterdominanz ist in diesem Geschäftsverhältnis allerdings unverkennbar. Der Arbeitsverwaltung obliegt es, die Art und Weise der Beschäftigungssuche bzw. die konkreten Schritte zur Verbesserung der Beschäftigungsfähigkeit zu bestimmen, während die Arbeitslosen verpflichtet sind, mindestens alle vierzehn Tage bei ihrem persönlichen Berater vorstellig zu werden (vgl. Trickey/Walker 2000: 188).

nes (Gegenden mit besonders hoher Arbeitslosigkeit), in denen Ausschreibungen in Bezug auf die Vergabe von Vermittlungsleistungen (vor allem für Langzeitarbeitslose) eingeführt wurden, wobei in den meisten dieser *Employment Zones* neu gegründete und auf *Public-Private-Partnership*[47] basierende *Working Links* den Zuschlag erhielten (vgl. Dingeldey 2007: 199).

Die zentrale Bedeutung der *Employability*-Strategie für den *New Deal* manifestiert sich nicht zuletzt in der institutionellen Erscheinungsform. New Labour verband von Beginn an das Bildungs- und Beschäftigungsressort miteinander zum *Department of Education and Employment (DEE)*. Lebenslanges Lernen (*lifelong learning*) soll die individuelle Beschäftigungsfähigkeit verbessern, d. h. „die Fähigkeit, sich im Sinne von qualifikatorischer Flexibilität an einen sich wandelnden Arbeitsmarkt anzupassen, um die Kompetenzen anbieten zu können, die aktuell benötigt werden" (Schmid/Picot 2001: 243). Im Jahr 2005 kam es zum Ergänzungsgesetz *New Deal for Skills*, das Jugendlichen zwischen sechzehn und neunzehn Jahren den Zugang zu einer beruflichen Qualifikation gemäß *NVQ-Level 2* (vergleichbar mit dem deutschen Facharbeiterabschluss) vereinfacht (vgl. Dingeldey 2007: 201).

Damit solche Maßnahmen überhaupt entsprechend gelingen können, werden die Jugendlichen im *Jobcentre Plus* von ihrem jeweiligen Fallmanager intensiv beraten. Dieses als *New-Deal-Mentoring* bezeichnete Konzept setzt z. B. darauf, dass die Jugendlichen Kontakte vermittelt bekommen zu Personen, welche den angestrebten Beruf ausüben oder aus eigener Erfahrung darüber berichten können. Damit die Ermessensspielräume der Berater nicht allzu gering sind, wird ihnen mit *Advisor Discretion Fund & In Work Benefits* ein finanzielles Instrument an die Hand gegeben, mit dem sie den Jugendlichen bis zu 300 £ für zusätzliche (im individuellen Fall besonders benötigte) Unterstützungen zur Verfügung stellen können, die zum Beispiel als Zuschuss zum Erwerb eines Führerscheins oder angemessener Arbeitskleidung aufgewendet werden (vgl. Deuer 2003: 33f.). Mithilfe des *Post Employment Support* soll der Berater nach der Aufnahme eines Arbeitsverhältnisses durch die Jugendlichen mittels systematischer Nachkontakte die (gerade für Berufsanfänger) nicht selten schwierige Nachentscheidungsperiode mit all ihren Neue-

---

[47] *Public-Private-Partnership* impliziert ein partnerschaftliches Zusammenwirken von öffentlicher Hand und Privatwirtschaft mit dem Ziel einer besseren Erfüllung öffentlicher Aufgaben (vgl. Brede 2005: 46f.).

rungen mit erfassen, um die langfristigen und nachhaltigen Perspektiven des Jugendlichen aktiv begleitend zu festigen (vgl. Bentley 1999: 10).

Wenig verwunderlich dürfte dabei die Kostenintensität des *New Deal for Young People* erscheinen, dessen finanzielles Volumen fünf Milliarden Pfund betrug (vgl. Mädler/Pilz 1999: 169) und damit finanziell deutlich oberhalb sämtlicher auf andere Risikogruppen zielender *New Deal*-Programme lag (vgl. Blundell et. al. 2003: 30). Koordination und Leitung für den Maßnahmenkatalog wurden dem Finanzministerium unter Schatzkanzler Gordon Browns übergeben[48] (vgl. Evans/Cerny 2004: 221), was die überwiegend monetaristische Schwerpunktsetzung der New Labour-Beschäftigungspolitik für Jugendliche prägnant symbolisiert.

Neben dem *New Deal* schuf New Labour ein weiteres, wenn auch niedrigschwelligeres Beratungs- und Hilfsangebot für Jugendliche zwischen dreizehn und neunzehn Jahren. Hier soll den Jugendlichen eine möglichst unbürokratische Anlaufstelle geboten werden, in der auch der Lösung persönlicher Probleme Raum und Zeit gegeben werden kann. Die Berater agieren in diesen halb privatwirtschaftlichen *Connexions* ähnlich wie Sozialarbeiter, welche die Jugendlichen an ihren gewohnten Aufenthaltsorten persönlich aufsuchen. Die individuelle *Connexions Card* ermöglicht den Teenagern Vorzüge wie z. B. Preisvorteile im öffentlichen Nahverkehr oder beim Kauf von (Lehr-)Büchern und dient damit als *Employability*-Initiative der Lernmotivation. Ähnlich dem *Post Employment Support* endet auch *Connexions* nicht mit der Arbeitsaufnahme des Jugendlichen, sondern begleitet diesen als Ergänzung zum *New Deal* in der Orientierungsphase nach dem Berufseinstieg (vgl. Deuer 2003: 34).

Das veränderte Verhältnis zu den Gewerkschaften, das mit der Devise *Fairness not Favours* umschrieben wurde (vgl. Meyer 2006: 185), hat New Labour im *Employment Act 1999* praktisch umgemünzt. Besonders öffentlichkeitswirksam fiel hier die Debatte um Gewerkschaftsanerkennungen (*recognitions*) aus, da Gewerkschaften zuvor oftmals von Unternehmen nicht als Verhandlungspartner anerkannt

48 Die Finanzierung erfolgte durch die *Fallobst-Steuer* (*windfall tax*), welche die privatisierten Unternehmen im Infrastrukturbereich zu entrichten hatten. Die Bezeichnung der Abgabe erklärt sich daraus, dass die britischen Staatsunternehmen (wie z. B. die British Telecom) nach ihrer Privatisierung zunächst nahezu konkurrenzlos auf dem Markt agierten, während die Entgelte nach wie vor der staatlichen Regulierung unterlagen. Die Gewinne wurden daher als *Fallobst* wie selbstverständlich erwartet (vgl. Evans/Cerny 2004: 223).

wurden. Das im Januar 1999 verabschiedete Gesetz sah nun vor, dass die Anerkennung wirksam wird, wenn 40 Prozent aller Beschäftigten dieser zustimmen, wenn darüber hinaus über 50 Prozent der Arbeitnehmer Mitglied einer Gewerkschaft sind und das Unternehmen über mehr als zwanzig Beschäftigte verfügt. Im *Employment Act 2004* wurde hier nachgebessert, um die Einschüchterung von Beschäftigten während der Abstimmung über die Gewerkschaftsanerkennung zu verhindern. Gerade junge Arbeitnehmer sind aufgrund mangelnder Erfahrung oftmals stark betroffen von verschiedenen Formen der Einschüchterung. Das den Beschäftigten nun ebenso eingeräumte Recht auf Unterstützung durch einen Gewerkschaftsvertreter bei Beschwerde- oder Disziplinarverfahren stellt dazu eine folgerichtige Ergänzung dar (vgl. Ludlam 2007: 470). Ein weiteres wichtiges Element des *Employment Act 1999* war die Regelung zum Kündigungsschutz. Die Obergrenze für Entschädigungen im Fall einer als ungerechtfertigt klassifizierten Entlassung wurde von 20.000 auf 50.000 £ erhöht. Der Möglichkeit, streikende Arbeitnehmer zu entlassen, wurden verschärfte Auflagen beigefügt. Der Schutz von Arbeitnehmerrechten wurde weiterhin durch die Unterschrift unter die *EU-Sozialcharta (ESC)* faktisch ausgebaut. Dabei handelt es sich zwar lediglich um eine nicht rechtsverbindliche, politische Absichtserklärung, welche soziale Grundrechte festlegt und bereits 1965 von den meisten Mitgliedsstaaten der Europäischen Union anerkannt worden war. Doch ist ihre symbolische Bedeutung sicher kaum hoch genug einzuschätzen. Zumal sich Großbritanniens Regierungen bis 1997 beharrlich weigerten, dieses Grundsatzabkommen zu ratifizieren[49].

Schon im Oktober 1998 erließ die Regierung die *Working Time Directive*, welche die Begrenzung der durchschnittlichen Wochenarbeitszeit auf 48 Stunden vorsah (vgl. Petring 2006: 134f.). Einen besonders bedeutenden, weil ursozialdemokratischen Teil der britischen Auslegung *aktivierender Arbeitsmarktpolitik* bedeutete die Einführung eines flächendeckenden gesetzlichen Mindestlohns. Dieser wurde im April 1999 bei 3,60 £ (vgl. Driver 2008: 53) und für unter 21jährige bei 3,00 £ verankert (vgl. Brassloff 1999: 63), seither jedoch kaum mehr erhöht, was dessen Bedeutung im Bereich des Symbolischen verhaften lässt. Steuerpolitisch reduzierte die Labour-Regierung darüber hinaus die Abgabenlast für Geringverdiener (vgl. Annesley 2007: 484).

---

[49] Näheres zur *ESC* und ihrer Implementierung siehe Europarat (2001).

5. Die Regierungspolitik der SPD in Deutschland (1998-2005)

„Wir werden Leistungen des Staates kürzen, Eigenverantwortung fördern und mehr Eigenleistung von jedem Einzelnen abfordern müssen [...]. Wir verlangen der Gesellschaft heute etwas ab, aber wir tun es, damit den Menschen neue Chancen eingeräumt werden, Chancen, ihre Fähigkeiten zu entwickeln und Höchstleistungen zu erbringen."

Gerhard Schröder (2005: 24; 53)

5.1 Ausgangslage und Problemkontext

Kulturpessimismus ist kein neues Phänomen. Zu Zeiten der Urbanisierung gegen Mitte des 19. Jahrhunderts sowie der damit verbundenen zunehmenden Verelendung des rapide wachsenden Industrieproletariats bei gleichzeitiger allmählicher Demokratisierung warnte manch ein Intellektueller vor einer Verflachung des politischen Klimas: „Die Herrschaft der öffentlichen Meinung erschien plötzlich als Herrschaft der Vielen und der Mittelmäßigen" (Bussemer 2002: 62). Der Medienwahlkampf, den die SPD 1998 inszenierte, war begleitet von solchen Tönen des Missmuts, doch demonstrierte er auch unmissverständlich, wie wichtig für die politschen Parteien inzwischen die Anpassung an die Erfordernisse der *Mediendemokratie* ist. Besonders, wenn es um die Ablösung einer bereits sechzehn Jahre amtierenden Bundesregierung und die Umkehrung einer *konservativen Transformation* des Wohlfahrtsstaates geht.

Mit ihrem Amtsantritt 1982 war die Regierung um Kanzler Kohl zumindest weit weniger „auf den Zeitgeistwellen des Neoliberalismus gesurft" (Schabedoth 2001: 188), als mancher Analytiker heute suggerieren mag[50]. Seit jeher fungiert die CDU durchaus als *konservative Sozialstaatspartei*, auch wenn sie im Gegensatz zur SPD über einen sehr starken Wirtschaftsflügel verfügt, der „den Sozialstaat am kurzen Zügel führen möchte" (Schmidt 1998b: 76). Die schwarzgelbe Bundesregierung hatte sich der angebotsorientierten Wirtschaftspolitik verschrieben, ohne am Grundgerüst des deutschen

[50] Siehe dazu etwa die Argumentation von Altvater (2008), Scheunemann (2004) oder Friedrich (2001).

Sozialversicherungsstaates rütteln zu wollen. In der Praxis bedeutete dies faktisch eine vorrangig zulasten der abhängig Beschäftigten betriebene Umverteilungspolitik (vgl. Ziegelmayer 2001: 66) und eine Rekommodifizierung (d. h. Wiederankopplung der Ware *Arbeitskraft* an die Marktmechanismen *Angebot* und *Nachfrage*) der Arbeitsmarktpolitik. So kam es etwa neben der Ausweitung des Niedriglohnsektors (vgl. Butterwegge 2006: 140) zu einer sukzessiven Reduktion der Transferleistungshöhe. Das *Arbeitslosenhilfe-Reformgesetz* legte 1996 fest, dass mit zunehmender Dauer der Erwerbslosigkeit aufgrund der alljährlichen Verringerung des Bemessungsentgelts auch die Bezüge um drei Prozent sanken. Darüber hinaus schränkte die Regierung die Gewährungskriterien ein, verschärfte den Arbeitszwang und schuf zahlreiche Beschäftigungsmaßnahmen für Sozialhilfeempfänger auf dem staatlich geförderten *Zweiten Arbeitsmarkt* (vgl. ebd.: 138). Unter Kohls Ägide wurden somit bereits erste - wenn auch verhältnismäßig zaghafte - Annäherungen an die *aktivierende Arbeitsmarktpolitik* vorgenommen.

Nun stand im Wahlkampf 1998 für die deutschen Sozialdemokraten eine Erkenntnis am Beginn jenes Pfades, der die Partei im Bündnis mit den Grünen zurück an die Macht trug: „Was nicht im Fernsehen war, wird kaum zum Teil der politischen Wirklichkeit" (Oberreuter 1997: 17). Bestätigt wird diese Sichtweise durch die Tatsache, dass im Jahresdurchschnitt 1998 die tägliche TV-Sehdauer in Deutschland bei 187 Minuten (3,12 Stunden) lag (vgl. Glaab 2000: 113) und damit häufig die Lektüre der zumeist ausgewogener und gründlicher recherchierten Tageszeitung ersetzt wurde. Zudem bezeichneten sich 1998 laut einer durch den SPD-Parteivorstand in Auftrag gegebenen Studie lediglich ein Prozent der Deutschen als *politisch hoch interessiert*, zehn Prozent als *interessiert*, fünfzehn Prozent als *mäßig interessiert* und 75 Prozent als *kaum* oder *gar nicht interessiert* (vgl. Leif 2002a: 136). Politik ist für die breite Masse der Bevölkerung demnach nur noch ein „sekundär wahrgenommenes Medienereignis" (Jun 2009c: 24). Mit dem Siegeszug des Privatfernsehens passte sich die Nachrichtenpräsentation mehr und mehr dem von Neil Postman diagnostizierten Trend zum Entertainment an und geriet in eine *Komplexitätsfalle*: „Politik soll Spaß machen, nachvollziehbar sein, betroffen machen, was nicht immer mit den Inhalten kompatibel ist" (Leif 2002b: 41). Im Zweifel wird jedenfalls seither nahezu stets der Nachrichtenwert am Unterhaltungswert gemessen. So nimmt es nicht Wunder, dass das „gleichsam medieninfiziert[e]" (Sarcinelli 2000: 24) politische Handeln besonders von der SPD als

Chance begriffen wurde, sich als unverbrauchte Alternative zur alteingesessenen Kohl-Riege dazustellen - was allein schon deshalb umso wichtiger erschien, weil hier einer der seltenen Fälle eingetreten war, in denen bei der Bevölkerung im Wahlkampf kein *Regierungsbonus* vorhanden war (vgl. Brunner 1999: 294). Doch glaubte die SPD auch einer veränderten Sozialstruktur durch einen „kontinuierlichen Ideologieabbau" (Lucke 2003: 647) Tribut zollen zu müssen, welche sich in einer Verbürgerlichung der Arbeiter[51] auszudrücken vermochte: „Die für die Parteien einschneidend bedeutsame unmittelbare Folge war, daß die Chance, abgrenzbare Teile der Bevölkerung mit einander ausschließenden Sozialideologien anzusprechen und zu gewinnen, objektiv gesehen rapide absank" (Klages 1993: 146). Die zentralen Strategieelemente des auf die politische Mitte abzielenden SPD-Wahlkampfes bestanden in der Zentralisierung der Kompetenzen, einer Personalisierung, der Besetzung zentraler Themen sowie einem professionellen Kommunikations- und Organisationsmanagement (vgl. Jun 2001: 60-90). Dabei bediente man sich unter Beratung von Peter Mandelson (vgl. Bergmann 2002: 136) vieler Wahlkampftechniken der britischen Schwesterpartei. Die Auslagerung der Wahlkampfzentrale in die nahe dem Ollenhauer-Haus gelegene *Kampa*, die Arbeit mit *Focus-Gruppen*, die Idee der *Garantiekarte* (aussagekräftige Wahlversprechen im Scheckkartenformat) und die Zuspitzung auf den „pragmatisch-dynamischen Querfrontkandidaten" (Dürr 1999: 599) Schröder sowie dessen Widerpart Lafontaine als *Impulsgeber der sozialdemokratischen Seele* traten hier als besonders wirkungsmächtig hervor (vgl. Thörmer 1999: 409-412). Das Ergebnis der Bundestagswahl vom 27. September 1998 fiel schließlich sehr deutlich aus:

[51] Verbürgerlichung meint in diesem Zusammenhang „das Zerbröseln des altindustriellen, facharbeiterlich-sozialdemokratischen Milieus, das die Hochburg für Wähler, Mitglieder und Funktionäre der Partei darstellt" (Lösche 2000: 786) sowie „das Eindringen der Sozialdemokraten in die bürgerliche Gesellschaft, in die (neuen) Mittelschichten" (ebd.). Demnach zerfällt die Gesellschaft nunmehr „nicht mehr in wenige Klassen, sondern zersplittert in tausend Facetten" (Alemann 1996: 6).

Tabelle 3: Stimmen- und Mandatsverteilung bei der Bundestagswahl 1998; in Klammern Ergebnisse der Bundestagswahl 1994 (Eigene Darstellung; Zahlen nach o. V. 1998: 7)

Partei	Stimmen in %	Mandate
SPD	40,9 (36,4)	298 (252)
CDU/CSU	35,1 (41,4)	245 (294)
Bündnis 90/Die Grünen	6,7 (7,3)	47 (49)
FDP	6,2 (6,9)	44 (47)
PDS	5,1 (4,4)	35 (30)
Andere	6,0 (3,6)	- (-)

Das Sujet *Arbeitslosigkeit* dominierte den Wahlkampf 1998 wie kein zweites. Zwar beurteilten im Jahresdurchschnitt 1997 laut *ZDF-Politbarometer* drei Viertel der Befragten ihren eigenen Arbeitsplatz als sicher. Doch hielten zugleich über 80 Prozent die Arbeitslosigkeit für das wichtigste Problem im Land (vgl. Jung/Roth 1998: 8). Tatsächlich jedenfalls zeigt sich vor allem seit 1993 ein deutlicher Anstieg der Arbeitslosenquote:

Tabelle 4: Arbeitslosigkeit in Deutschland 1993-1998 (Eigene Darstellung; Zahlen nach o. V. 2009b)

1. Quartal (Frühjahr)	Arbeitslose in Tausend	Arbeitslose gesamt in %
1993	3.419	9,8
1994	3.698	10.6
1995	3.611	10,4
1996	3.965	11,5
1997	4.384	12,7
1998	4.280	12,3

Die Annexion der DDR durch die BRD und die damit verbundene Übertragung des westdeutschen Sozialsystems auf die neuen Bundesländer bewirkten einen steigenden Druck auf die Sozialkassen, der aus dem allgemeinen Steueraufkommen oder durch zusätzliche Beiträge finanziert wurde[52]. Dem stand in den Folgejahren ein Anstieg von Arbeitslosigkeit und Armutsquote gegenüber (vgl. Kohli 1006: 127). Offiziell betrug 1998 die Zahl der Sozialhilfeempfänger in Deutschland 2,5 Millionen, von denen viele unfreiwillig langzeitarbeitslos waren (vgl. Butterwegge et. al. 2005: 119), sodass die Notwendigkeit, Menschen in Arbeit zu bringen, für die neue rot-grüne Bundesregierung zum vorrangigen Ziel aufstieg (vgl. Egle 2006: 173).

5.2 Begründungszusammenhang

Bisweilen entsteht der Eindruck, dass nach den immer wieder neu aufkeimenden Debatten über immer neue *Krisen des Sozialstaats* in Deutschland buchstäblich die Uhr gestellt werden kann. Bei der ab 1998/99 erneut entbrannten Diskussion war die Tatsache neu, dass ausgerechnet jene politische Richtung sich nunmehr an die Spitze der Sozialstaatsapokalyptiker-Bewegung stellte, die gemeinhin am ehesten mit dem viel gescholtenen Sozialstaatsprojekt identifiziert wird: die Sozialdemokratie. Zur Aufnahme dieser Argumentation sah sich die SPD gezwungen angesichts der vielfältigen Problemlagen, denen sich die rot-grüne Bundesregierung zu Beginn ihrer Amtszeit stellen musste. Die allgemeine Arbeitslosenquote stieg innerhalb von fünf Jahren um fast ein Viertel an (siehe *Tabelle* 4), während die Jugendarbeitslosigkeit zwischen 1993 und 1998 mit fünfzehn Prozent auf hohem Niveau stagnierte (vgl. ebd.: 182). Eine weitere Beobachtung bestand darin, dass die Zahl der Jugendlichen, die nach der Ausbildung von ihrem Betrieb übernommen wurden, sich rückläufig zeigte (vgl. Bauer 2004: 6). Darüber hinaus verfügte Deutschland zu jenem Zeitpunkt über einen der weltweit am stärksten regulierten Arbeitsmärkte (vgl. Merkel 2003: 189) - ein von Sozialstaatskritikern als besonders starkes Beschäftigungshemmnis wahrgenommenes Strukturelement.

Für die Begündungszusammenhänge des Paradigmenwechsels der SPD sind im Vergleich zu Großbritannien eher konsensuale Argu-

---

52 Dazu nur ein Beispiel: allein zwischen 1992 und 1996 flossen aus der Gesetzlichen Arbeitslosen- und Rentenversicherung 230 Milliarden DM von West- nach Ostdeutschland, was eine jährlich dreiprozentige Mehrbelastung für Arbeitnehmer und Arbeitgeber bedeutete (vgl. Meusch 2002: 15).

mentationsmuster erkennbar, ein öffentlicher *Begründungsdiskurs* fand dagegen überhaupt nicht statt (vgl. Meyer 2004: 188). Stattdessen wurden die Reformen als völlig alternativlos artikuliert (vgl. Delhees et. al. 2008: 126). Wie im britischen Fall bringt die Sichtung von Primär- und Sekundärquellen vor allem drei Argumente hervor: die Globalisierung, die Kostenfrage sowie den demographischen Wandel. Dabei können für einzelne Maßnahmen durchaus weitere Begründungen bestehen, doch lassen sich für den großen Zusammenhang die im Folgenden dargestellten drei Linien als essentiell ansehen.

1) Das Globalisierungsargument

Wie Blair betrachtet auch Schröder die ökonomische Globalisierung in ihrer bestehenden Form als wichtigsten Grund, sozialstaatliche Strukturen den Erfordernissen des internationalen Wettbewerbs anzupassen (vgl. Schröder 1997). Mehr denn je akzentuierte die SPD dabei die Logik des Standortnationalismus[53], dessen wesentliche Mittel darin bestehen, *Kapitalflucht* zu verhindern durch verstärkte Investitionsanreize für Unternehmen, die ihrerseits wiederum unter anderem durch Senkung von (vor allem Spitzen- und Unternehmens-) Steuersätzen und Lohnnebenkosten[54] gesetzt werden sollen (vgl. Bauer 2004: 6). In seiner Regierungserklärung vom 14. März 2003 unterstrich Schröder die vermeintliche Alternativlosigkeit deutlich: „Entweder wir modernisieren, und zwar als soziale Marktwirtschaft, oder wir werden modernisiert, und zwar von den ungebremsten Kräften des Marktes, die das Soziale beiseite drängen" (Schröder 2005: 27). Die Bundesregierung verknüpfte jene Notwendigkeit, den *Standort Deutschland* zu sichern, darüber hinaus zusätzlich mit ihrem Bestreben,

53 Beispielsweise forderte der Wirtschaftspublizist und Schröder-Berater Roland Tichy die Besinnung auf *deutsche Tugenden* in der Wirtschaftspolitik, mithilfe derer man im Wettbewerb der *Wirtschaftsblöcke* erfolgreich sein wolle (vgl. Tichy 1998: 12f.).

54 Als Teil der Lohnkosten bezeichnen die *Lohnnebenkosten* in Deutschland in erster Linie den Arbeitgeberanteil, der für die Beschäftigten an die fünf Sozialversicherungen zur Absicherung gegen zentrale Lebensrisiken (Krankheit, Arbeitslosigkeit, Alter, Unfall, Pflege) abzuführen ist (vgl. Bontrup 2008: 154).

wieder zu einer international anerkannten Mittelmacht zu werden[55] (vgl. Kaspari 2008: 352).

2) Das Kostenargument

Im Mai 1999 monierte die Wochenzeitung *Zeit* auf ihrer Titelseite, der Sozialstaat sei „unsozial geworden. Er versagt, weil er zu viel verspricht. Er belastet den Faktor Arbeit, schafft Arbeitslosigkeit" (Heuser/Randow 1999: 1). Der damalige Wirtschaftsminister Werner Müller (1998-2002) sprach bereits 1999 von einer „unsozialen Anspruchsinflation" gegenüber dem Staat (zit. n. Flassbeck 2000: 196). Solcherlei Schuldzuweisungen gründen auf der Auffassung, dass die Bundesregierungen allzu lange darauf gesetzt haben, dass der ökonomische Strukturwandel über die bestehenden sozialen Sicherungssysteme abgefedert werden könne. Die dadurch gestiegenen Ausgaben haben demnach die Sozialbeiträge in die Höhe getrieben und insbesondere wenig qualifizierte Arbeit zu teuer gemacht (vgl. Strünck 2005: 41f.). In der zweiten Legislaturperiode war es aus Regierungskreisen vor allem Wirtschafts- und Arbeitsminister (2002-2005) Wolfgang Clement, der unerlässlich die Notwendigkeit betonte, Arbeit billiger zu machen, um Wachstum zu generieren (vgl. Rossum 2004: 47). Unterstützt wurde die Regierung von Wirtschaftswissenschaftlern wie dem *Ifo*-Präsidenten Hans-Werner Sinn, der ebenfalls die Senkung der Lohnnebenkosten als Voraussetzung für die Bekämpfung der Arbeitslosigkeit ansieht (vgl. Sinn 2003: 145). Auch die Lohnkosten selbst wurden als zu hoch betrachtet, was sich vor allem in einem zu geringen Lohngefälle bemerkbar mache (vgl. Lessenich 1999: 413). Zielscheibe der Kritik waren zudem die Lohnersatzleistungen (vgl. Sinn et. al. 2002: 3). Deutschland - so Schröder-Berater Wolfgang Streeck - halte „einen Sozialstaat am Laufen, der vieles vernichtet: Eigeninitiative, Jobs, den Spielraum des Staates für Investitionen" (Streeck/Heinze 1999: 30). Die Bundesregierung nahm diese Argumentation auf und bezeichnete das grundgesetzlich garantierte *soziokul-*

[55] Aus dem neuen Verantwortungsgefühl des wiedervereinigten Deutschland erwuchs seit den 1990er Jahren ein neues nationales Selbstbewusstsein, das sich nach 1998 deutlich verstärkte, als Gerhard Schröder den Begriff des *Deutschen Weges* prägte. Näheres dazu siehe Hedstück/Hellmann (2003).

turelle Existenzminimum[56] als *Sozialhilfefalle* (vgl. Schatz 2002: 160). Florian Gerster (SPD) - ehemals Präsident der Bundesanstalt für Arbeit - forderte eine Abkehr von vermeintlichen Alimentierungstendenzen im Sozialstaat: „Aktivierende Maßnahmen beinhalten zwangsläufig die Abkehr von Versorgungsmentalität, der Abbau negativer Arbeitsanreize ist ohne Leistungseinschränkungen nicht möglich" (Gerster 2003: 236). Wolfgang Clement stimmte im August 2005 gar einen *Klassenkampf-von-oben-Ton* an und bezeichnete Menschen, welche die unter seiner Ägide beschlossenen Gesetze in Anspruch nehmen, als *Sozialbetrüger* und verwendete dabei in einem suggestiven Vergleich den biologischen Begriff *Parasiten* (vgl. BMWA 2005: 10). Bezugnehmend auf das Armutskonzept von Amartya Sen (vgl. BMGS 2005: 5) definierte die Bundesregierung seither Armut als „Mangel an fundamentalen Verwirklichungschancen" (Sen 2005: 110), der sich „nicht bloß in einem niedrigen Einkommen" (ebd.) ausdrücke. Folgerichtig fixierte die SPD programmatisch eine Aufwertung atypischer Beschäftigungsverhältnisse (vgl. SPD 1998: 8, 12; SPD 2002: 24f.), während der Kanzler in einem Interview mit dem Boulevardblatt *Bild* schon 2001 in dieselbe Richtung kampagnierte: „Es gibt kein Recht auf Faulheit in unserer Gesellschaft" (zit. n. Buhr 2003: 157).

3) Das Demographieargument

Seit Jahren leitet die neoklassische Wirtschaftstheorie die Bevölkerungspolitik, die davon ausgeht, dass eine steigende Bevölkerungszahl automatisch zu mehr Wirtschaftswachstum führe (vgl. Nachtwey 2006: 275). In Deutschland kommt hinzu, dass die Sozialsysteme zu einem enormen Teil auf einer steigenden bzw. nicht sinkenden Bevölkerungszahl beruhen. In der öffentlichen Meinung hat sich jedoch zunehmend ein Konsens gebildet über die Ansicht, dass künftig immer weniger erwerbstätige, gesunde und junge Beitragszahler für immer

---

56 Dieses wird zumeist abgeleitet aus der Kombination von Artikel 1 Absatz 1 GG (wonach die Würde des Menschen unantastbar ist) (vgl. GG: 10) sowie Artikel 20 GG (*Sozialstaatspostulat*) (vgl. GG: 20f.), die beide nach Artikel 79 Absatz 3 GG der so genannten *Ewigkeitsgarantie* unterliegen und damit durch keine parlamentarische Mehrheit außer Kraft gesetzt werden können (vgl. GG: 45).

mehr Alte und Kranke aufkommen müssen[57]. Auch Gerhard Schröder sah (vgl. Schröder 2006: 177f.) wie die gesamte SPD-geführte Bundesregierung (vgl. Butterwegge 2008: 146f.) die deutschen Sozialsysteme durch den demographischen Wandel akut gefährdet. Partielle Unterstützung erfuhr die Bundesregierung dabei nicht nur aus den Medien, sondern auch aus der Wissenschaft. Franz-Xaver Kaufmann beispielsweise sieht den demographischen Wandel langfristig als „nachhaltigste[...] Bedrohung der sozialstaatlichen Leistungsfähigkeit" (Kaufmann 2005: 28), auch wenn er die politische Instrumentalisierung dieses Arguments durchaus kritisch sieht (vgl. ebd.).

5.3 Zielsetzung

Im damals noch geltenden *Berliner Programm* verankerte die SPD in den 1990er Jahren als wichtigen Grundsatz, den *Standort Deutschland* international wettbewerbsfähig zu halten (vgl. Eckel 2005: 59). Ebenso propagierte die Parteiführung in der ersten Legislaturperiode von Rot-Grün, auch künftig am Ziel der Vollbeschäftigung festhalten zu wollen (vgl. Müntefering 2002: 5), was auch nach der durch das *Hamburger Programm* von 2007 vollendeten und bereits in der zuvor sich jahrelang abzeichnenden Hinwendung zum Konzept des *Vorsorgenden Sozialstaats*[58] weiterbestand: „Niemand von der Schulbank in die Arbeitslosigkeit und kein junger Mensch länger als drei Monate arbeitslos - diese Ziele gelten" (Beck et. al. 2006: 5). Wie der Labour Party geht es auch der SPD darum, „eine präventive Sozialpolitik [zu betreiben], die die Befähigung und Ermächtigung der Menschen zu einem selbstbestimmten, eigenverantwortlichen Leben in den Vordergrund stellt" (Scholz 2003: 2). Dazu gehört auch eine Diskussion über die Neudefinition des Gerechtigkeitsbegriffs, den Franz Müntefering als „Formel für das Spannungsverhältnis zwi-

---

57 Seit Frank Schirrmacher – seines Zeichens Mitherausgeber der *Frankfurter Allgemeinen Zeitung (FAZ)* – 2004 mit seinem Bestseller *Das Methusalem-Komplott* aus ebendiesem Grund unter anderem von einem bevorstehenden „Krieg der Generationen" (Schirrmacher 2004: 54f.) sprach, hat diese Debatte endgültig den Sprung von den Feuilletons in die Wirtschafts- und Politikressorts der hiesigen Massenmedien geschafft – obwohl es für die Richtigkeit dieser These bislang kaum wissenschaftliche belegbare Anzeichen gibt (vgl. Blome et. al. 2008: 362-364).

58 Der *Vorsorgende Sozialstaat* ist der Versuch der SPD, ihre neue Orientierung in einer Art *nachholender Begriffsbildung* im erwähnten Grundsatzprogramm schriftlich zu fixieren (vgl. SPD 2007b: 55-60).

schen Eigenverantwortung und Gemeinwohl" (Müntefering 2000: 145) versteht. Den damit verwandten und für die Sozialdemokratie zentralen Solidaritäts-Begriff möchte er als einseitige Erwartungshaltung des Gebens definieren und explizit nicht als „Gegenstromverfahren, bei dem alle was erhalten und geben" (ebd.: 146). Damit trifft Müntefering die entscheidende Herausforderung, der sich die SPD entgegen sieht: der Auflösung des Zielkonfliktes zwischen *Arbeitsmarkt-Insidern* (Menschen innerhalb des Erwerbslebens) und *Arbeitsmarkt-Outsidern* (Sozialhilfeempfänger ohne eigenes Erwerbseinkommen). So geht es nun nicht mehr vordergründig um Absicherung, sondern um die Verhinderung des Herausfallens aus dem Erwerbsleben (vgl. Bischoff/Detje 1999: 45f.): „In Schröder's view the welfare state could no longer serve as an alternative security system in the absence of jobs or as provision for the citizens' future, but was instead, in its role as activating social state, to give priority to helping people themselves" (Jun 2007: 51). Entsprechend deklarierte er die *zivile Bürgergesellschaft* als diesem Zweck besonders dienlich. Die Verteilungsgerechtigkeit solle hier als Ziel wegfallen, um den „Verantwortungsimperialismus des Staates gegenüber der Gesellschaft" (Schröder 2000: 202) zu unterzubinden. Inklusion über Eigenverantwortung dagegen betrachtet er als „wichtigste[n] Ort der Teilhabe" (ebd.: 204)[59].

5.4 Maßnahmen im Überblick

Zum 01. Januar 1999 trat das *Sofortprogramm der Bundesregierung zum Abbau der Jugendarbeitslosigkeit (JUMP[60])* in Kraft. 100.000 Jugendliche sollten in dem bis 2003 begrenzten Programm Ausbildungs- und Arbeitsstellen erhalten (vgl. Schmid 2006: 104). Gemäß Artikel 5 der *Sofortprogramm-Richtlinien (SPR)* soll möglichst vielen Jugendlichen ohne Schulabschluss Gelegenheit gegeben werden, den Hauptschulabschluss nachzuholen. Jugendliche, die ihre Lehre abgebrochen haben, sollten mithilfe von *JUMP* ihre Ausbildung wieder aufnehmen und zum Abschluss führen. Über das Arbeitsamt vermittel-

59 Wolfgang Schroeder sieht innerhalb dieses Modells die Bekämpfung der Jugendarbeitslosigkeit als wichtigen Indikator für die Anwendung der *zivilen Bürgergesellschaft* (vgl. Schroeder 2000: 427).

60 *JUMP* steht für *Jugend mit Perspektive* und war mit jährlich etwa zwei Milliarden D-Mark (1,022 Milliarden Euro) ausgestattet (vgl. Butterwegge 2006: 161). Die finanzielle Unterstützung für die Teilnehmer konnte sich maximal auf 24 Monate erstrecken und lag in allen Maßnahmen des Programms bei monatlich 460 Euro (vgl. Raith 2008:163).

te, praxisnahe Berufstrainings sollten besonders die Arbeitsmarktchancen von Jugendlichen mit geringen Berufschancen erhöhen (vgl. Bruin 2003: 38). Identifiziert werden können hier fünf Ansätze:

1) Berufliche Nach- und Zusatzqualifizierung

In Artikel 7 *SPR* sind die Förderung beruflicher Weiterbildung (*FbW*), der Erwerb eines anerkannten Schulabschlusses und/oder eines zertifizierten Teilabschlusses in einem anerkannten Ausbildungsberuf verankert, die sich auch an Jugendliche richteten, die von der amtlichen Statistik bereits nicht mehr erfasst wurden. Darüber hinaus konnten auch Jugendliche mit Berufsabschluss eine Nach- oder Zusatzqualifikation erwerben sowie nach Artikel 3 *SPR* ein Bewerbertraining erhalten.

2) Lohnkostenzuschüsse für arbeitslose Jugendliche

Arbeitslose Jugendliche konnten nach Artikel 8 und 11a *SPR* Lohnkostenzuschüsse und Mobilitätsbeihilfen erhalten, um (sinnbildlich wie wörtlich) den Weg von der Ausbildung in das Erwerbsleben einfacher zu gestalten, wobei gering Qualifizierte und Langzeitarbeitslose die wichtigste Zielgruppe waren (vgl. Dietrich 2002: 26).

3) Vermittlung von Qualifizierungs- und Arbeitsbeschaffungsmaßnahmen

Bei diesen *Quali-ABM* nach Artikel 9 *SPR* bestand das Ziel darin, den Teilnehmern entscheidende Arbeitserfahrungen oder sogar Teilqualifikationen zu vermitteln.

4) Beschäftigungsbegleitende Hilfen (BBH)

Auf sechs Monate begrenzte Beratungsmaßnahmen (Artikel 10 *SPR*) halfen hier den Jugendlichen in der schwierigen Anfangsphase ihrer Berufstätigkeit, um das oftmals in diesem Stadium noch recht fragile Beschäftigungsverhältnis zu stabilisieren.

5) *Betreuung zur Hinführung an Beschäftigungs- und Qualifizierungsmaßnahmen*

Eine soziale Betreuung war nach Artikel 11 *SPR* insbesondere für Jugendliche vorgesehen, die aufgrund mangelnden Schulerfolgs oder eines besonders schwierigen sozialen Umfeldes bislang nicht erwerbstätig gewesen waren (vgl. Wilp 2007: 199).

Auf das bereits von der Vorgängeradministration geschaffene[61] und am 07. Dezember 1998 neu aufgelegte *Bündnis für Arbeit, Ausbildung und Wettbewerbsfähigkeit* hielt die Bundesregierung große Stücke. Dabei handelte es sich um ein thematisch breit gefächertes und wenige Spitzenverbände der Sozialpartner sowie fünf Bundesministerien umfassendes korporatistisches Arrangement, das Positionspapiere und Lösungsvorschläge erarbeitete (vgl. Reutter 2003: 296). Im Zusammenhang mit der Bekämpfung der Jugendarbeitslosigkeit ragt das den Arbeitgebern abgerungene Versprechen hervor, die Anzahl der Lehrstellen binnen kürzester Zeit zu erhöhen; ein Gelöbnis, das allerdings nicht eingehalten wurde (vgl. Egle 2006: 175f.), weil sich innerhalb eines Jahres die ökonomische Ausrichtung erheblich verschob. Fortan lagen die Akzente „auf der Entlastung der Unternehmen von Steuern und Sozialabgaben sowie der Konsolidierung der öffentlichen Haushalte" (Leggewie 1999: 19).

Im Sommer 2000 ließ die *Bertelsmann-Stiftung* überprüfen, wie viele Fälle bei den Arbeits- und Sozialämtern von beiden Stellen bearbeitet wurden. Dabei offenbarte sich eine bemerkenswerte Ineffizienz der Behörden (vgl. Böckelmann 2004: 228). Auch als Reaktion hierauf reformierte die Bundesregierung durch das *Job-AQTIV-Gesetz* (*AQTIV* steht für *Aktivieren, Qualifizieren, Trainieren, Investieren, Vermitteln*) zum 01. Januar 2002 die Arbeitsvermittlung und -förderung. Durch die Erstellung eines Bewerberprofils (*Profiling*) und einer (unter Androhung negativer Sanktionen einzuhaltenden) *Eingliederungsvereinbarung* zwischen Arbeitsverwaltung und Arbeitslosem sollte die „Passgenauigkeit der Vermittlungsaktivitäten" (Heinelt 2003: 133) gesteigert werden. *Vermittlungsgutscheine* sollten darüber hinaus einem mindestens seit zwölf Wochen auf Stellensu-

[61] 1996 scheiterte das von der Kohl-Regierung eingesetzte *Bündnis für Arbeit und zur Standortsicherung* vor allem aufgrund des Konflikts um die Lohnfortzahlung im Krankheitsfall (vgl. Trampusch 2005: 81).

che befindlichen Erwerbslosen die Möglichkeit geben, einen von der zuständigen Behörde finanzierten privaten Arbeitsvermittler hinzuzuziehen (vgl. Eichhorst et. al. 2004: 237). Nicht zuletzt erleichterte das *Job-Aqtiv-Gesetz* auch die Zeitarbeit, indem die (bisher auf zwei Jahre beschränkte) Überlassungsdauer eines Leiharbeiters an einen Betrieb aufgehoben wurde. Um die Laufzeit von *JUMP* auszuweiten, wurde dieses Programm in das *Job-AQTIV-Gesetz* integriert (vgl. Heinelt 2003: 134).

Unmittelbar nach Inkrafttreten des *Job-AQTIV-Gesetzes* stellte der Bundesrechnungshof fest, dass etwa ein Drittel der Vermittlungsdaten der Arbeitsämter gefälscht war und nicht der gesetzlichen Definition entsprach. Damit öffnete sich für die Regierung ein *window of opportunity*, das sie rasch zu nutzen verstand. Nun bereitete sie vermittels der im Februar 2002 eingesetzten *Hartz-Kommission*[62] die bisher umfassendste Arbeitsmarktreform in der Geschichte der BRD vor. Nach einem langwierigen Prozess der Entscheidungsfindung einigten sich Bundesregierung und (für den Fall der zustimmungspflichtigen Gesetze) Opposition Ende 2003 auf das Gesetzespaket *Moderne Dienstleistungen am Arbeitsmarkt* (im Folgenden kurz *Hartz-Gesetze* genannt). Die umgesetzten Maßnahmen wurden in vier Einzelstufen gegliedert.

Das Gesetz *Hartz I* wurde am 23.12.2003 verabschiedet und beinhaltet vor allem die flächendeckende Einführung so genannter *Personal-Service-Agenturen (PSA)*, die jeder Arbeitsamtsbezirk in vertraglicher Vereinbarung mit bereits bestehenden Leiharbeitsfirmen einzurichten hatte. Deren Aufgaben bestehen in erster Linie in der Vermittlung und dem Verleih von Arbeitnehmern, die zudem in der verleihfreien Zeit qualifiziert und weitergebildet werden müssen. Solcherlei Beschäftigung ist seither sozialversicherungspflichtig und dauert in der Regel nicht länger als zwölf Monate (vgl. Wunderlich 2004: 18). Für die Leiharbeitnehmer gilt dabei generell das *Gleichbehandlungsgebot*, das allerdings durch zahlreiche Ausnahmen umgangen werden kann. Lässt etwa ein Tarifvertrag Abweichungen zu oder handelt es sich um zuvor arbeitslose Arbeitnehmer, so gilt das

[62] Unter Leitung des mittlerweile rechtskräftig verurteilten Verbrechers und damaligen Personalvorstands der *Volkswagen AG*, Peter Hartz, wurde diese Kommission damit betraut, ein Reformkonzept für die Bundesanstalt für Arbeit zu erarbeiten. Herausgekommen sind im August 2002 dreizehn *Innovationsmodule* sowie Vorschläge zum Umbau der *Bundesanstalt für Arbeit* zu einem modernen Dienstleister (vgl. Siefken 2006: 383), welche Schröder *Eins zu Eins* umzusetzen gedachte (vgl. Schmid 2006: 195). Was dieser jedoch in dieser Form unterlassen hat (vgl. Jann/Schmid 2004).

Gebot nicht. Auch einige zuvor bedeutsame Schutzbestimmungen nach § 138 de *Arbeitnehmerüberlassungsgesetzes* (*AÜG*) entfallen. Neben dem *Synchronisationsverbot* (die Laufzeit eines Leiharbeitsverhältnisses darf demnach nicht mit der Laufzeit des Ersteinsatzes im Entleihbetrieb übereinstimmen) traf es das *besondere Befristungsverbot* (der Verleiher darf das Leiharbeitsverhältnis nicht entsprechend der Beschäftigungsdauer im Entleihbetrieb wiederholt befristen) und das *Wiedereinstellungsverbot* (der Verleiher darf dem Leiharbeitnehmer nicht ordentlich kündigen und ihn bei neuer Beschäftigungsmöglichkeit wiederholt einstellen) (vgl. Schuhler 2003: 6). Im Zuge einer Verschärfung der *Zumutbarkeitsregeln* sind jedem Arbeitslosen nunmehr alle seiner Arbeitsfähigkeit entsprechenden Beschäftigungen zumutbar, soweit *allgemeine oder personenbezogene Gründe* dem nicht entgegen stehen, selbst wenn die neue Beschäftigung unterhalb des ortsüblichen Tariflohns, des bisherigen Qualifikationsniveaus und/oder außerhalb des eigenen Wohnumfeldes angesiedelt ist (vgl. BMWA 2004: 87).

Hartz II passierte als zustimmungspflichtiges Gesetz zunächst den Bundesrat und wurde über den Vermittlungsausschuss ebenfalls am 23.12.2003 auf den Weg gebracht. Die Kommission verband hiermit unter anderem den Vorschlag der Einführung so genannter *Job-Center*, die als gemeinsame Anlaufstelle für Arbeitslose und Sozialhilfeempfänger deren Zugang zu allen arbeitsmarktbezogenen Leistungen fungiert (vgl. Wunderlich 2004: 20). Bei den *Minijobs* wurde die steuerfreie Grenze auf 400 Euro festgesetzt, für *Midijobs* liegt sie doppelt so hoch. Wenn das Arbeitseinkommen jährlich 25.000 Euro nicht überschreitet und keine Arbeitnehmer beschäftigt werden, konnten *ABM*-Teilnehmer bei Aufnahme einer selbstständigen Tätigkeit bis 2006 einen *Existenzgründungszuschuss* (1. Jahr: monatlich 600 Euro, 2. Jahr: 360 Euro und 3. Jahr: 240 Euro) für eine *Ich-AG* beantragen (vgl. Wunderlich 2004: 20).

Die mit *Hartz III* (am 17.10.2003 verabschiedet) verbundene Umgestaltung der *Bundesanstalt für Arbeit* mündete in deren Umbenennung in *Bundesagentur für Arbeit*, für die seither nicht mehr die Vermittlung im Vordergrund steht, sondern die Umsetzung des selbst formulierten Mottos *Fördern und Fordern* (vgl. Allex 2004: 20).

Hartz IV wurde am 24.12.2003 verabschiedet. Die Kürzung sowie an strikte Zwangsmaßnahmen bezüglich Mobilität und Arbeitsaufnahme gekoppelte Zusammenfassung von Arbeitslosen- und Sozialhilfe auf das Niveau des *soziokulturellen Existenzminimums* (derzeit bundesweit 359 Euro pro Monat Regelleistung für Alleinstehende) steht hier im Zentrum (vgl. Wunderlich 2004: 24). Seither werden Empfänger des aus der Gesetzlichen Arbeitslosenversicherung finanzierten *Arbeitslosengeldes I* weiterhin von den Arbeitsagenturen betreut, während nach zwölfmonatiger (seit 2007 für über 55jährige achtzehn Monate bei Erfüllung der entsprechenden Versicherungszeiten) Arbeitslosigkeit der Anspruch auf *Arbeitslosengeld II* unter Leitung der *Arbeitsgemeinschaften (ARGE)* (Zusammenschluss aus kommunalen Trägern und Arbeitsagenturen) eintritt (vgl. ebd.: 24-26). Der Bezug der Regelleistung ist an Kontrollmechanismen (regelmäßige Meldung beim zuständigen *Fallmanager* mit Bewerbungsnachweisen, Annahme jedes Arbeitsangebots) gebunden, die bis zur Streichung aller Leistungen führen, aber auch durch weitere Leistungen für Kinder oder Ehepartner sowie durch die Erstattung der Wohnkosten[63] aufgestockt werden kann (vgl. Schuhler 2003: 6). Zu den anzunehmenden Angeboten zählen auch die *Arbeitsgelegenheiten mit Mehraufwandsentschädigung* (*AGH-MAE*, auch *Ein-Euro-Jobs* genannt). Dabei handelt es sich um im öffentlichen Interesse stehende Verrichtungen, die vor allem Langzeitarbeitslose sowie arbeitslose Jugendliche an die Erwartungen des Arbeitsmarktes gewöhnen sollen, um ihre Verwertbarkeit wieder herzustellen. Die Teilnehmer erhalten zu ihrer *ALG II*-Regelleistung eine *Mehraufwandsentschädigung* zwischen einem und 2,50 Euro pro Stunde (vgl. Hohendammer et. al. 2007: 301).

Bei Arbeitslosen zwischen achtzehn und 24 Jahren greifen die Sanktionen schneller und härter. Ist der Leistungsentzug für über 25jährige noch gestaffelt, so werden Jugendlichen schon nach der ersten Ablehnung alle Geldleistungen (außer den *Kosten für die Unterkunft*) gestrichen, der zu Bestrafende wird fortan für mindestens drei Monate lediglich mit Lebensmittelmarken ausgestattet (vgl. BMWA 2004: 85f.). Zugleich aber werden junge Menschen intensiver betreut, erhalten schneller Angebote und bilden damit die wichtigste der geförderten Risikogruppen (vgl. ebd.: 80). Insgesamt sieht das Konzept acht *Wege zum Job für Jugendliche* vor, die eine partielle Übernahme und Weiterentwicklung von *JUMP* erkennen lassen:

63 Derzeit zahlen die Leistungserbringer für Alleinstehende maximal etwa 6,13 Euro monatlich pro Quadratmeter (vgl. Meyer-Timpe 2007: 38).

1) Individuelle Beratung und Betreuung

Mit dem persönlichen Betreuer vom *Job Center* soll der junge Arbeitssuchende realistische Ziele abstecken und Lösungswege erarbeiten.

2) Vermittlung in Ausbildung

Als höchstes Ziel fungiert für den individuellen *Job-Center*-Ansprechpartner, den Kunden die Chance zu einer betrieblichen oder außerbetrieblichen Ausbildung zu vermitteln.

3) Berufsvorbereitende Bildungsmaßnahme

Bei Bedarf erhalten junge Arbeitslose zur Chancenverbesserung eine Berufsvorbereitung, die eventuell auch das Nachholen des Hauptschulabschlusses beinhalten kann.

4) Einstiegsqualifizierung

Sechs bis maximal zwölf Monate lang können Jugendliche hier in ein bestimmtes Tätigkeitsfeld *hineinschnuppern* (Betrieb oder Berufsfeld), um Betriebe mit praktischen Fähigkeiten jenseits suboptimaler Schulzeugnisresultate zu überzeugen. Die Maßnahme wird zertifiziert und in aller Regel mit monatlich 192 Euro vergütet.

5) Berufliche Qualifizierung

Mit diesem Instrument sollen Teile der Berufsausbildung vertieft werden. Wer bereits erste praktische Erfahrungen gesammelt hat, wird hier gezielt für den erstmaligen Einstieg oder den Wiedereinstieg in den Beruf qualifiziert.

6) Vermittlung in Arbeit

Auch die sofortige Vermittlung in eine Arbeitsstelle unter Einbezug der Eigeninitiative des Arbeitssuchenden ist Teil der *Hartz-Gesetze*. Hier ist unter Umständen sogar die beratend begleitete Förderung einer Selbstständigkeit vorgesehen.

7) Vermittlung in Arbeitsgelegenheiten

Kommunale und freie Träger sollen ebenfalls einbezogen werden und den jungen Arbeitssuchenden Arbeitsgelegenheiten oder Zusatzjobs zur Verfügung stellen.

8) Mitarbeit in Modellprojekten

Diese Maßnahme richtet sich vorrangig an junge ausländische Arbeitslose, die damit Qualifizierungsangebote mit Sprachtraining kombinieren können (vgl. ebd.: 81-83).

Einen Sonderfall nehmen die Bemühungen der rot-grünen Bundesregierung ein, die innerhalb der SPD bereits seit 1996 als Ziel festgelegte *Ausbildungsplatzabgabe* eizuführen. Angesichts einer kontrovers geführten öffentlichen Debatte um fehlende Lehrstellen ergriff die Regierung am 07. Mai 2004 die Initiative und beschloss im Bundestag das *Gesetz zur Sicherung und Förderung des Fachkräftenachwuchses und der Berufsbildungschancen der jungen Generation*, das für Betriebe Anreize (z. B. durch eine *Ausbildungsplatzabgabe*) setzen sollte, weitere Ausbildungsstellen zur Verfügung zu stellen. Allerdings erhob der CDU/CSU-dominierte Bundesrat erwartungsgemäß Einspruch und rief den Vermittlungsausschuss an (vgl. Butterwegge 2006: 226). Hier sollten zahlreiche Ausnahmeregelungen einfließen, sodass es am Ende „in diesem Gesetz weder um eine qualifizierte Ausbildung für die Jugendlichen geht, noch darum, die seit Jahren schwindende Ausbildungsbereitschaft der in Deutschland tätigen Unternehmen zu erhöhen" (Roitsch 2004: 867). Die Regierung setzte das Gesetzgebungsverfahren daher aus und verhandelte mit maßgeblichen Wirtschaftsrepräsentanten über eine freiwillige Selbstverpflichtung zur Ausbildung, aus der der *Nationale Pakt für Ausbildung und Fachkräftenachwuchs in Deutschland* hervorging. In dieser nicht rechtsverbindlichen Vereinbarung setzte sich die Wirtschaft das Ziel, pro Jahr 30.000 Ausbildungsplätze und 25.000 Plätze für betriebliche Qualifizierungsmaßnahmen mehr zur Verfügung zu stellen, während die Bundesregierung zusagte, neue Förderungsmaßnahmen und Ausbildungsplätze in der Bundesverwaltung zu schaffen (vgl. Butterwegge 2006: 227).

6. Vergleich und theoretische Einordnung

„Der Weg zum Konkreten führt über die Abstraktion, und zwar über ein für die heutigen Sozialwissenschaften befremdliches Maß an Abstraktion."

Niklas Luhmann (2005: 77)

6.1 Begründungszusammenhänge

Zunächst scheinen die mit der Umsetzung der *aktivierenden Arbeitsmarktpolitik* verbundenen, offiziellen Begründungen und Zielsetzungen der britischen und deutschen Sozialdemokraten recht unterschiedlich anzumuten. Ein genauerer Blick jedoch lohnt sich, weil so die inhaltliche Nähe beider Regierungen ebenso wie die Analogien zum *Dritten Weg* unverkennbar nachzuweisen sind. Diese Gemeinsamkeiten lassen sich anschaulich herausstellen, wenn eine analytische Kategorisierung vorgenommen wird, die den wichtigsten Rechtfertigungsschritten und Zielsetzungen klare Analyseraster zufügt. So lassen sich für beide Punkte gleichermaßen jeweils eine politische, eine ökonomische und eine normative Dimension herausarbeiten.

Tabelle 5: Die Begründung des Politikwechsels zugunsten des Paradigmas der aktivierenden Arbeitsmarktpolitik in Großbritannien und Deutschland (Eigene Darstellung)

Dimension	**Großbritannien**	**Deutschland**
Politisch	Globalisierungsdruck	Globalisierungsdruck
Ökonomisch	Kostendruck	Kostendruck
Normativ	Wohlfahrtsstaat als Armutsfalle	Demographischer Wandel als Gefahr für die Sozialsysteme

Aus *Tabelle 5* dürfte ersichtlich werden, wie nah die Begründungszusammenhänge beider Regierungen trotz rhetorisch variierender Schwerpunktsetzung beieinander liegen. Das Globalisierungsargument wurde von beiden Regierungsparteien annähernd identisch vorgetragen. Demnach müsse man sich zur Sicherung der internationalen Wettbewerbsfähigkeit (*Global Player*) den Globalisierungszwängen anpassen. Während bei New Labour der Glaube an die Wirkung der sozialpolitischen Deregulierung und wirtschaftsfreundlichen Politik aufgrund des in *2.1* dargestellten, weit fortgeschrittenen innerparteilichen Modernisierungsprozesses recht stark ausgeprägt scheint, musste die SPD - in welcher sich der in 2.2 nachgezeichnete innerparteiliche Reformprozess deutlich weniger schnell vollzog - diese Begründung immer wieder mit etwaigen Negativfolgen für die eigene Nation bei einer Nichtanpassung an die ökonomische Globalisierung verknüpfen. Darüber hinaus sah die Schröder-Administration in einer deregulierungsgestützten Politik die Möglichkeit, die internationale Bedeutung Deutschlands durch ein neues Selbstbewusstsein nach außen auch jenseits des rein Ökonomischen auszubauen (*Deutscher Weg*), was in Großbritannien etwa aufgrund der *Special Relationship* mit den USA (vgl. Dumbrell 2009) oder der Rolle als ständiges Mitglied des Sicherheitsrates der Vereinten Nationen (vgl. Gareis/Varwick 2003: 55) weniger betont werden musste.

Im neoklassischen Sinne betrachtet New Labour die steigende Arbeitslosigkeit als in erster Linie durch eine gestörte Preisbildung für die Ware *Arbeitskraft* hervorgerufen. Dementsprechend seien Löhne und Lohnkosten zu senken. In der SPD setzte sich diese Auffassung erst im Laufe der ersten Legislaturperiode durch, fand allerdings spätestens in der zweiten Amtszeit ebenso wie in der britischen Schwesterpartei überwiegend Befürworter. Im Übrigen war dies in Großbritannien bereits vor Blairs Amtsantritt innerhalb der öffentlichen Meinung weitgehend anerkannt und wurde trotz der nicht nur positiven Folgen eher selten ernsthaft in Frage gestellt. In Deutschland musste das Argument hingegen erst allmählich heranreifen.

Normativ zeigen sich klarere Unterschiede. New Labour profilierte sich in erster Linie mit dem Bestreben, die durch den lange währenden Bezug von Sozialleistungen ins gesellschaftliche Abseits manövrierten Menschen aus diesem Teufelskreis herauszuholen, indem Anreize zur Aufnahme einer Erwerbstätigkeit gesetzt werden. Dagegen argumentierte die SPD angesichts der vermeintlich sinkenden Bevölkerungszahl und deren zunehmender Alterung, dass es nicht zu rechtfertigen sei, auf Kosten künftiger Generationen zu leben. Deshalb seien zunehmende Eigenverantwortung und partielle Privatisierung von Lebensrisiken unabdingbar. Wenn vonseiten der SPD die *Armutsfalle* normativ thematisiert wurde, dann als meist undifferenzierte Empörung über einen angeblich ausufernden Missbrauch von Sozialleistungen.

Da der *Dritte Weg* die bestehende Globalisierung als alternativlos ansieht, entspricht die Eindringlichkeit, mit der die britischen und deutschen Sozialdemokraten diesem politischen Umstand Tribut zu zollen gedachten, dem Konzept von Anthony Giddens - mit der Einschränkung, dass der Soziologe im Gegensatz zu Blair und Schröder davon ausgeht, dass die Globalisierung nicht vorrangig als ökonomisches, sondern als gesamtgesellschaftliches Phänomen zu betrachten ist. Auch die normativen Begründungen dürfte Giddens unterstützen, zumal er Verantwortungsbewusstsein für nachfolgende Generationen einfordert und den protektionistischen Wohlfahrtsstaat als *soziale Hängematte* und damit als *Armutsfalle* betrachtet, die durch individuelle Eigen- und Selbstvorsorge zu ersetzen sei. Das ökonomische Kostendruck-Argument jedoch scheint aus Sicht des *Dritten Weges* allzu sehr auf das Monetäre begrenzt, zumal Giddens mit der von ihm prononcierten Notwendigkeit der stärkeren Investition in Humankapital vor allem eine Ausweitung des staatlichen (Aus- und Weiter-) Bildungsbudgets als obligates Fundament zur Umsetzung des Grundsatzes *Keine Rechte ohne Verpflichtungen* verlangt (siehe u. a. *Abbildung 2: der Staat als Sozialinvestor*).

6.2 Zielsetzungen

Tabelle 6 zeigt, dass die verlautbarten Zielsetzungen der sozialdemokratischen Regierungen Großbritanniens und Deutschlands mit den sozialpolitisch orientierten Zielen des *Dritten Weges* weitgehend in Einklang stehen:

Tabelle 6: Die Ziele aktivierender Arbeitsmarktpolitik in Großbritannien und Deutschland und ihr Bezug zu den sozialpolitischen Zielen des Dritten Weges (Eigene Darstellung)

Dimension	**Sozialpolitische Ziele des *Dritten Weges***	**Ziele der *aktivierenden Arbeitsmarktpolitik* in Großbritannien**	**Ziele der *aktivierenden Arbeitsmarktpolitik* in Deutschland**
Grundsatz	Ermöglichung der Teilnahme am Erwerbsleben für alle	*Full Employablity* / Vollbeschäftigung	Vollbeschäftigung
Politisch	Anerkennung von Globalisierung und Wissensgesellschaft	Britische Ökonomie international wettbewerbsfähig halten und zu führender Wirtschaftsnation ausbauen	*Standort Deutschland* international wettbewerbsfähig halten und Status als *Exportweltmeister* sichern
Ökonomisch	Stärkung der Zivilgesellschaft durch Investitionen in Humankapital	Qualifikationsniveau der Jugendlichen erhöhen	Inklusion über Eigenverantwortung (*Zivile Bürgergesellschaft*)
Normativ	Förderung der Chancengerechtigkeit durch Unabhängigkeit vom *protektionistischen Wohlfahrtsstaat*	*From Dole to Dignity* als Leitlinie zur Förderung der Unabhängigkeit von der *Armutsfalle Transferleistungen*	Übergang zum Leitideal des *Vorsorgenden Sozialstaats*, der seinen Bürgern *ex ante* eine Chance auf Markterfolg einräumen möchte

Das übergeordnete Streben des *Dritten Weges*, möglichst alle physisch und psychisch hierzu geeigneten Gesellschaftsmitglieder in ein Erwerbsleben einzugliedern, das ein selbstbestimmtes Leben ermöglicht, haben sowohl New Labour (ab der 2001 begonnenen zweiten Legislaturperiode), als auch die SPD mit der Vollbeschäftigung offensiv als Zielmarke ihrer Regierungspolitik programmatisch fixiert.

Das von beiden Regierungen in ähnlicher Weise vorgetragene Anliegen, im internationalen Konkurrenzkampf zu bestehen, um das eigene Land nach langen Jahren des wirtschaftlichen Niedergangs wieder zu einer führenden Wirtschaftsnation zu machen (Großbritannien) bzw. den bestehenden Status nachhaltig zu sichern, um einem ansonsten drohenden Abstieg vorzubeugen (Deutschland), demonstriert die politische Anerkennung der durch die Globalisierung ausgelösten Sachzwänge. Die Tragweite, welche dieser Aspekt mit sich brachte, zeigt sich nicht zuletzt in dem besonderen Nachdruck, den Giddens in seinen Publikationen, Reden und Interviews der Tatsache verliehen hat, dass sich zu viele Sozialdemokraten mit der ökonomischen Globalisierung aus seiner Sicht bis dahin allzu schwer taten (siehe *1.4*).

Die durch den allgemein konstatierten Kostendruck entstandene, also volkswirtschaftlich motivierte Stärkung von Eigenverantwortung und Zivilgesellschaft proklamierten beide Regierungen auf unterschiedliche Weise. In Großbritannien insistierte New Labour auf die Erhöhung des Qualifikationsniveaus der Bevölkerung. Die SPD dagegen favorisierte die allgemeiner gehaltene Formel *Inklusion durch Eigenverantwortung*, die sich innerhalb der damals noch vorrangig auf nachsorgende Instrumente ausgerichteten deutschen Sozialsysteme noch nicht entscheidend durchgesetzt hatte und mit Gerhard Schröders *ziviler Bürgergesellschaft* erst zwei Jahre nach Beginn der Amtszeit begrifflich gefasst wurde.

Vom Moment des Regierungsantritts bekannte sich Blairs Regierungsmannschaft normativ dazu, die Abhängigkeit vieler Erwerbsloser von Transferzahlungen zu beenden und stattdessen viele Hebel in Bewegung zu setzen, um die Menschen in die Lage zu versetzen, sich aus diesem als *Armutsfalle* interpretierten Umstand zu befreien. Mit einigen Jahren Anlauf nach Übernahme der Regierungsverantwortung propagierte auch die SPD eine Überwindung des nach Einschätzung führender Genossen nicht (mehr) erreichbaren Ziels der Verteilungsgerechtigkeit zugunsten der Chancengerechtigkeit - ein wichtiges Anliegen des *Dritten Weges*. Hier wurde allerdings bis zur Vollendung des innerparteilichen Programmfindungsprozesses (2007) mit dem neuen Leitbild des *Vorsorgenden Sozialstaats* neben der Aktivierung von Arbeitslosen viel stärker als im Inselstaat darauf Wert gelegt, mit der neuen Politik eine solche Abhängigkeitssituation (in Deutschland meist *Sozialhilfefalle* genannt) vorsorglich zu verhindern, um den Bürgern *ex ante* eine Chance auf Markterfolg zu ermöglichen.

6.3 Maßnahmen

Eine differenzierte und vergleichende Betrachtung der in 4.3 und 5.3 paraphrasierten Maßnahmen gegen Jugendarbeitslosigkeit in Großbritannien (1997-2005) und Deutschland (1998-2005) im Hinblick auf ihren Bezug zum *Dritten Weg* vermag am ehesten dadurch zu ausdrucksvollen Resultaten zu führen, dass die einzelnen Akte auf die beiden wesentlichen Elemente der *aktivierenden Arbeitsmarktpolitik* - *Workfare* und *Enabling* - angewendet und nach Ländern getrennt einander gegenübergestellt werden. Ein Blick darauf, in welchem Ausmaß beide Staaten in ihren Strategien gegen Jugendarbeitslosigkeit noch auf das laut Giddens überwiegend überholte Paradigma der *makroökonomischen Arbeitsmarktpolitik* zurückgegriffen haben, erlaubt eine Einschätzung des Ausmaßes, in dem beide Regierungen im untersuchten Punkt vom *Dritten Weg* abgewichen sind und inwiefern die im Zusammenhang mit Begründungen und Zielsetzungen diagnostizierte Nähe zum *Dritten Weg* zu relativieren ist.

Abbildung 4: Workfare als Strategie gegen Jugendarbeitslosigkeit in Großbritannien und Deutschland (Eigene Darstellung)

Großbritannien	***Deutschland***
1) *New Deal for Young People (1998)* • Individual Action Plan • Subventionierte Tätigkeit in Unternehmen • Environment Task Force • Voluntary Sector Option • Möglichkeit der Streichung aller Leistungen bei Ablehnung eines Arbeitsangebots oder unzureichender Mitarbeit • Follow Through	1) *Job-Aqtiv-Gesetz (2002)* • Eingliederungsvereinbarung • Deregulierung der Leiharbeit 2) *Hartz-Gesetze (2003-2005)* • PSA und weitere Deregulierung der Leiharbeit (I) • Verschärfung der Zumutbarkeitsregeln und Möglichkeit der Streichung aller Leistungen bei Ablehnung eines Arbeitsangebots oder unzureichender Mitarbeit (I und IV) • Zusammenlegung von Arbeitslosen- und Sozialhilfe (IV) • Ein-Euro-Jobs (IV) • Vermittlung in Arbeit (IV) • Vermittlung in Arbeitsgelegenheiten (IV)

Abbildung 4 veranschaulicht, dass in Großbritannien schon mit dem ersten beschäftigungspolitischen Gesetzespaket viel Wert auf die Umsetzung der *Workfare*-Strategie gelegt wurde. Die in diese Kategorie aufgenommenen Möglichkeiten, zwischen denen arbeitslose Jugendliche im *New Deal* wählen können (Tätigkeit in Unternehmen; Umwelt-Taskforce; Arbeit im gemeinnützigen Sektor), zielen zum großen Teil auf die Erhöhung der Arbeitsmarktverwertung ab und lassen deutlich erkennen, dass eine (Wieder-) Gewöhnung an den Arbeitsrhythmus in den Absichten besonders weit oben rangiert. Im Anschluss an den *New Deal* verzichtete New Labour im liberalisier-

ten britischen Arbeitsmarkt auf die Einführung weiterer *Workfare*-Elemente, ohne jedoch die bestehenden abzuschaffen oder auch nur zurückzufahren.

Mit dem *Job-Aqtiv-Gesetz* wurden in Deutschland im Jahr 2002 erste Schritte zu *Workfare* vollzogen, bevor diese Politik mit den *Hartz-Gesetzen* endgültig ihren Durchbruch fand. *Hartz I* und *Hartz IV* demonstrieren einen klaren Wechsel hin zur Aktivierung. Herausragend sind hier etwa die Zusammenlegung von Arbeitslosen- und Sozialhilfe, die relativ umfassende Deregulierung der Leiharbeit sowie die Zunahme restriktiver Bestimmungen.

Abbildung 5: Enabling als Strategie gegen Jugendarbeitslosigkeit in Großbritannien und Deutschland (Eigene Darstellung)

Großbritannien	***Deutschland***
1) *New Deal for Young People (1998)* • Intensive Beratung in der *Gateway-Phase* • Full-Time Education or Training • New Deal Mentoring • 2005: New Deal for Skills 2) *Connexions (1999)* 3) *Employment Act 2001* • Verschmelzung von ES und Benefit Agencies zu Jobcentre • Employment Zones	1) *JUMP (1998)* • Vermittlung in ABM • Berufliche Nach- und Zusatzqualifizierung • Vermittlung von Qualifizierungsmaßnahmen • Betreuung zur Hinführung in Beschäftigungs- und Qualifizierungsmaßnahmen 2) *Job-Aqtiv-Gesetz (2002)* • Profiling 3) *Hartz-Gesetze (2003-2005)* • Jobcenter (II) • Ich-AG (II) • Umbau der Bundesanstalt für Arbeit und Umbenennung in Bundesagentur für Arbeit (III) • Beratung und Betreuung durch *Fall-Manager* (IV) • Vermittlung in Ausbildung (IV) • Berufsvorbereitende Bildungsmaßnahme (IV) • Einstiegsqualifizierung (IV) • Berufliche Qualifizierung (IV) • Mitarbeit in Modellprojekten (IV)

Abbildung 5 zeigt auf, dass der *New Deal* sowie dessen Erweiterung im Jahr 2005 nicht nur eine ausgeprägte *Workfare*-Tendenz aufweisen, sondern über die zahlreichen *Enabling*-Elemente den Versuch der Regierung offenbaren, eine Balance zu halten und die als Ziel ausgegebene Erhöhung von Beschäftigungsfähigkeit und -grad der Bevölkerung gerade im Hinblick auf junge Menschen zu erreichen. Organisatorisch konnten mit dem *Employment Act 2001* weitere Weichen für ebendiesen Weg gestellt werden, indem für Arbeitslosen- und Sozialhilfeempfänger eine einheitliche Anlaufstelle errichtet wurde.

JUMP beinhaltet zwar kein *Workfare*, doch beweist der Schwerpunkt auf die Vermittlung von Qualifizierungsmaßnahmen eine Hinwendung zu *Enabling*. Nach der Einführung intensiverer Beratung im *Job-Aqtiv-Gesetz* wurde diese Neigung in den *Hartz-Gesetzen II, III* und *IV* kontinuierlich ausgebaut. Neben organisatorischen Reformen stehen hier die Beratungstätigkeiten und die Förderung der Eigenverantwortung (*Ich-AG*) im Vordergrund.

Abbildung 6: Makroökonomische Arbeitsmarktpolitik als Strategie gegen Jugendarbeitslosigkeit in Großbritannien und Deutschland (Eigene Darstellung)

Großbritannien	***Deutschland***
1) Ratifikation der EU-Sozialcharta (1997)	*1) JUMP (1998)* • Lohnkostenzuschüsse für arbeitslose Jugendliche • Beschäftigungsbegleitende Hilfen
2) Working Time Directive (1998)	
3) Employment Act 1999 • Gewerkschaftsanerkennungen • Ausweitung des Kündigungsschutzes	*2) Bündnis für Arbeit, Ausbildung und Wettbewerbsfähigkeit (1998)* • Konzertierte Aktion
4) *Mindestlohn sowie Senkung des Eingangssteuersatzes und Erhöhung der Untergrenze, ab welcher Arbeitnehmer NI-Beiträge zahlen müssen (1999)*	*3) Ausbildungspakt (2004)*
5) Employment Act 2004 • Verhindern der Einschüchterung von Gewerkschaftsmitgliedern • Recht für Beschäftigte auf Unterstützung durch gewerkschaftliche Beratung bei Disziplinar- oder Beschwerdeverfahren	

Bei aller Neujustierung lassen einige Maßnahmen jedoch makroökonomische Züge erkennen, wie *Abbildung 6* verdeutlicht. New Labour hatte besonders in den ersten Jahren manch typisch sozialdemokratisches Projekt nachzuholen, das in der konservativen Regierungszeit übergangen wurde. Dazu gehört etwa die Ratifikation der *EU-Sozialcharta*. Neben einer spürbaren Aufwertung der innerhalb der Labour Party weiterhin stark vertretenen Gewerkschaften war es die Einführung eines gesetzlichen Mindestlohns, die am ehesten dem alten Paradigma zuzuordnen ist.

In Deutschland sind dagegen nur noch vereinzelt Rückgriffe auf die alten Strukturen zu identifizieren. Mit dem *Bündnis für Arbeit, Ausbildung und Wettbewerbsfähigkeit* (2000) und dem *Ausbildungspakt* (2004) wurde der Versuch unternommen, der korporatistischen Tradition zu folgen, während vereinzelte Bestimmungen von *JUMP* (1998) auf Alimentierung beschränkt sind.

Am ehesten ins Auge springt bei der Betrachtung der *Abbildungen 4* bis 6 die ungleichzeitige Initiierung der *aktivierenden Arbeitsmarktpolitik* in den untersuchten Staaten. In Deutschland ist die *Workfare*-Strategie erst 2002 zur Anwendung gekommen, während New Labour mit dem *New Deal* bereits kurz nach Amtsantritt in diese Richtung trieb. Nach dem *New Deal* wurden keine weiteren diesbezüglichen Maßnahmen für Jugendliche veranlasst. Mit dem *Job-Aqtiv-Gesetz* bereitete die SPD die *Hartz-Gesetze* vor und damit eine im Vergleich zu New Labour wesentlich umfassendere Arbeitsmarktreform zugunsten von *Workfare.* Auch *Enabling* wurde in Großbritannien deutlich früher angewendet als in Deutschland, wobei sich für die Bundesrepublik insgesamt eine *Enabling*-Präferenz feststellen lässt. New Labour bemühte sich mehr um Ausgewogenheit von *Workfare* und *Enabling.* Für welches der Länder die *aktivierende Arbeitsmarktpolitik* die größere Pfadabweichung bedeutete, zeigt der Blick auf den Bezug der Maßnahmen zur *makroökonomischen Arbeitsmarktpolitik.* New Labour verabschiedete einige Gesetze mit dekommodifizierender Absicht und zur Stärkung der Arbeitnehmerrechte. Die SPD beließ es bei Versuchen, korporatistische Arrangements (wieder-) aufzulegen.

Blairs Regierung betrieb also insgesamt eine „radikale Neudefinition der Funktionen des Wohlfahrtsstaates" (Glyn/Wood 2000: 60), war jedoch auch bemüht, die britische Sozialpolitik mit sozialdemokratischen Mitteln zu *korrigieren*, während sich Schröders Regierung mit aus deren Sicht allzu *eingefahrenen Strukturen* konfrontiert sah, die anfangs zögerlich und später entschlossen verändert wurden. Daher würde es nicht überraschen, wenn Giddens die SPD ebenso beglückwünschte wie die Genossen in seiner Heimat. Waren es doch die Deutschen, die in den Maßnahmen aufgrund der bestehenden Wohlfahrtsstrukturen eine größere Entschlossenheit zum *Dritten Weg* an den Tag legen mussten.

7. Zusammenfassung und Zwischenfazit

> *„Anreize und Sanktionen sollen die Leute in die Lage versetzen, den Unvorhersehbarkeiten der Märkte nicht nur passiv ausgesetzt zu sein, sondern sich auf Grundlage eigener Fähigkeiten mitbewegen zu können."*
>
> Heinz Bude (2005)

Bald nach dem Regierungsantritt erfolgte in der beschäftigungspolitischen Praxis von New Labour ein Paradigmenwechsel zur *aktivierenden Arbeitsmarktpolitik*. Auch in Deutschland orientierte man sich an diesem Leitbild, wenn auch hier der entscheidende Durchbruch erst in der zweiten Legislaturperiode ab 2002 zu konstatieren ist. Die vorgebrachten Begründungen, warum dieser Wandel vollzogen wurde, offenbaren in beiden Staaten auffällige Gemeinsamkeiten, die weitgehend von den Ideen des *Dritten Weges* geleitet scheinen. Politisch argumentierten sowohl die britischen, als auch die deutschen Genossen mit dem vorgeblichen Globalisierungsdruck, der auf den nationalen Volkswirtschaften laste und diese zu einer wirtschaftsfreundlichen Politik zwinge. Das ökonomische Argument des zunehmenden Kostendrucks, der den Sozialsystemen anhänge, verbanden beide Regierungen in unterschiedlicher Intensität mit der Notwendigkeit, Lohn- und Lohnnebenkosten zu senken, um zu mehr Beschäftigung zu kommen. Dass der alimentierende Wohlfahrtsstaat den Einzelnen in eine *Armutsfalle* treibe, aus welcher man nur mithilfe aktivierender Maßnahmen herauskomme, wurde in Großbritannien stärker betont als in Deutschland. Dort legte man mehr Wert darauf, vor den Folgen des ausgemachten demographischen Wandels zu warnen. Dementsprechend verfolgten die Regierungen beider Länder Zielsetzungen, die bis auf wenige Nuancen mit dem *Dritten Weg* übereinstimmen. Neben dem langfristigen Bestreben, Vollbeschäftigung zu erreichen, sind dies die Anerkennung der Globalisierungssachzwänge zur Aufrechterhaltung der internationalen Konkurrenzfähigkeit, die Stärkung der Zivilgesellschaft über die Umsetzung des Mottos *Inklusion über Eigenverantwortung* sowie die Förderung der Chancengerechtigkeit durch die Leitlinie *From Dole To Dignity* (Großbritannien) bzw. den *Vorsorgenden Sozialstaat* (Deutschland). Ein Vergleich der Maßnahmen birgt die Gewissheit, dass ihre Durchsetzung zwar zeitlich variierte, doch tendenziell dem gleichen Pfad folgte. New Labour konzentrierte sich neben dem *New Deal* in den ersten Jahren darauf, einige sozialdemokratische Traditionen in politische Praxis umzumünzen. Ansonsten ging es darum, dem Ziel der Erhöhung von Qualifikationsniveau und Beschäftigungsfähigkeit der Jugendlichen durch eine Balance aus *Workfare* und *Enabling* Rechnung zu tragen. New Labour formte den liberalen britischen Wohlfahrtsstaat also zugunsten des sozialdemokratischen Leitideals um, was auch Giddens so beurteilt (vgl. Giddens 2007: 27). Im Gegensatz dazu lassen die von der SPD verfolgten Strategien gegen Jugendarbeitslosigkeit kaum Rückgriffe auf alte sozialdemokratische Paradigmen erkennen, sondern eine Schwerpunktsetzung auf *Enabling*, die in Kombination mit *Workfare* wirken sollte. Das konservative deutsche Wohlfahrtssystem wurde demzufolge in die liberale Richtung umgestaltet[64]. Damit ist in diesem Punkt eine Annäherung der Wohlfahrtssysteme beider Länder zu konstatieren: Paradigmatisch steuerten sie in Richtung der *aktivierenden Arbeitsmarktpolitik*, während auf britischer Seite im Vergleich zu vorher mehr dekommodifizierend eingewirkt wurde und die deutsche Regierung eher kommodifizierend tätig war.

Bleibt die Frage: *What would Giddens say*? 2004 verlautbarte er, New Labour habe mehr klassisch sozialdemokratische Politik betrieben, als viele Kritiker wahr haben wollten. Es seien einige Fehler gemacht worden, wenngleich die Richtung absolut stimme (vgl. Giddens/Marquand 2004: 22). Tatsächlich wurden in Großbritannien (neben der von Giddens befürworteten Einführung des gesetzlichen Mindestlohns) die bestehenden *Workfare*-Bestimmungen ausgebaut und durch gezieltes *Enabling* erweitert. Auch der deutsche Regierungschef erntete viel Lob von dem britischen Vordenker der neuen Sozialdemokratie. Nach dem Rücktritt Lafontaines äußerte Giddens seine Hoffnung, dass fortan auch in Deutschland der *Dritte Weg* in Reinkultur beschritten werde (vgl. Hasel 1999: 56f.). Bedingt durch die von ihm hervorgehobene Forderung, die Menschen unabhängig zu machen von Transferzahlungen, dürfte seine Bilanz für die deutschen Maßnahmen äußerst wohlwollend ausfallen, wobei die *Hartz-Gesetze* sicher den Zielen des *Dritten Weges* am nächsten stehen. Giddens kann also im Zusammenhang mit den Strategien gegen Jugendarbeitslosigkeit in beiden Staaten durchaus zufrieden auf die Umsetzung seiner Ideen blicken.

---

[64] Daraus lässt sich natürlich nicht schließen, dass die Wohlfahrtssysteme ihren ursprünglichen Status als liberal bzw. konservativ damit gleichsam verloren haben. Die Umformung betrifft nur die jeweiligen Strategien gegen Jugendarbeitslosigkeit im konkret genannten Zeitraum.

Teil III

Bewertung der *aktivierenden Arbeitsmarktpolitik* von Labour Party und SPD am Beispiel der Strategien gegen Jugendarbeitslosigkeit

„Die Zeit ist blind und blickt uns an.
Die Sterne ziehn uns an den Haaren.
Das ganze Leben ist verfahren,
noch ehe es für uns begann."

Erich Kästner: Das Riesenspielzeug (1932)

8. Die Perspektive der Regierenden: Restriktionen und Ressourcen zur Durchsetzung des neuen Paradigmas

„Aller Herrschaft Druck ist schwer, man muß den Menschen immer freiwillig handeln zu lassen scheinen."

Wilhelm Heinse (zit. n. Flieguth 1978: 22)

Gesetze fallen in Demokratien bekanntlich nicht vom Himmel. Neben dem nötigen politischen Willen der Regierenden sind sie nur unter Beachtung zahlreicher innerhalb des jeweiligen Landes vorherrschender Determinanten umzusetzen. Die in 6.2 formulierte Feststellung, dass in Großbritannien und Deutschland die Durchsetzung der Strategien gegen Jugendarbeitslosigkeit zeitlich nicht parallel erfolgte, lässt sich nun ohne den Einbezug solcher Größen nicht hinreichend erklären. Dabei sind institutionelle Gegebenheiten ebenso zu berücksichtigen wie wohlfahrtsstaatliche Einstellungsmuster und interessenspezifische Einflüsse. Gemeinsam ergeben diese Faktoren einen stimmigen Erklärungsansatz, warum die SPD auf dem *Dritten Weg* zur *aktivierenden Arbeitsmarktpolitik* jahrelang eher flanierte und erst recht spät zum Sprint ansetzte, während New Labour auf selber Strecke sofort zügig vorauseilte.

8.1 Systemspezifische Determinanten

Karl Marx klassifizierte im Vorwort zum 1867 erstmals erschienenen ersten *Kapital*-Band England als *klassische Stätte* und Ursprungsland des liberalen Kapitalismus (vgl. Marx 2008: 12). Nach dem Zweiten Weltkrieg kam es durch die Einführung des Beveridge-Systems zu einer partiellen Abkehr von der *reinen Lehre* des Liberalismus, das gegenüber Arbeitsmarkt-Insidern weitgehend universell wirkte, die Arbeitsmarkt-Outsider jedoch überwiegend ausschloss. Wie bereits mehrfach erwähnt, transformierte Margaret Thatcher dieses ab 1979 zugunsten marktfreundlicher Ideen (vgl. Mitton 2007: 263f.). Deutschland gilt seit Bismarcks Zeiten als Erfinder des *Sozialversicherungs-Staates*. Zwischen 1883 und 1891 wurden im Deutschen Reich erste Sozialversicherungen eingeführt, u. a. um den Sozialisten den Wind aus den Segeln zu nehmen. Nach dem Ende des so genannten *Dritten Reiches* übertrug man dieses System auf Drängen deutscher Akteure weitgehend unverändert auf den neuen westdeutschen Staat (vgl. Hockerts 1980: 155-160) und veränderte es strukturell bis zum Ende des 20. Jahrhunderts nicht elementar (vgl. Seeleib-Kaiser 2001: 76-78). Gøsta Esping-Andersens These, wonach Großbritannien dem liberalen Wohlfahrtsregime zuzuordnen und Deutschland als konservativer Wohlfahrtsstaat zu charakterisieren ist, unterstreicht dies nachdrücklich.

Die jeweiligen Ausbildungssysteme sind wesentlich geprägt von dieser grundsätzlichen Beschaffenheit der Wohlfahrtsstaaten. In Großbritannien hielt man lange Zeit von offizieller Seite eher wenig von Arbeitsmarktregulierung. Zwar ist die Ausbildung hier explizit Aufgabe des Staates, doch wird diese meist abgewälzt auf lokal organisierte *Training and Enterprise Councils* (*TECs*), welche die staatlich unterstützten Bildungsmaßnahmen organisieren. Sie arbeiten größtenteils auf der Grundlage von Leistungsverträgen, die mit der Regierung abgeschlossen werden. Damit sind sie aus rechtlicher Sicht also privat und werden normalerweise von Arbeitgebern geleitet (vgl. Schmid/Picot 2001: 234). 1991 wurden zur Beurteilung beruflicher und schulischer Ausbildung so genannte *National Vocational Qualifications (NVQ)* eingeführt, die in 4.3 und 6.2 bereits erwähnt sind. Auf diese Weise sollte die berufliche Ausbildung vereinheitlicht und international vergleichbar gemacht werden. Die Schulpflicht beginnt hier mit dem sechsten Lebensjahr und endet im Anschluss an den Besuch der *Primary* und *Secondary School* nach Erreichen des sechzehnten Lebensjahres mit dem *General Certificate of Secondary School (GCSS)*. Später gibt es verschiedene Wege der beruflichen Orientierung. Die schulische Weiterbildung kann bei gutem *GCSS* in einem *College of Further Education* verfolgt werden, bis nach zwei Jahren der *GCSS A-Level* erreicht ist, der in aller Regel zu einem Studium im Bereich der *Higher Education* berechtigt. Das *Work-Based Training* ist als betriebliche Ausbildung recht beliebt, doch sind hier die Stellen knapp bemessen und nicht in allen Regionen verfügbar. Üblicher ist dagegen das *Training on the Job* (vgl. Raith 2008: 141f.). In Deutschland liegt die Zuständigkeit für die betriebliche Ausbildung beim Bund, jene für die schulische Ausbildung bei den Bundesländern (vgl. May 2008: 233). Die Schulpflicht beginnt mit dem siebten Lebensjahr und endet nach der (in den meisten Bundesländern neun Jahre andauernden) allgemeinen Vollzeitschulpflicht (Grundschule: 1.-4. bzw. 6. Schuljahr; Sekundarstufe I: 5. bzw. 7.-9. oder 10. Schuljahr an Hauptschulen, Realschulen, Gesamtschulen oder Gymnasien). In aller Regel besteht im Anschluss eine dreijährige Berufsschulpflicht, falls keine weiterführende Schule mit dem Ziel der *Allgemeinen Hochschulreife* (*Abitur* durch Sekundarstufe II: 11.-13. Schuljahr an Gesamtschulen oder Gymnasien) und eventuell anschließender Hochschulausbildung besucht wird (vgl. Raith 2008: 126f.). In der Berufsausbildung gilt noch heute das 1969 verabschiedete *Berufsbildungsgesetz* (*BBiG*). Dabei werden mittlerweile zwei Formen unterschieden. Die betriebliche Ausbildung (*Duales System*) bildet den Jugendlichen neben dem Betrieb in einer Berufsschule aus. Die Abiturientenausbildung der Wirtschaft hat sich hingegen erst in den vergangenen Jahren etabliert. Hier wird eine dreijährige Ausbildung angeboten, die an das *duale System* angelegt ist und die Lehrlinge mit dem Status des Auszubildenden und Studenten zugleich entweder an *Berufsakademien* oder an *Wirtschafts- und Verwaltungsakademien* ausbildet (vgl. Konietzka 2007: 275). So liegt die Schlussfolgerung nahe, dass in Großbritannien aufgrund des recht frei gestalteten Ausbildungssystems pfadabweichende Entscheidungen schneller zu treffen sind, als dies im ungleich reglementierteren deutschen System möglich ist.

Für einen weiteren Aspekt kann hier nur die Spitze des Eisbergs begutachtet werden, doch sollte dessen Bedeutung für die Ausgestaltung einzelner *Policies* nicht gänzlich unerwähnt bleiben. Großbritannien und Deutschland verfügen über sehr unterschiedliche Regierungssysteme. Ein Auflisten der zahlreichen Merkmale und Differenzen würde gewiss den Rahmen sprengen, wäre für den vorliegenden Untersuchungsgegenstand aber auch in dieser Form nicht vonnöten. Nützlich zur Darstellung wesentlicher Unterschiede zwischen den Regierungssystemen erscheint dagegen der Zugriff auf ein idealtypisches Modell von Arend Lijphart, das wesentlich zwischen *Mehrheits-* und *Konsensdemokratien* unterscheidet:

Tabelle 7: Zentrale Unterschiede zwischen Mehrheits- und Konsensdemokratie nach Arend Lijphart (Darstellung nach Schild 2005)

Mehrheitsdemokratie	Konsensdemokratie
Machtkonzentration in den Händen einer knappen Mehrheit	Machtteilung, Machtdispersion
Exklusiver Charakter	Inklusiver Charakter
Kompetitiver Politikstil, Parteienwettbewerb zentral	Verhandlungs- und kompromissorientierter Politikstil
Politik als Nullsummenspiel	Politik als Positivsummenspiel
Wenig Hindernisse (institutionell-formelle oder informelle) für Durchsetzung politischer Programme	Potenziell zahlreiche Hindernisse bei Durchsetzung politischer Programme

Für die *Mehrheitsdemokratie* hat Lijphart den Begriff *Westminster Model of Democracy* geprägt, womit er zum Ausdruck bringt, dass Großbritannien für ihn dabei *das* Paradebeispiel darstellt[65]. Dem gegenüber steht die *Konsensdemokratie*, der Deutschland zugerechnet wird - unter Berücksichtigung, dass Deutschland auch manche Merkmale der *Mehrheitsdemokratie* aufweist (vgl. Korte/Fröhlich 2006: 73). Und tatsächlich führen die in *Tabelle 7* kontrastierten Elemente beider Typologien vor Augen, dass gouvernementale Entscheidungsprozesse in *Mehrheitsdemokratien* rascher zu realisieren sind als in *Konsensdemokratien*:

> „Weil [in Großbritannien; Anm. d. Verf.] unklare Mehrheitsverhältnisse, langwierige Koalitionsverhandlungen und instabile Koalitionsregierungen vermieden werden, wird die Bildung eines demokratischen „Codes" aus Regierung und Opposition und politische Führung durch das Kabinett, insbesondere aber durch die umfangreichen Kompetenzen des Premierministers, erleichtert. Da Rechte und Pflichten des Premierministers nicht kodifiziert und nur marginal gesetzt sind, entsteht ein weiter Spielraum für transitorische Einfluss- und Autoritätsentscheidungen. Unter Tony Blair ist das Prinzip *Cabinet government* wieder zugunsten der *Prime ministerial government* zurückgedrängt worden (Herv. im Orig.)" (Krumm/Noetzel 2006: 169).

[65] Auch wenn der Terminus mittlerweile von vielen Analysten als „verblasst" (Kaiser 2002: 75) tituliert wird, treffen wesentliche Merkmale nach wie vor auf das britische Regierungssystem zu.

Ermöglicht in Großbritannien das Mehrheitswahlrecht diese Gegebenheiten, so erzeugt die verhandelnde Wettbewerbsdemokratie Deutschlands durch die hohe Zahl der einzubeziehenden Interessen für die politischen Entscheidungen eine recht hohe demokratische Legitimität (vgl. Delhees et. al. 2008: 111). Zudem wird die Regierungsbildung durch das personalisierte Verhältniswahlrecht und den damit verbundenen Koalitionsbildungszwang konsensualisiert. Regierungsintern demonstriert dies nichts derart klar wie die grundgesetzlich festgelegte Kompetenzverteilung im Kabinett. Gemäß des in Artikel 65 des Grundgesetzes fixierten *Kanzlerprinzips* obliegt dem Regierungschef die *Richtlinienkompetenz*. Einen Satz später allerdings wird den zuständigen Bundesministern die eigenständige und eigenverantwortliche Leitung ihres Ressorts (*Ressortprinzip*) zugesprochen und lediglich durch eine lapidare, vielfach interpretationsfähige Äußerung über das einzuhaltende *Kollegialprinzip* ergänzt, wonach bei Meinungsverschiedenheiten die Bundesregierung als Kollegium entscheide (vgl. GG: 36). Als Vorteil der Koalitionsbildung können allerdings durchaus die dadurch ermöglichten stabilen Mehrheitsverhältnisse firmieren, welche der Regierung Verhandlungs- und Kommunikationsressourcen verschaffen (vgl. Delhees et. al. 2008: 111).

Darüber hinaus kann in Deutschland das Oppositionsverhalten des Bundesrats als Zweite Kammer - welche in dieser Form in Großbritannien nicht existiert - bei entsprechenden Mehrheitsverhältnissen konsensuale Verhaltensweisen geradezu erzwingen (vgl. Hartmann 2004: 20f.). Genau hier scheint ein wichtiger Ansatz zur Erklärung der ungleichzeitigen Durchsetzung der *aktivierenden Arbeitsmarktpolitik* als Mittel zum Abbau der Jugendarbeitslosigkeit in beiden Ländern zu liegen. Die Frage nämlich, welchen Einfluss föderale Strukturen[66] wie jene in Deutschland auf die Ausgestaltung der Sozialpolitik haben, ist ein wissenschaftlich viel diskutiertes Sujet. Insgesamt lassen sich diesbezüglich vier theoretische Argumentationsstränge unterscheiden. Einer ersten Auffassung zufolge führt der Förderalismus durch *indirekte Effekte* zur „Ausdifferenzierung verschiedener regionaler politischer Ökonomien, verfestigt regionale Spannungslinien, konfiguriert Akteurs- sowie Interessenkonstellationen und

[66] Eine griffige Definition des Förderalismus ist nicht ganz einfach. Politisch-institutionell jedoch beruht er „auf einem System vertikaler Gewaltenteilung, das verschiedene Gliedstaaten in einer Weise zu einem Gesamtstaat verbindet, dass eine jede Ebene über exklusive Kompetenzen verfügt, die vor dem Zugriff der jeweils anderen Ebene verfassungsrechtlich geschützt sind“ (Jun/Stolz 2001: 141).

strukturiert die Handlungsressourcen der Akteure" (Castles et. al. 2005: 218). Die zweite Argumentationslinie stammt von George Tsebelis. Sein *Veto-Player-Theorem* erklärt den diagnostizierten *Status-Quo-Bias* in föderalen Systemen über das Zustandekommen politischer Entscheidungen. Hierüber nämlich bestimmen demnach die Kohäsion (Heterogenität bzw. Homogenität) und die Kongruenz (inhaltliche Nähe in Policy-Streitfragen) von „individual or collective actors whose agreement is necessary for a change of the status quo" (Tsebelis 2002: 19). Die These von der *Politikverflechtung* geht davon aus, dass in föderalen Systemen aufgrund der Entscheidungsbildung quer über verschiedene Ebenen eine Tendenz zur *Politik des kleinsten gemeinsamen Nenners* zustande kommt, die einen sozialpolitischen Wandel stark hinauszögern oder sogar verhindern kann. Schließlich besagt die *Pfadabhängigkeit*, dass frühere Entscheidungen in einem sequenziellen Entscheidungsverfahren einen pfadverstärkenden bzw. strukturkonservativen Effekt aufweisen (vgl. Castles et. al. 2005: 219). In der Tat gibt es empirische Belege dafür, dass der Förderalismus Maßnahmen des Wohlfahrtsstaatsrückbaus auf nationaler Ebene bremst. Für Deutschland zeigt sich, dass der Förderalismus einen radikalen Umbau sichtlich erschwert (vgl. ebd.: 234f.).

8.2 Einstellungsspezifische Einflüsse

In demokratisch verfassten Staaten müssen politische Verantwortungsträger die Einstellungen und Interessen ihrer Wählerschaft befolgen oder - wenn sie dies nicht möchten oder können - zumindest den Eindruck erwecken, als wäre es so. Anthony Downs hat mit seiner *Ökonomischen Theorie der Demokratie* (1957) diesen Sachverhalt theoretisch erfasst. Politiker erscheinen hier als rationale Akteure, die ihren Eigennutzen über das Gemeinwohl stellen. Dieser Eigennutzen besteht im Machterwerb oder -erhalt, also in der Durchsetzungsfähigkeit im Wettbewerb um Wählerstimmen (vgl. Schmid 2006: 178). Downs besetzt für seine Auffassung einige Ausgangspunkte, die im Wesentlichen im politischen System Großbritanniens anzutreffen sind. dazu zählen das Vorhandensein eines Zwei-Parteien-Systems, des Mehrheitswahlrechts in Einerwahlkreisen sowie der klaren Abwägbarkeit der Parteipositionen (vgl. Schmidt 2000: 215). Wollen sie elektoral reüssieren, so müssen sich die Parteien laut Downs auf dem politischen Issue-Markt gegenüber den Konkurrenten einen Angebotsvorteil erarbeiten. Dass die Entstehung neuer Parteien für ihn nur auf diese Weise denkbar ist, weist er dann auch anhand der Genese der britischen Labour Party nach (vgl. Downs 1968: 124-126). Darüber hinaus neigen Parteien im Falle von Wahlniederlagen(serien) in diesem kompetitiven Umfeld Downs zufolge dazu, ihre Ideologie aufzugeben und sich diesbezüglich derjenigen Partei anzupassen, der sie die Pleite(n) verdanken (vgl. ebd.: 293).

Mit ihrer in *2.1* nachgezeichneten innerparteilichen Reform liegt es nahe, die Labour Party auch in diesem Punkt als Musterbeispiel anzuführen. Zumal dieser Prozess verhältnismäßig geräuschlos vonstatten ging und derart rasant voranschritt, dass selbst die seit 1997 bei Unterhauswahlen stets unterlegenen Tories gelegentlich mit beißendem Spott auf den sozialdemokratischen Kontrahenten blicken. Im *Economist* antwortete 2000 etwa Norman Tebbit (1985-1987 Vorsitzender der Conservative Party) auf die Frage, ob New Labour den Konservativen nicht das wirtschaftliche Programm abgeluchst habe, die Anhänger Blairs verhielten sich wie Angehörige gerade christianisierter Eingeborenenstämme: Sie sängen voller Enthusiasmus die neuen Kirchenlieder, ohne den Sinn der Liedtexte zu verstehen (vgl. Sturm 2001b: 33). Solch spitzfindige Bemerkungen mögen jenseits allem Glaubwürdigkeitsanspruch in den Bereich der politischen Folklore gehören, doch trifft die Sentenz ebenso einen wahren Kern. Auffällig nämlich ist insbesondere die Tatsache, dass sich innerhalb der Labour Party kaum Kritiker des Regierungskurses Gehör verschafften. Dass die Basis „nur selten über Zimmerlautstärke" (Levine 1999) aufmuckte, ist neben der bereits mit dem Regierungsantritt 1997 nahezu vollständig abgeschlossenen Parteireform auf weitere Gründe zurückzuführen. So befand sich New Labour stets im Umfragehoch und auch die veröffentlichte Meinung wertete die Innenpolitik Tony Blairs überwiegend als Erfolg[67] (vgl. ebd.). Eine relevante Opposition als Druck erzeugende *Regierung im Wartestand* war praktisch nicht vorhanden, weil die zerstrittenen Tories nach der verheerenden Niederlage bei der Unterhauswahl deutlich mehr mit sich selbst beschäftigt schienen. Jahrelang konnten sie als einziges Thema eine ausgeprägte *Europhobie* hegemonial besetzen, weshalb

---

[67] Eine Ausnahme bildete die Irak-Politik, welche die Parteispitze in Bedrängnis brachte. So stimmte am 18. März 2003 knapp ein Drittel aller Abgeordneten der Labour Party im Unterhaus gegen Blairs Entscheidung, Großbritannien unmittelbar militärisch am Irak-Krieg zu beteiligen (vgl. Maass 2003: 2). Zudem traten innerhalb weniger Monate vier Mitglieder der Regierung aufgrund der britischen Kriegsbeteiligung von ihren Ämtern zurück (vgl. o. V. 2003a; o. V. 2003b; o. V. 2003c; Marsden/Hyland 2003).

die politische Semantik in Großbritannien seit 1997 fast ausschließlich von New Labour bestimmt wurde (vgl. Krumm/Noetzel 2006: 12). Gleichwohl hemmt die gering ausgeprägte innerparteiliche Willensbildung eine Dialogkommunikation unpopulärer Reformvorhaben und verhindert damit, dass eine große Partei wie New Labour innerhalb der Bevölkerung als Multiplikator gesamtgesellschaftlicher Interessen wahrgenommen wird (vgl. Delhees et. al. 2008: 32).

Der Versuch, den Anschein des Handelns zugunsten der Wähler zu erwecken, wurde nicht nur von Downs aufgegriffen. Paul Piersons *New Politics of the Welfare State*-Theorie konstatiert, dass die Parteiendifferenzthese nicht mehr ausreicht, um die Sozialpolitik westlicher Demokratien zu erklären. Ein bestimmtes Kräfteverhältnis konstituiert demnach nicht allein und auch nicht in erster Linie das sozialpolitische Agieren, sondern die institutionellen, sozialen und politischen Kontextbedingungen. Daran müssen sich auch Bestrebungen orientieren, welche die bestehende Intensität des Wohlfahrtsstaates zurückfahren wollen. Deren Erfolgswahrscheinlichkeit hängt - ganz im Sinne von Tsebelis - wesentlich von den vorhandenen *Veto-Playern* ab. Je größer deren Anzahl, desto diffiziler sind restriktive Maßnahmen in der Sozialpolitik durchzusetzen. Expansion produziert viele Nutznießer - Kürzungen werden von diesen hingegen meist negativ wahrgenommen. Für die Regierung bedeutet dies, dass negativ Betroffene zwar klar definiert sind, als Begünstigte der eingesparten Kosten jedoch nur allzu selten andere Personenkreise als wohlhabende Arbeitgeber nachzuweisen sind (vgl. Wintermann 2005: 41f.). Pierson macht nun einige Strategien aus, die Regierungen in dieser als *Blame Avoidance* bezeichneten Situation durchführen, um der *Strafe der Abwahl* zu entgehen. Neben dem Verwischen der Informationsflüsse sind dies eine Teilung oder eine Koalition mit der Opposition sowie populäre Kompensationen für die Einschnitte (vgl. Pierson 2000: 311).

Volksparteien sind in Deutschland durch ihre breite Mitgliedschaft und Verwurzelung sicher Multiplikatoren und „Konsensmaschinen“ (Delhees et. al. 2008: 111). Doch bekam die Schröder-Riege von Beginn an aus den eigenen Reihen die negativen Seiten dieser Rolle zu spüren. *Kurshalten statt Neoliberalismus* - so lautete der Titel eines Positionspapiers, das einige dem linken Flügel der SPD zugerechnete Bundestagsabgeordnete als Reaktion auf das *Schröder-Blair-Papier* 1999 veröffentlichten, in dem vor der neuen angebotsorientierten Politik gewarnt wird (vgl. Ditfurth 2000: 327-340). Mit der Umsetzung der *Agenda 2010* entbrannte schließlich innerhalb der Partei ein

Streit, der den bis dahin unzureichend fortgeschrittenen Transformationsprozess - welcher nach Lafontaines Rücktritt vorübergehend in der Versenkung verschwunden war - offen zutage treten ließ. Zwar blieben in der SPD-Spitze die selbst ernannten Agenda-Kritiker nahezu stets schweigsam (z. B. Thierse, Wieczorek-Zeul), doch forderte beispielsweise mit Vorstandsmitglied Andrea Nahles die damalige Sprecherin der so genannten SPD-Linken einen „Kurswechsel in Wirtschafts- und Finanzpolitik" (zit. n. Sturm 2009: 123), die südhessische SPD wollte sogar einen außerordentlichen Parteitag (vgl. ebd.). Aus dem *Off* meldete sich auch Oskar Lafontaine immer wieder kritisch zu Wort, was er bis zu seinem Austritt aus der SPD (2005) mit der Hoffnung der Rückkehr zur alten Politik rechtfertigte (vgl. Lafontaine 2002: 262-267; Steingart et. al. 2004: 39; Lafontaine 2005: 295-298). Die bayerischen Jusos[68] initiierten ein Mitgliederbegehren, das von prominenten Bundestagsmitgliedern wie Ottmar Schreiner unterstützt wurde, der seinerseits die *aktivierende Arbeitsmarktpolitik* als „Abkehr vom Sozialstaat" (Schreiner 2008: 17) interpretiert. Das Mitgliederbegehren verlief zwar im Sande, doch berief die Führung aufgrund des Drucks einen *Agenda-Parteitag* ein, um eine Art *nachholende Kommunikation* und eine Disziplinierung für die eigenen Reihen herbeizuführen (vgl. Gumny 2006: 96-102). Dort wurden schließlich sämtliche Korrekturwünsche abgelehnt und die *Agenda 2010* mit mehr als 80 Prozent Zustimmung abgesegnet (vgl. o. V. 2003d). Die *Blame Avoidance* äußerte sich hier vor allem über eine medial dargestellte Alternativlosigkeit zu dieser Politik mithilfe der in *Tabelle 5* aufgelisteten Begründungen (Verwischen des Informationsflusses). Zudem hatte Schröder in seiner Regierungserklärung vom 14. März 2003 die Reformen geschickt mit seiner populären Ablehnung des Irak-Krieges verknüpft (Kompensation der Einschnitte) und die Gesetzesvorhaben mit großer Zustimmung von CDU/CSU und FDP auf den Weg gebracht - was aufgrund der partiellen Zustimmungspflicht des Bundesrates ohnehin nicht anders zu bewerkstelligen war (Koalition mit der Opposition). Die Partei stand also hinter ihrem Kanzler - doch innerhalb der Bevölkerung entlud sich im Jahr darauf eine zuvor weitgehend beschwichtigte Protesthaltung vieler (potenziell) Betroffener.

[68] Als Jugendorganisation der SPD stimmten die *Jungsozialisten* (*Jusos*) auf Bundesebene zwar überwiegend für den Reformkurs, doch lehnten sie den *Dritten Weg* als Strategie ab. Der damalige Juso-Vorsitzende Benjamin Mikfeld stand bereits 1998/99 nur unwesentlich hinter dem Konzept der *Neuen Mitte* (vgl. Mikfeld 1999).

Die nämlich lieferten einen weiteren Grund, warum der SPD ein sozialpolitischer Paradigmenwechsel weitaus schwerer fiel als den britischen Genossen. So waren im Sommer 2004 Demonstrationen mit 150.000 Teilnehmern wie Ende August in Leipzig (vgl. o. V. 2004) keine Seltenheit. Auffällig war lediglich, dass der Protest sich in Ostdeutschland weit stärker äußerte als im Westteil des Landes[69]. Den *typischen Hartz-Demonstranten* haben Dieter Rucht und Mundo Yang gemäß ihrer Studien dementsprechend beschrieben: „Er kommt aus dem Osten, ist männlich, im Alter zwischen 50 und 55 Jahren, steht in einem unsicheren Arbeitsverhältnis oder ist arbeitslos. Er kehrt sich von den etablierten Parteien ab und tendiert am ehesten zur PDS" (Rucht/Yang 2004: 27). Der Druck auf die Bundesregierung war immens, und doch ließ sie sich von Volkes Stimme nicht beirren und setzte den Kurs unaufhörlich fort, obwohl sie dafür in zahlreichen Urnengängen vom Wahlvolk abgestraft wurde. Niemals zuvor hatte es eine derartige Umgestaltung des bundesdeutschen Sozialstaates gegeben, weil bis dahin jede Regierung soziale Einschnitte aus *Blame Avoidance* lediglich schrittweise vollzog. Die Gewerkschaften riefen 2004 jedenfalls nicht zentral zum Protest auf, was der Protestbewegung gewiss nicht wenige Teilnehmer aus dem gewerkschaftlichen Milieu vorenthalten hat[70].

Zwar belegen einige Studien seit Jahren einen voranschreitenden Verlust allgemeinen gesellschaftlichen Zusammenhalts in modernen Gesellschaften (vgl. Nielandt 2002: 23). Dennoch hat die Akzeptanz des Sozialstaats in Deutschland nicht merklich abgenommen. Die Einstellung der Bevölkerung sowohl zur Extensität, als auch zur Intensität des Wohlfahrtsstaates in allen Feldern der Sozialpolitik ist seit mehr als zwei Dekaden weitgehend stabil geblieben (vgl. Andreß/Heien 2001: 171). Die Unzufriedenheit mit der praktizierten Sozialpolitik jedoch scheint groß, sodass Carsten Ullrich zu einem klaren Fazit gelangt: „Es bestehen fundamentale Zweifel an deren Funktionserfüllung, nicht aber am generellen Sinn der Wohlfahrtsstaatlichkeit" (Ullrich 2008: 124). Dabei scheint eine moralische Unterfütterung als Rechtfertigung nicht nötig, weil gerade in Deutsch-

69 Als eine mögliche Erklärung sei darauf hingewiesen, dass innerhalb der Bevölkerung die Ansprüche an den Sozialstaat in Ostdeutschland stets höher sind als in Westdeutschland (vgl. Roller 1998: 109).

70 Michael Sommer, der Vorsitzende des *Deutschen Gewerkschaftsbundes* (*DGB*), begründete dies mit seiner Befürchtung, im Falle eines Aufrufs zum Protest werde die Gewerkschaftsbewegung als Ganze sich spalten und damit geschwächt aus einer solchen Auseinandersetzung hervorgehen (vgl. Kessler 2005).

land der Sozialstaat reziprok konstruiert ist und damit lebenszeitliche Gegenseitigkeitserwartungen zu erfüllen hat (vgl. Dallinger 2009: 233). Nicht viel anders verhält sich dies in Großbritannien. Dort wünschten sich Steffen Mau zufolge zu Beginn der Amtszeit von New Labour immerhin 70 Prozent eine Erhöhung der Sozialausgaben und wollten dafür sogar höhere Steuern in Kauf nehmen (vgl. Mau 1998: 861). Eine Rückkehr zu Vor-Thatcher-Zeiten schien dabei allerdings ausdrücklich nicht gewollt (vgl. ebd.: 863), zumal der Umverteilungsgedanke im britischen System nicht konstitutiv ist (vgl. Mau 1997: 33). New Labour sah sich also nicht - wie die SPD - der Kritik einer Abkehr von der Verteilungsgerechtigkeit ausgesetzt, weil diese im britischen Gerechtigkeitsempfinden keine wesentliche Rolle spielt. Vielmehr entsprach die Regierung mit der Hinwendung zur *aktivierenden Arbeitsmarktpolitik* eher dem Desiderat der eigenen Bevölkerung nach Veränderung durch Konsolidierung, ohne die durch den *Thatcherismus* präferierte Angebotsökonomie aufzugeben. Die SPD hingegen wich mit dem begonnen Marsch auf dem *Dritten Weg* erheblich vom ursprünglichen Pfad ab, was aufgrund der institutionellen Bedingungen in Deutschland nicht ohne zeitweiligen Partei- und Volkszorn vonstatten ging.

8.3 Interessenspezifische Faktoren

Medienmacht ist in demokratischen Staaten asymmetrisch verteilt (vgl. Jäckel 2005a: 314), doch bestimmen Medien zugleich „mit ihren Angeboten den Rahmen […], innerhalb dessen sich zahlreiche Anschlusskommunikationen vollziehen" (Jäckel 2005b: 161). Ihre wichtigste Funktion besteht darin, der Masse Symbole und Botschaften zu übermitteln, die jedem Bürger diejenigen Werte, Glaubenssätze und Verhaltensweisen einflößen sollen, welche ihn in die bestehenden institutionellen Strukturen der Gesellschaft integrieren. Wo die Medien - wie in Großbritannien und Deutschland - sich überwiegend in Privatbesitz befinden und es keine formale Zensur gibt, ist das Wirken eines solchen Propagandasystems schwer zu verfolgen. Besonders dann, wenn die Medien miteinander konkurrieren und des Öfteren Missstände innerhalb der Regierung oder im Big Business anprangern (vgl. Herman/Chomsky 1988: 1). Verborgen bleibt hier jedoch oft „the limited nature of such critiques, as well as the huge inequality in command of resources, and its effect both on access to a private media system and on its behavior and performance" (ebd.: 2)[71]. Hinzu kommt, dass es im Zuge zunehmender personeller Kostenreduktion immer mehr *PR*-Agenturen gelingt, regierungs- oder industriefreundliche Inhalte im redaktionellen Teil der Medien zu platzieren (vgl. Hamm 2006: 295).

In Großbritannien hat sich als solcher in der jüngeren Zeitgeschichte Rupert Murdoch etabliert, der zum „führenden Medienuntermehmer" (Krumm/Noetzel 2006: 89) des Landes aufgestiegen ist. Aus der marktöffnenden Politik der Tories ist bereits in den 1980er Jahren die Dominanz der Kabel- und Pay-TV-Programme durch den Australier hervorgegangen (vgl. ebd.: 86). Auch das größte Zeitungsunternehmen *News Corporation* befindet sich im Besitz des Medienmoguls. Mit den dazugehörigen Printmedien (u. a. *The Times, The Sunday Times, The Sun, News of the World*) erreichte das Unternehmen 2003 eine Auflage von mehr als 9,5 Millionen. Insgesamt ist in Großbritannien eine erhebliche Medienkonzentration zu beobachten. So teilen lediglich acht Konzerne den gesamten Zeitungsmarkt unter sich auf (vgl. ebd.: 88). Doch kam diese Entwicklung keineswegs zufällig, sondern als Ausdruck politischen Willens. Seit Thatcher haben britische Regierungen immer wieder betont, dass die ökonomische Liberalisierung des Mediensystems Vorrang haben solle gegenüber dem Gebot des Meinungspluralismus und der demokratischen Kontrolle (vgl. Doyle 2002: 137). New-Labour - das sich im Wahlkampf 1997 der Unterstützung von sechs überregionalen Tages- und vier großen Sonntagszeitungen sicher wusste (vgl. Kuhn 2007: 219f.) - verstärkte diese Tendenz durch die 2003 verabschiedete *Communications Bill*. Diese umfassendste Reform der britischen Mediengeschichte ermöglicht einem Unternehmen, das mehr als 20 Prozent Anteil am Printmedienmarkt besitzt, nun auch mehr als 20 Prozent an einem privaten TV-Sender zu besitzen (vgl. Vick/Doyle 2004: 38). Kritische Beobachter äußerten seither zunehmend die Befürchtung, dass unter dem Profitdiktat der Medien „the necessary political programming for a healthy democracy" (Stanyer 2003: 320) leiden könnte. Die Marktorientierung, der sich nunmehr auch die öffentlich-rechtliche *British Broadcasting Corporation* (*BBC*) angeschlossen hat (vgl. Krumm/Noetzel 2006: 102), äußert sich primär in einer Reduktion differenzierter Darstellung politscher Ereig-

[71] Diese Argumentation ist Teil der *Manufacturing Consent*-Theorie von Edward Herman und Noam Chomsky (1988), die nach ihrem Erscheinen eine breite Debatte über Medienmanipulation in westlichen Demokratien ausgelöst hat. Eine Erwiderung wichtiger Kritikpunkte findet sich in Chomskys 1991 veröffentlichtem Werk *Necessary Illusions. Thought Control in Democratic Societies* (vgl. Chomsky 2002: 191-248).

nisse, die den Unterhaltungswert der demokratischen Kontrollfunktion vorziehen. „Dieser Mechanismen bewusst, scheinen sich nun auch die britischen Parteien auf die Meinungsbildungsdominanz der Medien einzustellen und sich deren Anforderungen symbiotisch anzunähern" (ebd.: 95). Es dürfte kaum anzunehmen sein, dass die acht Medienkonzerne ein Interesse an der Umsetzung nicht-liberaler (Sozial-) Politik haben.

Doch besteht hierzu schon länger keine ernsthafte Gefahr mehr. Am 15. September 1975 hielt Margaret Thatcher als frisch gewählte Vorsitzende der Conservative Party am *Institute of Socio-Economic Studies* in New York eine Rede, in welcher sie erstmals einen viel beachteten Zusammenhang zwischen Sozialpolitik und dem diagnostizierten wirtschaftlichen Niedergang Großbritanniens herstellte. Seit Beginn des 20. Jahrhunderts - so Thatcher - seien die Reichen immer *ärmer* geworden und die Armen immer *reicher*, was sie zum Teil dem Wirken des Marktes zuschrieb, teils aber auch als Folge einer egalitären Zielen verpflichteten Politik betrachtete. Höheren Steuern stünden nun höhere Lohnforderungen gegenüber. Wenn zugleich keine Produktivitätssteigerungen zu verzeichnen seien, so erhöhten die Unternehmen Thatcher zufolge die Preise, was abermalige Forderungen nach Lohnerhöhungen nach sich zöge. Sie konstatierte also eine *Lohn-Preis-Spirale*, die die ökonomischen Probleme des Landes verursache (vgl. Thatcher 1989: 5f.). Ein Erklärungsansatz, der in den nächsten Jahren im bestimmenden Diskurs der Öffentlichkeit in einer Debatte über die *britische Krankheit* kulminierte. Als Ursachen der Krise wurden allgemein die wirtschaftliche Misere, die britische Form der Sozialpartnerschaft und die Beschaffenheit des Wohlfahrtsstaates nach dem *Beveridge-System* ausgemacht (vgl. Setzer 1990: 328). Nicht nur die zum politischen Problem deklarierte ökonomische Krise jedoch war in den 1970er Jahren in Großbritannien stärker ausgeprägt als in allen anderen westeuropäischen Ländern. Auch das Krisenbewusstsein der Öffentlichkeit wurde intensiver geschmiedet als anderswo. Politikwissenschaftler schrieben über eine angebliche Unregierbarkeit, Historiker suchten nach Gründen für den britischen Abstieg, Schriftsteller verarbeiteten das Thema literarisch und auch die Medien verbreiteten eine apokalyptische Stimmung (vgl. Geppert 2002: 197-199). Die Art der Therapie war umstritten, doch einig schien sich nahezu das ganze Land darin zu sein, dass die Rezepte anders lauten müssten als bisher (vgl. ebd.: 213-218). Die Abkehr vom *Beveridge-Konsens* zu einem *liberalen Konsens* nahm also ihren Ausgang Mitte der 1970er Jahre und dürfte

New Labour die flinke Umsetzung der *aktivierenden Arbeitsmarktpolitik* nicht unbedingt erschwert haben.

Zumal sich Thatcher zusätzlich des Instrumentariums der Politikberatung bediente, das in dieser Form zum damaligen Zeitpunkt (außer in den USA) nirgends derart professionell genutzt wurde. Unter Blairs Regierung wurde diese Tendenz noch entscheidend verstärkt, sodass mittlerweile in London eine der vitalsten Politikkonsultationsbranchen der Welt existiert (vgl. Thunert 2006). Ein hochgradiger Anteil an dem fehlenden Diskurs in der Öffentlichkeit über die sozialpolitischen Reformen von New Labour ist genau in dieser zeitgeschichtlichen Entwicklung hin zur nachhaltigen Nutzung von Politikberatung und medialer *PR* zu finden. Peter Robinson konstatiert trotz des werbenden Begründungsstils für die *aktivierende Arbeitsmarktpolitik* eine ausgeprägte Politikverdrossenheit innerhalb der Bevölkerung, die durch den jahrelang gewachsenen Eindruck entstanden sei, „dass die Regierung mehr an Manipulation als an einem echten Meinungsaustausch interessiert ist" (Robinson 2007: 42).

Auch in Deutschland scheint eine politische Konsenskultur vorzuherrschen, die jedoch inhaltlich dem *alten* bundesrepublikanischen Wohlfahrtssystem sowie den institutionellen Gegebenheiten des politischen Systems entspricht. Ein Umstand, den Thomas E. Schmidt in pathologisch anmutender Weise sogar als *Dritte-Weg-Syndrom* bezeichnet: „Nur in der Bundesrepublik gibt es das Bedürfnis nach einem kulturell-autoritär vermittelten Konsens vor dem demokratischen Konsens" (Schmidt 2006: 882). Damit bringt Schmidt, der dem SPD-Reformflügel nahe steht[72] – seinen Ärger über die schwere Umsetzung der *aktivierenden Arbeitsmarktpolitik* zum Ausdruck, für welche er einen innerhalb weiter Teile der Öffentlichkeit vermuteten *Linkskonservatismus* verantwortlich macht. Auch wenn die Aussage nicht völlig falsch ist, so ist die Wahrheit gewiss etwas komplizierter. Schon in den deutschen Medien sind eindeutige Eigentumsstrukturen nicht ganz so leicht festzumachen, zumal die kartellrechtlichen Auflagen hier im internationalen Vergleich stark ausgeprägt sind. Eine allgemeine Dominanz großer Medienkonzerne ist in den vergangenen Jahren gleichwohl auch in Deutschland unverkennbar. Die wichtigsten Spieler im Medienbereich sind *Bertelsmann*, *Axel*

[72] So half der Journalist unter anderem Frank-Walter Steinmeier, dem ehemaligen Kanzleramtschef unter Schröder und „Architekt der Agenda 2010" (Butterwegge 2006: 303), bei der Abfassung des passend zu dessen SPD-Kanzlerkandidatur 2009 erschienenen Buches *Mein Deutschland* (vgl. Steinmeier 2009: 8).

Springer und die *WAZ-Gruppe*. Der Marktanteil der zehn größten Verlagsgruppen lag 2006 bei 55,7 Prozent (vgl. Marschall 2007: 90f.). Wer hier also Meinungsmacht zu erringen trachtet, muss ungleich subtiler vorgehen als in Großbritannien. Dies geschah in Deutschland seit Beginn des 21. Jahrhunderts zunehmend durch mediale Lobbyarbeit. Ein Grundproblem besteht dabei darin, dass - wenig überraschend - Wirtschaftsvertreter in aller Regel ökonomisch denken und Politiker politisch. Für gewöhnlich versuchen beide Akteure, dem anderen die je eigene Denkweise beizubringen (vgl. Priddat 2003: 44). Als wichtiger positiver Wegbereiter zugunsten der Wirtschaftslobby gilt allerdings seit einigen Jahren die Tatsache, dass deren mediale Strategien der Politik nicht ungelegen kommen; denn die Globalisierung hat die Steuerungsfähigkeit nationaler Regierung verringert, während die Steuerungspotenziale der Wirtschaft gestiegen sind. So bleibt der Politik wenig anderes übrig, als sich der professionellen Politikberatung (am prominentesten durch die *Hartz-Kommission*) zu bedienen (vgl. Burgmer 2003: 56). Es ist also ein Gefälle entstanden, das es den Ökonomen eher erleichtert, die Politiker zum ökonomischen Denken zu bewegen als umgekehrt. Zudem ist Ute Volkmann in ihrer empirischen Überprüfung zweier politisch unterscheidbarer, überregionaler Tageszeitungen (*Frankfurter Allgemeine Zeitung* als konservative Gazette und *Frankfurter Rundschau* als sozialdemokratisch orientiertes Blatt) für die Medien zu dem Ergebnis gelangt, dass sich zwischen 1970 und 2000 in der veröffentlichten Meinung ein eindeutiger Wandel in Art und Stil der Berichterstattung vollzogen hat:

> „Besteht zwischen der redaktionellen Linie einer Zeitung und der politisch-kulturellen Hegemonie Konsonanz in Bezug auf gesellschaftliche Verteilungsregeln und die Zuschreibung von Verteilungsverantwortung, argumentieren Kommentatoren offensiv und wählen als dominante Kommunikationsmuster das Verlautbarungs- und Agitationsmodell. Besteht demgegenüber zwischen der redaktionellen Linie der Zeitung und der politisch-kulturellen Hegemonie Dissonanz in Bezug auf gesellschaftliche Verteilungsregeln und die Zuschreibung von Verteilungsverantwortung, argumentieren Kommentatoren defensiv und bevorzugen als dominante Kommunikationsmodelle das Verlautbarungs- und das Diskursmodell" (Volkmann 2006: 262).

Mit anderen Worten: Fühlt sich eine Zeitung dem Wirtschaftsliberalismus (*politisch-kulturelle Hegemonie*) verpflichtet, so werden dessen Botschaften von den Redakteuren positiv werbend als Nonplusultra unters Volk gebracht; neigt eine Zeitung dagegen nicht zum liberalen Paradigma, dann werden die Gegenargumente abwägend und bedächtig vermittelt. In der Konsequenz bedeutet dies nichts weniger, als dass die deutschen Printmedien zu einer rhetorischen Vormachtstellung liberalen Gedankenguts im Pressewesen beigetragen haben. Wenig erstaunlich also, dass Thomas Meyer den tonangebenden liberalen Printmedien eine Hauptverantwortung für die Durchsetzung der *Agenda 2010* zuschreibt, weil sie „einen wachsenden und scheinbar abgestimmten Druck" (Meyer 2007: 57) auf die Regierung ausübten.

Im Mai 2009 veröffentlichten Sebastian Dullien und Christiane von Hardenberg im Auftrag der gewerkschaftsnahen Hans-Böckler-Stiftung eine Studie, welche Forderungen und Empfehlungen führender Wirtschaftspolitiker sowie der wirtschaftswissenschaftlichen Beratung daraufhin untersuchte, inwieweit diese zwischen 2003 und 2007 einen *Deregulierungs-Bias* aufwiesen. Auffällig am Ergebnis ist vor allem, dass der errechnete Regulierungsindex für Ökonomen über alle Politikfelder durchschnittlich lediglich sechs Prozent beträgt (einziger Ausreißer ist hier Peter Bofinger mit 38 Prozent), während die untersuchten Politiker auf 52 Prozent kommen (vgl. Dullien/Hardenberg 2009: 26). Das allerdings steht nun bekanntlich in klarem Kontrast zum tatsächlichen Regierungshandeln spätestens ab 2002, was sich die Forscher unter anderem mit dem Versuch insbesondere der führenden Sozialdemokraten erklären, in ihren Aussagen beschwichtigend und identitätsstiftend zu wirken (vgl. ebd.: 34).

> „Unter den Ökonomen, die per Amt zentrale Rollen für die wissenschaftliche Politikberatung in Deutschland einnehmen, gibt es einen großen Kreis von Wissenschaftlern, der zumindest bis zur Finanzmarktkrise 2007 öffentlich in keinem einzigen der untersuchten Politikfelder mehr Staat oder mehr Regulierungen gefordert hat" (ebd.: 33).

Sogar keine einzige Aussage, in der mehr Staat in einem der vierzehn einbezogenen Politikfelder gewünscht wurde, fanden die Forscher im Untersuchungszeitraum von sämtlichen als besonders einflussreich geltenden Präsidenten von Wirtschaftsinstituten (vgl. ebd.: 26). Zu jenem Personenkreis zählt auch der bereits erwähnte Hans-Werner Sinn, der dem *Ifo*-Institut vorsteht und in einer vom *Verein für Socialpolitik* im Jahr 2006 durchgeführten Umfrage unter 551 Ökonomen als Wirtschaftswissenschaftler mit dem größten Einfluss auf die bundesdeutsche Regierungspolitik bezeichnet wurde. Ähnlichen Einfluss schrieben die Befragten nur Bert Rürup zu, dem damaligen Vorsitzenden des die Bundesregierung beratenden *Sachverständigenrates zur Begutachtung der gesamtwirtschaftlichen Entwick-*

lung (vgl. Fricke 2006), der seinerseits in der Dullien/Hardenberg-Studie einen Forderungsgrad nach Regulierung von dreizehn Prozent erreicht (vgl. Dullien/Hardenberg 2009: 28).

Theoretisch jedoch könnte trotz alledem das neue Gefälle zwischen Politik und Wirtschaft auch von den finanziell potenten Arbeitnehmerlobbyisten genutzt werden. Zwar monieren diese immer wieder eine Miss- oder fehlende Beachtung durch die Medien. Doch hält diese Klage einer empirischen Prüfung nicht nur nicht stand, es ist sogar das Gegenteil wahr. Die Gewerkschaften, so Hans-Jürgen Arlt, treten medial umfangreicher und weniger kritisch durchleuchtet auf als Parteien, Regierung, Kirchen oder soziale Bewegungen (vgl. Arlt 1998: 14). Vielmehr scheint hingegen die Vermutung von Jürgen Prott zuzutreffen, wonach es den Gewerkschaften an einer „strategischen Ausrichtung und konzeptionellen Anlage einer alle Organisationsebenen übergreifenden Kommunikationspolitik" (Prott 2005: 276f.) mangelt.

Von solchen Problemen wissen sich die Arbeitgebervertreter weitgehend frei. Als wesentliche Denkfabrik der Wirtschaft fungiert die *Bertelsmann-Stiftung*. Angebunden an den *Bertelsmann*-Konzern – dem größten Medienunternehmen Europas – ist die als gemeinnützig anerkannte Stiftung keineswegs unabhängig von den Zielen des Konzerns, was dieser selbst bestätigt. So soll die *Bertelsmann-Stiftung* laut ihrem Gründer Reinhard Mohn „nicht nur ein bedeutender Reformmotor für die Gesellschaft, sondern auch ein Garant der Unternehmenskontinuität des Hauses Bertelsmann" (zit. n. Lieb 2006) sein. In allen relevanten Politikfeldern bietet sie der Politik Vorschläge an und rennt damit in den Regierungskreisen zumeist offene Türen ein (vgl. Müller 2009: 261-266)[73]. Spätestens seit Beginn der 1990er Jahre drängt die Stiftung etwa auf Reformen im Stile der *Agenda 2010*, empfiehlt „drastische Notbehelfe wie die Abschaffung der Arbeitslosenversicherung (Arbeitnehmer sollen selbst vorsorgen) und Halbierung der Sozialausgaben" (Böckelmann 2004: 227). Zwischen 1999 und 2003 förderte die Stiftung darüber hinaus das Projekt *Reform der Arbeitslosen- und Sozialhilfe*, das die Grundlagen der *Hartz-Gesetze* in verschärfter Form bereits damals formulierte. Zudem begleitete der Gütersloher Think-Tank den Umbau der Bundesanstalt für Arbeit durch das 1995 initiierte Projekt *Leistungsorien-*

[73] Dies ist allerdings gewiss nicht neu, zumal der damalige *Spiegel*-Chefredakteur Günter Gaus die enge Verbindung zwischen Regierenden und *Bertelsmann* schon 1970 kritisch thematisierte (vgl. Gaus 1970: 100).

tierte Führung in der Bundesanstalt für Arbeit, welches bereits die Einführung der *PSA* und *Jobcenter* anregte (vgl. ebd.: 227f.).

Es gibt jedoch eine Kampagne, die in ihrem Einfluss alle weiteren arbeitgebernahen Organisationen in den vergangenen zehn Jahren weit übertroffen hat. Martin Kannegiesser, der Präsident des *Arbeitgeberverbandes Gesamtmetall*, zeigte sich 2000 besorgt ob der (in *8.2.* skizzierten) Sozialstaatstreue weiter Teile der deutschen Bevölkerung und fasste einen Beschluss:

> „Weil man 82 Millionen Menschen nicht einfach auswechseln kann, griff er zu einer List. Er wollte die Leute ein bisschen umerziehen. "Aufklären" nennt er das. Ihnen mit schlauen Parolen die Notwendigkeit von radikalen Reformen einhämmern, sie mit Plakaten, Anzeigen und TV-Spots überschütten, auf dass die Leute die Wünsche der Wirtschaft als ihre eigenen begreifen" (Grill 2003).

Am 12. Oktober 2000 hob er zu diesem Zweck die *Initiative Neue Soziale Marktwirtschaft* (*INSM*) aus der Taufe (vgl. Müller 2006: 178), die durch Kannegiessers Haus jährlich mit zehn Millionen Euro finanziert wird (von denen nach Abzug der Steuern fast neun Millionen Euro übrig bleiben) und laut Manfred G. Schmidt zur „bislang erfolgreichste[n] Lobby, die die Wirtschaftsliberalen je hatten" (zit. n. Gammelin/Hamann 2005: 133), aufgestiegen ist. Dieser Erfolg beruht auf ihren Methoden: „Die Umerziehung des Volkes geschieht heute nicht mit Bajonetten und soldatischem Drill, nicht mit Gewalt, sondern auf sehr sanfte Weise, mit Mitteln der Öffentlichkeitsarbeit und der Einflussnahme auf die Organe der politischen Willensbildung" (Albrecht Müller 2004: 66)[74]. Sich selbst betrachtet die *INSM* als „ökonomische[...] Stimme der Vernunft in der Reformdebatte" (o. V. 2009c) und verfolgt offiziell das Ziel, „die Soziale Marktwirtschaft zu erneuern und sie leistungsfähig zu halten" (ebd.), die laut *INSM* durch übertriebene sozialstaatliche Ansprüche deformiert worden sei (vgl. ebd.). Die Organisation ist bemüht, nicht direkt als Arbeitgeberkampagne erkannt zu werden, weshalb sie sich zahlreicher *Botschafter* jedweder parlamentarisch vertretener parteipolitischer Couleur (außer der *Linken*) bedient (vgl. Ulrich Müller 2004: 42). Außerdem platziert sie ihre missionarischen Aussagen geschickt in den Medien. Mithilfe von Medienkooperationen (z. B. mit der

---

[74] Eine besondere Pointe besteht darin, dass solche Reforminitiativen „Elemente des Guerillamarketings [imitieren], das eigentlich der Protestkultur der politischen Linken entstammt, indem sie Demonstrationen mit theatralischen Komponenten anreichern, freche Slogans einsetzen und Transparente im Stil von Greenpeace als Foto-Kulisse einsetzen" (Leif 2004: 86f.).

Frankfurter Allgemeinen Sonntagszeitung oder *Financial Times Deutschland*) wurde beispielsweise bereits mehrfach die Wahl zum *Ministerpräsidenten des Jahres* (diesen Titel erhielt stets ein wirtschaftsorientierter Politiker; 2004 etwa der sächsische Regierungschef Georg Milbradt, CDU) oder zum *Blockierer des Jahres* (der für Personen reserviert wurde, die restriktiven Sozialstaatsreformen skeptisch gegenüber stehen; 2003 war dies *IG-Metall-Chef* Jürgen Peters) veranstaltet. Auszeichnungen, die anschließend eine weite mediale Verbreitung finden, ohne dass die Nennung der *INSM* als Urheber explizit geschieht (vgl. Stumberger 2005: 30f.). Der Bezug zu den finanziell und personell klammen journalistischen Schreibstuben liegt auf der Hand: „Oft genug müssen sich Redaktionen [...] auf Zahlen und Fakten verlassen, die ihnen von Lobbyisten gereicht werden – wenn sie nur Auflage und Aufmerksamkeit versprechen" (Gammelin/Hamann 2005:142). In seiner Untersuchung zur *INSM* kam Rudolf Speth 2004 denn auch zu einem klaren Resultat. So sei davon auszugehen,

> „dass die Aktivitäten der INSM in den letzten Jahren massiv dazu beigetragen haben, Einstellungen in der Bevölkerung zu verändern und Themen wie Rückbau des Wohlfahrtsstaates, Arbeitszeiten, verstärkte Eigenverantwortung, staatliche Ausgaben- und Aufgabenbeschränkung in die Diskussion zu bringen" (Speth 2004: 45).

8.4 Vergleichende Betrachtung von Restriktionen und Ressourcen

Die SPD musste zur Durchsetzung der *aktivierenden Arbeitsmarktpolitik* größere Hürden nehmen als New Labour. Grundsätzlich ziehen die jeweils lange gewachsenen Wohlfahrtssysteme der Politik klare Grenzen, von denen auch die Ausbildungssysteme maßgeblich geprägt sind. In Großbritannien stehen darüber hinaus mehr Ressourcen zugunsten einer Politik des *Dritten Weges* zu Buche, als Restriktionen derartige Wandlungsprozesse erschweren. Genau umgekehrt verhält es sich dagegen in Deutschland. Eine Anlehnung an die in Delhees et. al. (2008: 33; 105-112) identifizierten Restriktionen und Ressourcen beider Länder vermag mithilfe einer Ergänzung durch die hier ausgemachten Faktoren zu einer plausiblen Erklärung der zeitlich variierenden Durchsetzung der neuen Politik zu führen, wie *Tabelle 8* zeigt:

Tabelle 8: Restriktionen und Ressourcen für die Durchsetzung der aktivierenden Arbeitsmarktpolitik in Großbritannien und Deutschland (Eigene Darstellung)

	Großbritannien	**Deutschland**
Restriktionen	1) Bevölkerung als Befürworterin der Wohlfahrtsstaatlichkeit 2) Volksparteien ohne Multiplikatoreffekt 3) Ideologische Annäherung der Parteien mit der Gefahr des Identitätsverlusts	1) Politische Konsenskultur 2) Viele Veto-Spieler 3) Wahlrecht 4) eingeschränkter Agenda-Setter (Kanzler) 5) Innerparteiliche Willensbildung 6) Ausbildungssystem
Ressourcen	1) Geringe Zahl an Veto-Spielern 2) Wahlrecht 3) Uneingeschränkter Agenda-Setter (Premierminister) 4) Politisches Erbe 5) Schwache Opposition 6) Medienlogik 7) Schwäche der Arbeitnehmerlobby 8) Arbeitgebernahe Think Tanks 9) Ausbildungssystem	1) Volksparteien als Multiplikatoren 2) Stabile Mehrheitsverhältnisse durch Koalitionen 3) Medienlogik 4) Schwäche der Arbeitnehmerlobby 5) Stärke der Arbeitgeberlobby

9. Die Perspektive der Regierten: Chancen und Risiken der Aktivierungspolitik

> *„Die kulturelle Dimension fehlt der neuen Sozialdemokratie ganz. Sie ist rundum ökonomisch fixiert, argumentiert allein mit den Kategorien des Erwerbsverhältnisses und der Produktionsoptimierung. Ihre politische Formel ist insofern denkbar einfach, fast primitiv: Wer Arbeit hat, nimmt teil - insofern hat auch jeder zu arbeiten, ob er will oder nicht, ob die Arbeit sinnvoll ist oder demütigend, ob sie Perspektiven bereithält oder lediglich die Subalternität festschreibt."*
>
> Franz Walter (2009d: 101)

Du musst dein Leben ändern! Mit diesem gebieterisch hallenden Imperativ betitelte Peter Sloterdijk, der sich bisweilen selbst in der Rolle des nietzschesken Chef-Hooligans der deutschen Philosophie zu sehen scheint[75], einen seiner jüngsten essayistischen Beiträge. Im Grunde handelt das über 700 Seiten starke Werk von der allgemeinen Konstruktion des Menschen als Übendem. Doch ganz nebenbei legte er damit auch ein historisch unterfüttertes Plädoyer zugunsten der Aktivierungslogik vor. Die diesbezügliche Kernaussage fasst (sicher unbewusst) *Workfare* und *Enabling* als gesellschaftlichen Schicksalsverbund apodiktisch zusammen:

> „Sein Leben ändern heißt nun: durch innere Aktivierungen ein Übungssubjekt heranbilden, das seinem Leidenschaftsleben, seinem Habitusleben, seinem Vorstellungsleben überlegen werden soll. Subjekt wird hiernach, wer an einem Programm zur Entpassivierung seiner selbst teilnimmt und vom bloßen Geformtsein auf die Seite des Formenden übertritt" (Sloterdijk 2009b: 306).

Ein solches Postulat mag rhetorisch-motivierend verpackt sein, doch definiert es sogleich das demnach unmissverständlich Abzulehnen-

---

75 Um nur ein Beispiel zu nennen, sei auf seine im Juni 2009 via *FAZ* verkündete Ablehnung des „steuerstaatlich zugreifenden Semi-Sozialismus" (Sloterdijk 2009a: 29) hingewiesen, womit der Karlsruher Theoretiker sich für die Abschaffung von Steuern zugunsten einer „Revolution der gebenden Hand" (ebd.) stark macht, die durch den „antifiskalischen Bürgerkrieg" (ebd.) erkämpft werden müsse. Demnach soll das öffentliche Gemeinwesen künftig nur noch durch freiwillige Abgaben der Wohlhabenden finanziert werden.

de: Jegliche (hier mit dem pejorativen Synonym *bloßes Geformtsein* versehene und etwa im Katholizismus gar als eine von zehn *Todsünden* verschmähte) Bequemlichkeit erscheint Sloterdijk als Diagnose einer auszumerzenden Kultur, an deren Stelle der allzeit trainierende Aktivbürger zu treten habe. Sloterdijks Forderung nach permanenter Geschäftigkeit findet ihren praktischen Niederschlag bekanntermaßen seit einiger Zeit auch in der Aktivierungspolitik. Doch sollte die Erhebung der Aktivgesellschaft zum arbeitsmarktpolitischen Instrument nicht als Allheilmittel betrachtet werden. Die Perspektive des sozialen Ausschlusses gegenüber all denen, die dem Diktat des steten Fitnessnachweises nicht Folge leisten (können), wird hier nämlich allzu sehr in den Hintergrund gedrängt.

Dabei ist gesellschaftliche Ausgrenzung im hoch entwickelten Kapitalismus längst nicht mehr nur durch den relativen Armutsbegriff zu erfassen. Es geht bei den meisten Arten sozialer Marginalisierung mittlerweile „um eine völlige Metamorphose, die heute in gänzlich neuer Form das Problem aufwirft, daß wir uns einer Verwundbarkeit *vor dem Hintergrund von Sicherungen* stellen müssen (Herv. im Orig.)" (Castel 2000: 401). Mit dem Konzept von *Inklusion und Exklusion*[76], auf das sich auch Anthony Giddens ausdrücklich bezieht (vgl. Giddens 1999a: 123-129), vermag diesem Umstand Rechnung getragen zu werden[77]. *Soziale Inklusion* beinhaltet vor allem die Herstellung der Befähigung zum adäquaten Marktverhalten (*Enabling*) einerseits und bei fehlender Bereitschaft des Individuums, diesem Verhalten nachzukommen, negative Sanktionen und als Zwang wahrgenommene Anreize (*Workfare*) (vgl. Bude/Willisch 2006: 12-14). Antonymisch hierzu steht nun der Begriff der *sozialen Exklusion*. Martin Kronauer bezeichnet diese als Ausschluss aus sozialen Interdependenzbeziehungen, die in erster Linie über Erwerbsarbeit und

76 Seinen Ursprung hat das Begriffspaar in der Systemtheorie, die damit „das Individuum ins Verhältnis zum Gesellschaftssystem setzt" (Butterwegge 2009: 49). In Frankreich bezogen sich *exclusion* und *les exclus* anfänglich auf arbeitslose und marginal beschäftigte Jugendliche (vgl. Kronauer 1996: 57). Mittlerweile sind *Inklusion* und *Exklusion* neben ihrer allgemeineren Verwendung weithin anerkannte Vokabeln zur Erklärung von Eintrittsschwierigkeiten in den Arbeitsmarkt für Jugendliche (vgl. Puhr 2009: 7).

77 Wobei hier nicht unerwähnt bleiben sollte, dass dieses Konzept aus Sicht der Regierenden gewiss nicht unerhebliche beschönigende Züge annehmen kann, weil so der politisch unattraktive Armutsbegriff ebenso elegant umschifft wird wie die Tatsache der Existenz einander unversöhnlich gegenüberstehender sozialer Klassen (vgl. Benz 2008: 533).

soziales Kapital[78] vermittelt werden. Auch der Ausschluss von materieller, politischer und kultureller Teilhabe steht hier im Fokus (vgl. Kronauer 2002: 151-156).

Der größte Vorteil des Exklusions-Terminus liegt sicher in dessen Multidimensionalität. Er ist umfassender als der relative Armutsbegriff und thematisiert „den *multiplen Ausschluss* aus verschiedenen Bereichen gesellschaftlicher Teilhabe, nicht nur von materieller Teilhabe an Einkommen und Konsum (Herv. im Orig.)" (Mohr 2007: 27). Kronauers Lesart sieht eine Verklammerung beider Begrifflichkeiten im Sinne einer *Gleichzeitigkeit von drinnen und draußen* vor. Damit sei es möglich, Ausgrenzung als gesamtgesellschaftliches Phänomen zu betrachten, das im wohlfahrtsstaatlichen Kapitalismus exkludiere, obwohl zugleich eine Inklusion durch gesellschaftliche Institutionen und Systeme erfolge (vgl. Kronauer 2002: 146-150). Die Exklusion trifft dabei nicht nur - wie der der auffällig undifferenziert-linientreue Heinz Bude fälschlicherweise den Eindruck erweckt - jene, „die übrig bleiben, wenn die Arbeit verschwindet" (Bude 2008: 21), sondern auch die *working poor*, die zwar einer Erwerbsarbeit nachgehen, davon allein aber ihren Lebensunterhalt nicht bestreiten können. Das individuelle Erleben jedoch dürfte für arbeitende und nichtarbeitende Betroffene ähnlich aussehen, wie Zygmunt Baumann meint: „Diese Menschen stehen vor der schwierigen Aufgabe, die Mittel für ihr physisches Überleben zu sichern, während ihnen zugleich das Selbstvertrauen und die Selbstachtung genommen wurden, die für das soziale Überleben nötig sind" (Baumann 2005: 59). Evidente Resultate zu Chancen und Risiken der Aktivierungslogik dürfte am ehesten jene Perspektive der Regierten erbringen. Mindestens die drei nachfolgend erörterten Dimensionen (sozial, individuell und rechtlich) lassen sich dabei ausmachen, anhand derer die oft kaum berücksichtigte Janusköpfigkeit der Aktivierungspolitik zum Ausdruck gebracht werden kann.

78 In seinem Modell der Kapitalsorten unterscheidet Pierre Bourdieu zwischen ökonomischem, kulturellem und sozialem Kapital. Demnach bezeichnet Sozialkapital „die Gesamtheit der aktuellen und potentiellen Ressourcen, die mit dem Besitz eines dauerhaften Netzes von mehr oder weniger institutionalisierten Beziehungen gegenseitigen Kennens oder Anerkennens verbunden sind" (Bourdieu 1983: 190f.).

9.1 Inklusionschancen der Aktivierungspolitik

Allen nach gesellschaftlicher Teilhabe strebenden Menschen scheint dieser Tage in demokratischen Gefilden das Gebot der Aktivierung oktroyiert. Ständig müssen neue Projekte generiert werden, die nur innerhalb von sozialen Beziehungen denkbar sind. Daher besteht die Aktivität allen Wirtschaftens, Arbeitens und Lebens vorrangig darin, „sich in Projekte einzufügen, die eigene Isolierung zu überwinden und die Chance auf Begegnung mit anderen Akteuren zu erhöhen" (Boltanski 2007: 9). Jugendliche stellt dies vor besondere Herausforderungen. Sie sind es vor allem, die sich beweisen müssen als „frühreife, in eigener Verantwortung aktive Jungmanager ihres biographischen Alterungsprozesses" (Lessenich 2008: 118). Mit dieser imperativen Logik sind aber auch einige Inklusionschancen verbunden, welche der individuellen Existenz durchaus zu einem sinnreichen Dasein verhelfen können.

1) Erwerbsstatus kann gesellschaftliche Ausgrenzung verhindern

Wer gegenüber einem Schiedsrichter auf deutschen Fußballplätzen die Äußerung „Du Hartz-IV-Empfänger" artikuliert, muss wegen *Beleidigung* mit sofortigem Feldverweis rechnen – so lautet zumindest die Einschätzung eines Vertreters jener Zunft selbst (vgl. Schrep 2006: 218). Die in diesem recht willkürlich ausgewählten, aber dennoch repräsentativen Exempel enthaltene veritable Stigmatisierung sozial Schwacher findet in der gängigen Arbeitsmarktökonomie mit dem dominanten Menschenbild des bereits in *Teil I* erwähnten *Homo Oeconomicus* schon seit langem ihre scheinbare wissenschaftliche Bestätigung. Demnach herrscht Arbeitslosigkeit deshalb - und nur deshalb - weil Arbeitnehmer sich immer rational verhalten: „Das ist der Mythos vom Pöbel, der sich aus ganz rationalen Motiven selbst die Grube gräbt, in die er fällt" (Cordonnier 2001: 101)[79]. Eine Überprüfung des Wahrheitsgehalts solcher

[79] Ilka Houben von der *Bundesvereinigung der Deutschen Arbeitgeberverbände* bringt diese Auffassung mit einem lakonischen Verweis auf die von der rot-grünen Bundesregierung verwirklichte Aktivierungspraxis auf den Punkt: „Nur wenn in den Arbeitsagenturen das Prinzip „Fördern und Fordern" konsequent umgesetzt wird, verschiebt sich mikroökonomisch die Nutzenfunktion der Arbeitslosen, so dass die Aufnahme angebotener Beschäftigung attraktiver wird als der Transferbezug" (Houben 2006: 5).

Denkmuster kann und muss hier unterbleiben[80], doch soll zumindest deren Existenz weit über innerakademische Diskurse hinaus aufgezeigt werden. Damit nämlich lässt sich erklären, warum die der Aktivierungspolitik eigene Priorität, Menschen in das Erwerbsleben zu (re)integrieren, von elementarem Nutzen für Gemeinwesen wie dem Britischen und Deutschen ist, die sich im „Denkkorsett der Arbeitsgesellschaft" (Stamm 2006: 127) befinden und in denen sich deshalb der subjektiv wahrgenommene Wert des Einzelnen nach wie vor über Haben oder Nichthaben eines (mehr oder weniger sicheren) Arbeitsplatzes definiert:

> „Alle Sozialstaaten, auch die großzügig eingerichteten, behandeln ihre Armen unterschiedlich, in der hochmoralischen (und politischen) Ökonomie des Sozialstaats gelten arbeitende Arme mehr als Arbeitslose, Arbeitslose, die rasch wieder einen Job finden, mehr als dauerhaft Erwerbslose, die unter dem Generalverdacht des Schmarotzertums stehen" (Krätke 2007: 154).

Wenn im politischen Wettbewerb gegen angeblich *faule Arbeitslose* agitiert wird, dann dient dies nicht etwa der Problemlösung, sondern stets der eigenen politischen Profilierung, die sich in einer populistischen Beschwichtigung suboptimal informierter Teile der Öffentlichkeit äußern kann. So wird ein Gleichgewicht in der Wählerkonkurrenz mit dem politischen Gegner hergestellt, dessen Zielgruppe man damit anzusprechen begehrt (vgl. Oschmiansky 2003: 15). Auf diese Weise kommt es zu einer reidelogisierenden Konfliktverschärfung, welche für das System vonnöten ist, damit es sich kommunikativ „in ungefähre Balance zu den zeitgebundenen Wertideen anderer gesellschaftlicher Subsysteme" (Sandermann 2009: 199) bringen kann[81].

---

80 Auf die Diskussion von Für und Wider dieser *Faulheitsdebatte* wird deshalb verzichtet, weil – um es mit Heiner Flassbeck zu formulieren – „wir sie für intellektuell anspruchslose und armselige Entgleisungen von ins Ideologische abdriftenden Vertretern des Faches Volkswirtschaftslehre halten" (Flassbeck 2007: 17) und sie zudem im Alltagsleben meist als bloße Stammtischparolen fungieren (vgl. Hufer 2006: 21).

81 Dass diese systemtheoretische Annahme plausibel ist, lässt ein Beispiel aus dem gouvernementalen Verhalten der SPD in den 1970er Jahren erkennen. Damals noch gemeinsam mit der FDP in Regierungsverantwortung befindlich, stimmte sie der behutsamen Novellierung des Arbeitsförderungsgesetzes bezüglich einer Verschärfung von Zumutbarkeitsregeln zu, obwohl die eigene Bundestagsfraktion dies zuvor mehrheitlich kritisierte. In der (ver)öffentlich(t)en Meinung wurde die Maßnahme hingegen vielfach befürwortetet und

Damit tritt neben die nicht immer bewusst intendierte soziale Ungleichheit die vollständig beabsichtigte Ungleichwertigkeit als weitere Quelle des Verlusts von sozialer Anerkennung: „Die materielle Verarmung wird semantisch mit Ungleichwertigkeit überschrieben, neben die soziale Erniedrigung tritt das Urteil der moralischen »Unterlegenheit«" (Heitmeyer 2008: 41). Als theoretischer Ausgangspunkt wirkt hier ein Phänomen, das Wilhelm Heitmeyer erstmals 2002 als *Gruppenbezogene Menschenfeindlichkeit* bezeichnet hat (vgl. Heitmeyer 2002: 23). Demzufolge zielt Menschenfeindlichkeit nicht auf individuelle Feindschaftsbeziehungen, sondern auf Gruppen: „Werden Personen wegen zugewiesener Gruppenzugehörigkeit als ungleichwertig markiert und feindseligen Mentalitäten ausgesetzt, dann sprechen wir von *Gruppenbezogener Menschenfeindlichkeit* (Herv. im Orig.)" (Heitmeyer/Mansel 2008: 18). Sechs Jahre später fügte Heitmeyer seinem Konzept die Gruppe der Langzeitarbeitslosen hinzu und diagnostizierte, dass diese zunehmend unter dem Gesichtspunkt der mangelnden Nützlichkeit sozial abgewertet wird (vgl. ebd.: 20). Hinter dieser steigenden Tendenz zur pauschalen Diffamierung Arbeitsloser als augenfälliges Phänomen des *Nach-Unten-Tretens* steckt vor allem die Angst vor dem eigenen sozialen Absturz, der in den vergangenen Jahren in westlichen Demokratien insbesondere die Mittelschichten ereilt hat (vgl. Schrep 2008: 222).

2) *Erwerbsstatus kann gesundheitliche Nachteile verhindern*

Bereits Arthur Conan Doyle (1859-1930), der Erfinder des Meisterdetektivs Sherlock Holmes, wusste um den therapeutischen Wert der Arbeit über Broterwerb und Produktion hinaus, als er verlautbarte, sie sei „das beste Mittel gegen Verzweiflung" (zit. n. Ebbecke-Nohlen 2009: 139). Und tatsächlich: Nicht nur als Aufwertung des eigenen Sozialstatus besitzt die Erwerbsarbeit eine zentrale Bedeutung, sondern auch für die Güte der individuellen gesundheitlichen Lage - auch wenn die psychischen und gesundheitlichen Kosten von Arbeitslosigkeit in der praktischen Politik bisher kaum eine Rolle spielen (vgl. Frese 2008: 22). Was jedoch tatsächlich fehlt, wenn die Arbeit fehlt, hat bereits 1933 die berühmt gewordene

stand damit in Übereinstimmung mit den oppositionellen Unionsparteien (vgl. Unske 1995: 65-69).

soziographische Studie *Die Arbeitslosen von Marienthal* gezeigt, in welcher das österreichische Dorf Marienthal einer umfassenden Untersuchung bezüglich der Lebenslagen seiner aufgrund der Weltwirtschaftskrise überwiegend arbeitslos gewordenen Einwohner unterzogen wurde. Deren wesentliches Resultat besteht in der Erkenntnis, dass Langzeitarbeitslosigkeit zu wahrgenommener Perspektivlosigkeit, Resignation und Verzweiflung führt (vgl. Jahoda et. al. 1975: 101-111).

Zunächst bewirkt das Fehlen von Arbeit ein Herausfallen aus dem zuvor strukturierten und sinnstiftenden Alltag, es „bedingt einen Verlust zumindest der aus der Arbeitswelt herrührenden Kooperations-, Kommunikations- und Beziehungsstrukturen und der damit verbundenen nahräumlichen Anerkennung" (Promberger 2008: 12). Hinzu kommt eine prekäre finanzielle Lage, welche die durch soziale Faktoren bedingte psychische Belastung zusätzlich erhöhen kann[82] (vgl. Schels 2007: 33). Christine Morgenroth spricht hier von einem dreiteiligen *depressiven Zirkel*. Der *erste Teufelskreis* besteht demnach in einem Enttäuschungsgefühl sowie einer Minderung von Selbstachtung und Antriebsgefühl durch den Verlust des Arbeitsplatzes und der damit verbundenen individuellen Schuldzuweisung, wie sie bereits im Zusammenhang mit der *Gruppenbezogenen Menschenfeindlichkeit* erläutert wurde. Das daraus individuell entstehende Wut-Potenzial sei sodann zumeist im Sinne selbstdestruktiver Mechanismen nach innen gewendet (*zweiter Teufelskreis*) und führe zu einer introjektiven (d. h. seelisch einverleibenden) Verlustkompensation, die in resignativer Selbstanklage und Hoffnungslosigkeit (*dritter Teufelskreis*) zu einer echten Depression auswachsen könne (vgl. Morgenroth 2003: 23). Darüber hinaus liegen einige Hinweise vor, wonach Arbeitslosigkeit auch physische Erkrankungen verursachen kann. So zählt etwa Ronald Lutz für das Wegfallen der positiven Funktionen von Erwerbsarbeit einige von der Arbeitslosenforschung erarbeitete Folgen auf, zu denen neben Kreislaufstörungen, Gewichtszunahme und Magenerkrankungen auch Schlafstörungen, Wahrnehmungsverände-

[82] Dieser Effekt tritt jedoch normalerweise nur bei individuell wahrgenommener Perspektivlosigkeit auf, sodass arbeitslose Geringqualifizierte davon am stärksten betroffen sind (vgl. Frese 2008: 23).

rungen, neurotische Störungen und Erscheinungen von grundsätzlicher Entvitalisierung gehören (vgl. Lutz 2003: 424).

Ein weiterer wichtiger Befund besteht darin, dass die angesprochenen positiven Funktionen der Erwerbsarbeit darüber hinaus als psychische Ressource für den Einzelnen eher von Bedeutung sind, als es die Arbeitslosigkeit in negativer Hinsicht ist (vgl. Schels 2007: 34). Ein wichtiges Indiz dafür ist die in zahlreichen Längsschnittuntersuchungen nachgewiesene Tatsache, dass die negativen Effekte der Arbeitslosigkeit zumeist weitgehend verschwinden, sobald eine neue, sozial anerkannte Arbeit gefunden ist (vgl. Frese 2008: 22). Politisch formulierte Bodo Hombach diesen Gedanken zu Beginn der rot-grünen Regierungsjahre im Bund: „Jeder Job ist besser als keiner! Arbeit, auch gering bezahlte, wenig qualifizierte, ist der Würde zuträglicher als jeder noch so üppige Sozialtransfer" (Hombach 198: 18). Ein Beispiel aus der deutschen Praxis vermag dies zu verdeutlichen. Die finanziellen Mittel aus den *Ein-Euro-Jobs* bieten keine wesentliche finanzielle Besserstellung. Doch zeigt die bisherige Erfahrung, dass die freiwillige Verweildauer der Teilnehmer in diesen Maßnahmen hoch ist. Das Institut für Weltwirtschaft in Kiel interpretiert dies als *Anreizproblem* und fordert daher eine Anrechnung der Einnahmen aus den *Ein-Euro-Jobs* auf das ALG II (vgl. Boss et. al. 2005: 15), doch sollte jenseits ökonomistischer Deutungen nicht außer Acht lassen werden, dass diese Menschen einer regelmäßigen Arbeit nachgehen möchten und offenbar dafür notfalls auch bereit sind, auf eine angemessene materielle Entlohnung zu verzichten, um der gefühlten Nutzlosigkeit zu entgehen.

Junge Menschen können die negativen Folgeerscheinungen des Fehlens von Erwerbsarbeit besonders hart treffen, weil sie nur selten adäquate Reserven ansparen können und aufgrund ihres Alters lediglich geringe Arbeitslosengeld-Ansprüche haben. Familiäre Unterstützung kann zudem nicht nur stützend, sondern auch belastend wirken, wenn etwa die Beihilfe zu Familienstreit führt oder die Jugendlichen diese als Abhängigkeit empfinden (vgl. Schels 2007: 8). Eine der ersten derartigen Studien wurde 1978 in der britischen Stadt Leeds durchgeführt. 1700 Schulabgänger wurden hier zu drei verschiedenen Messzeitpunkten interviewt, wobei die Jugendlichen je nach Beschäftigungsstand unterschiedliche gesundheitliche Zustände aufwiesen, welche zum Zeitpunkt des Schulbesuchs noch nicht vorhanden waren. Dabei zeigte sich, dass bei den arbeitslosen Jugendlichen die psychische Symptombelastung deutlich zunahm, während bei denjenigen Jugendlichen, die nach der Schule eine Ausbildung oder Beschäftigung aufgenommen hatten, eine klare Verringerung der psychischen Belastung festzustellen war (vgl. Beelmann 2003: 48). Eine recht aktuelle Studie zu Deutschland hingegen zeigt, dass Ausbildungslosigkeit bei jungen Menschen offenbar deutlich weniger schnell zu einer Demoralisierung führt als bei anderen Risikogruppen des Arbeitsmarktes (vgl. Häfke 2007: 113); was die These bestätigen würde, wonach erst eine individuell wahrgenommene Perspektivlosigkeit die psychische Belastung durch eher situative Faktoren wie etwa der finanziellen Notlage entscheidend verstärkt. Jugendliche scheinen aufgrund fehlender Lebenserfahrung, die meist mit jungem Alter einhergeht, insgesamt weniger pessimistisch in die (eigene) Zukunft zu blicken. Von psychosozialen Folgen ist diese Gruppe jedoch deshalb keineswegs frei: „Bedroht ist der gesamte Lebenszusammenhang, der nicht selten erst gar nicht entstehen kann, da Jugendarbeitslosigkeit ein dramatisches Ereignis ist, das bereits den Einstieg in und damit den Beginn des Erwerbslebens behindern kann" (Lutz 2003: 425).

3) Aktivierung fördert ein Recht auf Arbeit

Das Konstrukt eines Rechtes auf Arbeit ist in allen Sozialwissenschaften höchst umstritten (vgl. Schlothfeldt 2000: 382-400). Versteht man es allerdings in einem weiteren Sinne nicht nur als reine Gewährung des *Normalarbeitsverhältnisses*[83], sondern als grundsätzliche Einräumung der Möglichkeit, einer geregelten und nach allgemeiner Lesart als gesellschaftlich zweckmäßig erachteten Beschäftigung nachzugehen, so können die in *9.1.1* und *9.1.2* bereits genannten Aspekte fehlender Erwerbstätigkeit vermieden werden und damit weiter gefasst als Recht

[83] Dieses gilt nach wie vor als *typische* Beschäftigungsform, während alle anderen, davon abweichenden Arbeitsverhältnisse als *atypisch* bezeichnet werden. Das *Normalarbeitsverhältnis* ist vor allem gekennzeichnet durch eine Vollzeittätigkeit, geregelte Arbeitszeitmuster, Dauerhaftigkeit, Unbefristung, tariflich normierte Vergütung, volle Sozialversicherungspflicht, Abhängigkeit vom Arbeitgeber sowie eine kollektive Interessenvertretung (vgl. Bäcker et. al. 2008: 434).

auf Freiheit vor sozialer Ausgrenzung und gesundheitlichen Schäden interpretiert werden.

Die Arbeitsgesellschaft ist im Windschatten des Bedeutungsgewinns des marktzentrierten Aktivierungsparadigmas „in die Jahre gekommen" (Lutz 2003: 414), sodass sich der individuelle Lebenserfolg mit der Fähigkeit zum „flexiblen Zusammenbasteln der je eigenen Existenz aus je (zufällig) vorhandenen bzw. sich eröffnenden (Erwerbs-) Chancen" (Hitzler/Pfadenhauer 2000: 375) verbindet. Überhaupt ist Flexibilität zu einem „Zauberwort in Wirtschafts- und Arbeitspolitik" (Lessenich 2008: 74) avanciert: „Der flexible Kapitalismus folgt einer projektbasierten Rechtfertigungsordnung, die alle sozialen Beziehungen in einer auf Anpassungsfähigkeit und Kurzfristigkeit setzenden, netzwerkförmig angelegten Struktur aufgehen lässt[84]" (ebd.: 76). Damit einhergehend ist es zu einer „Entnormalisierung der Jugendphase" (Lutz 2003: 416) gekommen. Verlaufsmuster von der Schule in das Erwerbsleben werden in zunehmendem Maße individueller gestaltet und Ausbildungszeiten länger sowie heterogener (vgl. ebd.). Nun stellt die Erstplatzierung auf dem Arbeitsmarkt für gewöhnlich den schwierigsten und zugleich auch folgenreichsten Schritt einer jeden Berufskarriere dar (vgl. Dietrich/Abraham 2008: 69), in welcher die Politik der Aktivierung auf den ersten Blick durchaus sehr hilfreich erscheinen kann.

Der Aktivierungspraxis liegt ein Gerechtigkeitsbegriff zugrunde, der die Befähigung des Individuums zum gelingenden Leben im gesamtgesellschaftlichen Kontext betont, was den Vorteil hat, dass die Erfordernisse des flexiblen Kapitalismus entscheidend mit einbezogen werden: „Gerechtigkeit wird damit in die Perspektive des Lebensverlaufs gestellt und muss die Bedeutung der Pfadabhängigkeit beachten" (Hüther/Straubhaar 2009: 172). Das Umstellen der britischen und deutschen Arbeitsvermittlung von der *bürokratischen Herrschaft* zur Kundenorientierung wird dem gerecht, indem mithilfe des *Fallmanagements* für die Arbeitsverwaltung das Individuum

---

84 Eine Struktur, die sich seit geraumer Zeit in aktivierungsfreudigen Staaten auch innerbetrieblich beobachten lässt: „Das traditionelle Denken in hierarchischem Vokabular wird [...] in unternehmerische Äquivalente übersetzt. Statt von Abteilungen und hierarchischen Zuordnungen wird von internem Unternehmertum gesprochen" (Brinkmann/Dörre 2006: 138).

und dessen Biographie im Zentrum stehen (vgl. Candeias 2004: 594), ohne dass Arbeitslosigkeit - wie etwa in den tonangebenden Teilen der Wirtschaftswissenschaften oder nach Meinung mancher zu politischer Aschermittwochsmentalität neigender Zeitgenossen - pauschal als selbst verschuldeter *Störfall* betrachtet wird. Eric Shaw registriert dann auch die arbeitspolitische Ausrichtung von New Labour als von dieser Idee geleitet: „Obtaining a secure place in the labour market from which one can gain a regular income, an established role in society, self-respect and the prospects of career advancement" (Eric Shaw 2003: 9) - genau das sei die Absicht der sozialen Inklusion durch die neue britische Sozialdemokratie. Auch für das Wirken der SPD haben aktivierende Maßnahmen zur Begünstigung der individuellen Erwerbsbiographie u. a. durch die jugendpolitische Förderung nach dem Motto *Chancen im Wandel* einen herausgehobenen Stellenwert erlangt (vgl. Roy 2002: 49). So ist die von Stephan Lessenich in die sozialpolitische Debatte eingebrachte Bezeichnung des *Neosozialen* für diese neue Politik durchaus einleuchtend:

> „Im Strukturdilemma des »spätkapitalistischen« Sozialstaates, seiner Doppelbindung an die Sorge um die ökonomische und die soziale Rationalität, bietet die neosoziale »Aktivierungsprogrammatik« eine neue Chance zumindest vorübergehend gelungenen Krisenmanagements, denn sie schafft marktgängige *und* gesellschaftsfähige Subjekte zugleich (Herv. im Orig.)" (Lessenich 2008: 85).

9.2 Exklusionsrisiken der Aktivierungspolitik

Das Aktivierungsparadigma hat trotz aller dank ihm entstehenden Chancen eine Kehrseite. So bilden sich innerhalb des Projektcharakters des allseits verfügbaren Aktivbürgers auch handfeste Zwänge heraus, die Ulrich Beck schon 1986 als *Risikogesellschaft* beschrieben hat. In der von ihm ausgemachten individualisierten Gesellschaft sei jeder Einzelne gezwungen, „bei Strafe seiner permanenten Benachteiligung [zu] lernen, sich als Handlungszentrum, als Planungsbüro in Bezug auf seinen eigenen Lebenslauf, seine Fähigkeiten, Orientierungen, Partnerschaften usw. zu begreifen" (Beck 1986: 217). Eine Gefahr sozialer Marginalisierung gegenüber allen, die damit nicht Schritt halten (können), schwebt hier ebenso mit wie die Möglichkeit neuer Probleme der Lebensführung und dem Empfinden von Arbeitszwang.

1) *Aktivierung kann neue Kategorien gesellschaftlicher Ausgrenzung erzeugen*

Im neosozialen Aktivierungsparadigma überwindet jede Aktivität die Opposition zwischen Arbeit und Nicht-Arbeit, zwischen stabilen und instabilen Arbeitsverhältnissen, zwischen Lohnarbeiterschaft und Nicht-Lohnarbeiterschaft sowie zwischen finanzieller Entlohnung und Ehrenamt (vgl. Boltanski/Chiapello 2003: 155). Das bloße Maß an Aktivität verdrängt nunmehr alle anderen sozialen Unterscheidungen bzw. subsumiert sie in eine gesellschaftliche Metadifferenz von *Aktivität vs. Inaktivität* und *Mobilität vs. Immobilität* (vgl. Lessenich 2008: 76). Misserfolg in diesem Aktivierungsspiel - der z. B. durch Armut trotz Erwerbstätigkeit entsteht - ist demnach nicht externen Gegebenheiten anzulasten, sondern „Nachweis von Inkompetenz oder sogar Unwillen zum Handeln" (Legnaro 2006: 517), was von Befürwortern der Aktivierungspolitik in positiver Wendung oft als „Lernprovokation" (Negt 2009) bezeichnet wird. Die Zugehörigkeit zur Gemeinschaft wird lediglich von einer Gegenleistung abhängig gemacht; auf Rechte darf sich nur noch derjenige berufen, der seine Pflichten gegenüber der Gemeinschaft erbracht hat (vgl. Mahnkopf 2000b: 512). Diese Pflichten bestehen in erster Linie darin, der Aufforderung nach Aktivität zugunsten des eigenen und damit des gesellschaftlichen Wohls nachzukommen: Tätige Selbsthilfe, private Vorsorge oder eigeninitiative Prävention sind die Gebote der Stunde. Aktivität, Mobilität und Bewegung wirken nurmehr dann inkludierend, wenn sie als gemeinwohldienlich anerkannt und in gesellschaftsfreundlicher Absicht vollzogen werden[85]. Umgekehrt erscheint jeder Akt unterlassener Hilfeleistung des Einzelnen gegenüber sich selbst „als nicht nur irrationales, sondern zudem noch unmoralisches Verhalten [...], gilt jedes Anzeichen fehlender oder mangelnder Aktivitätsbereitschaft nicht bloß als unwirtschaftlich, sondern als asozial" (Lessenich 2009: 164).

---

[85] Wobei hier eine Einschränkung vorgenommen werden sollte. Diese Anforderung wird von staatlicher Seite nur an jene gerichtet, die zur eigenständigen Sicherung ihres Lebensunterhalts auf *abhängige* Beschäftigung angewiesen sind, wie Hartmut Rosa annonciert: „Niemand würde Bill Gates, Dieter Bohlen oder Silvio Berlusconi unterstellen, sie handelten in gesellschaftsfreundlicher Absicht und doch erfüllen sie die Kriterien der »Aktivbürger«" (Rosa 2009: 219).

Das impliziert zugleich eine Umdeutung des Gemeinwohlbegriffs. Im Aktivierungs-umfeld ist dieser Terminus in erster Linie zum Werkzeug der „Verbreitung von Ressentiments und Diskriminierungen" (Offe 2001: 472) geworden. Diskriminierung soll hier regulativ wirken, während zugleich eine „moralisierende Delegitimierung nicht-erwerbstätiger Lebensformen" (Lessenich 2003: 218) vorgenommen wird. „Solidarisch finanzierte Ruhezonen" (Streeck 1998: 41) gibt es tendenziell nicht mehr. Auch wird Arbeitslosigkeit weiterhin vorrangig als *freiwillig* interpretiert oder als individuell dysfunktionales Verhalten, das konsequent vom Staat bestraft werden soll. Schröders Berater Wolfgang Streeck warb bereits 1998 für eine „Anerkennung wirtschaftlichen Zwangs als charakterbildende Kraft" (ebd.: 42)[86]. Das Gemeinwohl besteht hier in der Pflicht des Individuums, ein Fremdhilfe vermeidendes (und selbige als *asozial* verstehendes) Verhalten an den Tag zu legen. Auch in Bezug auf „institutionell erzeugte Prozesse sozialer Ungleichheit" (Ludwig-Mayerhofer et. al. 2009: 271) durch die auf Eigenverantwortung setzende Kundenorientierung in der Arbeitsvermittlung zeigt sich die Neudefinition des Gemeinwohls, wie Wolfgang Ludwig-Mayerhofer mit seinem Team in Interviews herausfand. Wer beispielsweise regelmäßig in einem *Jobcenter* vorsprechen muss, hat dann enorme Nachteile, wenn zuvor eine Erwerbsarbeit ausgeübt wurde, die nur einen begrenzten Grad an verwaltungsbezogener Kompetenz mit sich bringt (z. B. handwerklich):

> „Bereits eine Überforderung durch organisationale Veränderungen (etwa die Praxis der Terminierung), aber auch durch Informationen über neue Instrumente (wie den Vermittlungsgutschein) kann man als deutlichen Nachteil bezeichnen, da die Partizipationsmöglichkeiten in den Interaktionen - im Sinne von: die richtigen Fragen am richtigen Ort zu stellen - deutlich eingeschränkt werden und ein unfreiwilliger Verstoß gegen die Spielregeln der Institution von den Fachkräften als renitentes und damit bewusst widerständiges Verhalten gedeutet werden kann. Die Interviews zeigen, dass eine solche Überforderung die Krise der Arbeitslosigkeit und den Eindruck, von der Arbeitsverwaltung ‚einfach nichts' erwarten zu können, oftmals verstärkt" (ebd.: 272).

[86] In genau diesem Zusammenhang sprach etwa Ralf Dahrendorf von „merkwürdig autoritären Zügen" (Dahrendorf 2004: 203) des Aktivierungskonzepts.

Es müssen sich darüber hinaus nicht mehr alleine die angeblich *faulen* Arbeitslosen rechtfertigen, sondern in zunehmendem Maße auch jene Bevölkerungsgruppen, die bisher durchaus als berechtigte Nutznießer öffentlich finanzierter Daseinsvorsorge galten - etwa Rentner, nicht erwerbstätige Elternteile, *working poor*-Betroffene (vgl. Lessenich 2008: 119f.) oder auch ausbildungslose Jugendliche, die bis dato noch „gar nicht erst ins Spiel gekommen sind" (Prantl 2005: 146). Insbesondere für junge Menschen dürfte es somit wenig Hilfestellung auf dem Weg aus der sozialen Exklusion bieten, wenn etwa - wie Gabriele Gillen ein wenig überspitzt formuliert - „Jugendliche [...] aus unseren übertriebenen Bildungseinrichtungen gerissen [werden], um beim Beseitigen des Mülls in Grünanlagen ihre schlaffen Muskeln zu trainieren" (Gillen 2005: 250f.), wie dies im *New Deal* und bei *Hartz IV* partiell geschieht. Zumal in solcherlei Maßnahmen nicht selten jene Jugendlichen vorzufinden sind, die sich dem allgemeinen „Qualifikationswettbewerb" (Vogelgesang 2001: 43) entweder aus freien Stücken oder aber aufgrund individueller Problemlagen entziehen (müssen). Ermunternde und perspektivisch ausgerichtete Programme wären hier auch aus volkswirtschaftlicher Sicht gewiss sinnvoller als reine Arbeitsbeschaffungsmaßnahmen.

Subjektivität und Individualismus werden also durch die Aktivierungspolitik „im Geiste des Sozialen programmiert" (Lessenich 2008: 122). *Wer* für die Herstellung der Gesellschaftlichkeit verantwortlich ist, verschiebt sich auf die Individualebene. Das ist der Kern der neuen Gefahr sozialer Exklusion: Die Öffentlichkeit erwartet nicht mehr vom Staat, dass er die Rahmenbedingungen schafft für Normalarbeitsverhältnisse. Vielmehr geht es mittlerweile ausschließlich darum, im Sinne der neosozialen Vorstellung der *Doppelverantwortung* des Einzelnen gerecht zu werden, bei der Erwartungen an den Staat kaum mehr eine ernsthafte Rolle spielen. Wenn jemand nicht von seinem Einkommen leben kann, ist er selbst schuld und liegt diesem Verständnis nach zugleich der Gemeinschaft *auf der Tasche*. Wo es vorher eine gewisse Mitverantwortung für (unverschuldet *und* verschuldet) in Not geratene Menschen gab und Verunglimpfungen *fauler* Arbeitsloser in eindeutiger Abgrenzung zu den *ehrlichen* Arbeitslosen stattfanden, so gilt die Ablehnung jetzt nahezu allen Formen des Transferleistungsempfangs. Dieser wird seinerseits zu einer Projektionsfläche der ausgeprägten Antipathie für all jene, die Angst vor ihrem eigenen sozialen Absturz verspüren, der in Zeiten der Globalisierung zur allseits vorhandenen Gefahr geworden scheint. Jede Beanspruchung der öffentlichen Finanzen durch sozial Schwache soll in dieser Welt vor allem von der Mittelschicht als Affront auf die eigenen Lebenschancen interpretiert werden, weshalb auch der alte Solidaritätsbegriff[87] diesem Verständnis zufolge rundweg zurückzuweisen ist.

2) *Aktivierung kann neue Probleme der individuellen Lebensführung bewirken*

Es gibt klare Anzeichen dafür, dass das Ziel der Vollbeschäftigung historisch eher eine gesellschaftliche Ausnahme darstellt und nicht realistisch erwartbar ist. Besonders in einer Welt, in welcher der Marktwert menschlicher Arbeitskraft zusehends überflüssig zu werden scheint (vgl. Rifkin 2004: 52f.). Die Gruppe der Geringqualifizierten ist von ebendiesem Wertverfall mehr betroffen als jede andere. Deren mangelnde Rentabilität macht sie für das Kapital „zur Problemgruppe des Arbeitsmarktes" (Roth 2003: 117). Das bereits angesprochene Leitbild der Flexibilität geht nun davon aus, dass eine Zunahme dieses Aktivierungselements im Ganzen zu mehr Beschäftigung führt. Zeitliche Längsschnittstudien zeigen jedoch insbesondere für Großbritannien, wo Flexibilisierung schon Teil des Thatcherismus war, dass dieser Zusammenhang zumindest für Berufsfelder mit relativ geringer Qualifikation nicht gilt (vgl. Nachtwey/Heise 2006: 132). Denn die Flexibilisierungsstrategie bringt unvermeidlich „eine Entkollektivierung, eine neuerliche Individualisierung und einen Abbau der Sicherungsleistungen mit sich" (Castel 2005: 60) - auf alle drei sozialpolitischen Merkmale sind Geringqualifizierte aufgrund der zumeist bescheidenen Entlohnung und der oftmals fluktuativen Beschäftigungslage allerdings stark angewiesen. Flexibilität erzwingt dagegen prekäre Verhältnisse ebenso wie

[87] Im Zuge der Französischen Revolution und der Aufklärung gewann der Terminus der Solidarität alltagssprachlich die Bedeutung der *Brüderlichkeit* im Sinne von gegenseitiger Hilfe und Verantwortlichkeit des einen für den anderen. In den Sozial- und Geisteswissenschaften existieren differenziertere Definitionen, die jedoch fast alle auf die Vorstellung des sozialen Altruismus hinauslaufen (vgl. Zoll 2000: 34-37).

diese Bedingungen Flexibilität im eigentlichen Sinne überhaupt erst ermöglichen (vgl. Legnaro/Birenheide 2008: 13).

Die Idee von *Lebenslangem Lernen* und *Enabling* lässt sich als „prototypische Formulierung der Flexibilitäts-Erzählung" (ebd.: 142) ansehen. Dabei geht es um die Funktionalisierung von Wissen, das die Erziehung zu eigenverantwortlichem Handeln bewirken möchte und damit die Bildung von allen Selbstzwecken frei macht (vgl. ebd.: 143). Wichtigster Grund für diese Neufassung des Bildungsterminus ist die Ansicht, dass Teilhabe am besten mithilfe einer „Rekommodifizierung des individuellen Lebensschicksals" (Münch 2009: 327) gelingt. Dazu wird z. B. von Anthony Giddens bekanntermaßen immer wieder der Begriff des Humankapitals verwendet, der seinerseits ursprünglich von der *Chicago School* stammt. Milton Friedmans Denkfabrik beabsichtigte damit primär, der Vergrößerung individueller Arbeitsmarktverwertbarkeit eine genuin politische Bedeutung zu verleihen:

> „Sie [die politische Bedeutung; Anm. d. Verf.] offenbart die Art und Weise, in der die einzelnen Subjekte von der Politik angesprochen und regierbar gemacht werden. Dies geschieht weniger durch die Produktion von gehorsamen und gelehrig-disziplinierten Individuen, sondern vielmehr durch die Anrufung des Subjekts als rationaler und kalkulatorisch agierender Unternehmer, der zum Produzent und Verwalter seines eigenen »Humankapitals« wird" (Gertenbach 2008: 117).

Diese Orientierung auf die Akkumulation von Humankapital mithilfe von Flexibilität bei gleichzeitiger Vernachlässigung der sozialen Sicherheit führt zu einer verschärften Teilung des Arbeitsmarktes, wie Robert Castel mit seiner Typologie der (Des-) Integrationspotenziale von Erwerbsarbeit zeigt. Nun ist hier gewiss nicht der Ort, das Modell ausführlich zu erläutern. Doch seien die einzelnen Kategorien zumindest erwähnt, da Castels empirisch nachgewiesene Typen verdeutlichen, wie weit die „Destabilisierung des Stabilen" (Castel 2000: 357) bereits fortgeschritten zu sein scheint:

Abbildung 7: (Des-) Integrationspotenziale nach Robert Castel (Eigene Darstellung nach Brinkmann et. al. 2006: 55)

Zone der Integration
1. Gesicherte Integration („Die Gesicherten")
2. Atypische Integration („Die Unkonventionellen" oder „Selbstmanager")
3. Unsichere Integration („Die Verunsicherten")
4. Gefährdete Integration („Die Abstiegsbedrohten")
Zone der Prekarität
5. Prekäre Beschäftigung als Chance / temporäre Integration („Die Hoffenden")
6. Prekäre Beschäftigung als dauerhaftes Arrangement („Die Realistischen")
7. Entschärfte Prekarität („Die Zufriedenen")
Zone der Entkoppelung
8. Überwindbare Ausgrenzung („Die Veränderungswilligen")
9. Kontrollierte Ausgrenzung / inszenierte Integration („Die Abgehängten")

Jene in *Abbildung 7* veranschaulichten *Zonen der Unsicherheit* gehen einher mit einer ökonomischen *Landnahme*, im Zuge derer die Lebenswelten der Gesellschaftssubjekte in den Kapitalverwertungsprozess gänzlich einbezogen werden. In dieser Anordnung müssen die Individuen ihr eigenes Lebenstempo enorm beschleunigen[88], um nicht im Castel'schen Sinne in den Zonen abzurutschen, was dem Aktivierungsparadigma wiederum völlig zuträglich ist: „*Immer schneller laufen zu müssen*, um seine im Wettbewerbsprozess mühsam eroberte Position zu halten, wirkt [...] als strukturinduzierter Aktivierungsimperativ (Herv. im Orig.)" (Dörre et. al. 2009: 297).

---

[88] Hartmut Rosa hat in seiner Beschleunigungstheorie über die *Veränderung der Zeitstrukturen in der Moderne* neben der Beschleunigung des Lebenstempos auch die (analytisch davon zu trennenden) Aspekte der technischen Beschleunigung sowie des sozialen Wandels ausgemacht. Diesen definiert er als „Steigerung der Verfallsraten von handlungsorientierenden Erfahrungen und Erwartungen und als die Verkürzung der für die jeweiligen Sozialsphären zu bestimmenden Zeiträume" (Rosa 2005: 463).

Nun hat diese Konstellation aus Sicht des *Inklusion/Exklusion*-Konzepts einen folgenschweren Haken: Tendenziell führen jene Arbeitsverhältnisse, die keine wirkliche oder dauerhafte Teilhabe an den in *9.1.2* dargestellten positiven Aspekten der Erwerbsarbeit bieten, zu denselben negativen Auswirkungen wie Arbeitslosigkeit (vgl. Frese 2008: 22). Die Leiharbeit lässt sich hier als wesentliches Exempel anführen. Im Zeitalter der Aktivierung boomt diese Branche ganz besonders, sind ihr doch mittlerweile Entlastungsfunktionen zugewachsen durch ihre Fähigkeit, Minderqualifizierten zumindest die Chance auf eine Beschäftigung zu bieten. Nichtsdestotrotz überwiegen aus Arbeitnehmer- und Arbeitssuchendenperspektive die Nachteile:

> „Zeitarbeitskräfte werden überwiegend in den traditionellen, eher schrumpfenden Wirtschaftsbereichen und -branchen eingesetzt. Das begrenzte Substitutionspotenzial qualifizierter Arbeit erhöht zudem die Wahrscheinlichkeit, dass sie, mit oder ohne abgeschlossene Berufsausbildung, überwiegend im Segment der Jedermannsarbeit beschäftigt werden. Für die Zeitarbeitskräfte bietet dieser für sie in gewisser Weise qualifikationsadäquate Einsatz angesichts der üblicherweise eher kurzen Verweildauer in den Entleihunternehmen keinen Anknüpfungspunkt für ihre individuelle berufliche Entwicklung" (vgl. Bolder et. al. 2005: 165).

Hans Georg Zilian sieht darin die beabsichtigte Methode, die Arbeitsleistung geringqualifizierter Erwerbsloser gegen einen kargen Lohn tauschen zu können (vgl. Zilian 2000: 578). Für Jugendliche kommt durch anhaltende Tätigkeit in Leiharbeit oder *ABM* die Gefahr hinzu, dass ihre Integration in die Erwachsenenwelt mittels der Entwicklung einer eigenen Berufsidentität verhindert wird (vgl. Stamm 2006: 124). Wenn nun ganze Lebensentwürfe infolgedessen erodieren, muss die Tragfähigkeit des Aktivierungskonzepts in diesem Punkt als fraglich bezeichnet werden.

3) Aktivierung fordert eine Pflicht zur Arbeit

Neben der Ausweitung von Markt und Wettbewerb zugunsten einer möglichst schnellen (Wieder-) Eingliederung in das Erwerbsleben stärkt der Staat im Aktivierungsmodell auch seine eigenen Möglichkeiten, aufsichtsführende und kontrollierende Funktionen wahrzunehmen, die bis zum Einsatz von Zwangsmaßnahmen reichen. Die soziale Kontrolle geschieht dabei nicht mehr autoritär, sondern „kooperativ zugewandt oder auch pädagogisierend, dabei nicht selten subtil übergriffig, ggf. zynisch, manchmal latent verachtend und nur hier und da noch in Resten paternalistisch und offen autoritär" (Behrend 2008: 16f.).

Kaum verwunderlich, dass die Arbeitsverwaltung ihre Klienten inzwischen nicht mehr in erster Linie als zu betreuende *Sozialfälle* betrachtet, sondern als *unternehmerische Selbst* und als eigenverantwortliche Kunden. Aktivierungspolitisch demonstriert dies nichts derart deutlich wie der *Individual Action Plan (Großbritannien)* bzw. die *Eingliederungsvereinbarung (Deutschland)*. Hier wird ein Arbeitsvertrag simuliert, der gegenseitige Ansprüche beider Seiten festlegt und an konkret definierte Erwartungen knüpft. Damit wird der Eindruck erweckt, als werde durch einen Kontrakt eine neue Form des sozialen Verhältnisses zwischen Arbeitsvermittler und Arbeitssuchendem erzeugt, doch besteht hier eine „asymmetrische, herrschaftliche Beziehung" (Völker 2005: 80) zwischen den Verhandlungspartnern, die dem Kunden nur unter Strafe restriktiver Maßnahmen die Möglichkeit einräumt, den Vertrag nicht zustande zu bringen oder vor seiner Erfüllung einseitig aufzukündigen. Die Vereinbarung kommt genau so, wie die Agentur sie wünscht, mit an Sicherheit grenzender Wahrscheinlichkeit zustande; es sei denn, ein auf juristischem Wege eingeleiteter Einspruch des Adressaten zeitigt Erfolg. Symmetrische Kommunikation ist keineswegs das Ziel einer solchen Praxis, sondern die Errichtung einer möglichst widerspruchsfreien *Top-Down*-Relation (vgl. Legnaro/Birenheide 2008: 61-63). Interviews mit Arbeitssuchenden zeigen darüber hinaus recht eindeutig, dass diese sich selbst gerade nicht als Kunden betrachten: „Sie bewerten das Setting wie auch die Interaktionen mit ihren Vermittlern vielmehr *innerhalb* des gegebenen Herrschaftsverhältnisses zwischen Verwaltung und Leistungsempfängern (Herv. im Orig.)" (Ludwig-Mayerhofer et. al. 2009: 267). Der eigentliche Clou liegt aus Sicht der Anbieter in dieser Neubestimmung darin, dass die Betroffenen mit der formalen Gleichsetzung als Kunden ihren Status als Rechtssubjekte gleichsam verlieren und damit zugleich deren Anspruch auf existenzsichernde staatliche Leistungen weitgehend passé ist (vgl. Candeias 2004: 594). Eine Vermutung, die auch

Irene Dingeldey hegt, indem sie annimmt, dass die Aktivierungspolitik in rechtlicher Sicht genutzt wird, um

> „einseitige Leistungskürzungen und die Erhöhung des Arbeitszwangs zu kaschieren, ohne dass ein umfassender Wandel in Richtung aktivierender Wohlfahrtsstaat bzw. der damit verbundenen Erhöhung von Eigenverantwortung *und* sozialstaatlicher Gewährleistungsverantwortung stattfindet (Herv. im Orig.)" (Dingeldey 2006: 9).

Eine Verschärfung der Zumutbarkeitskriterien, wie sie in Großbritannien und Deutschland insbesondere gegenüber Jugendlichen vorgenommen wurde, vermag u. a. dies zu bestätigen. So beinhaltet der Begriff eine unmerkliche Widerstandsschranke, weil man sich gegen Zumutbarkeiten generell nicht zur Wehr setzen kann, eben weil sie als zumutbar definiert worden ist (vgl. Legnaro/Birenheide 2008: 54).

Die Pflicht zur Arbeit kommt hier nicht etwa als Strafe daher, sondern im Gegenteil als Mittel zur Selbstverwirklichung und Aktionsfeld von Freiheit. Die „kulturelle Ummantelung" (Legnaro 2008: 61) bildet die in *9.2.2* skizzierte Angst vor dem sozialen Absturz. Negative Sanktionen werden demgemäß nicht als Strafe, sondern als freundlich gemeinte Anreize für zukünftiges Verhalten gedeutet. Tatsächlich wird Zwang nur dann ausgeübt, wenn Arbeitssuchende Stellen annehmen sollen, für die sie massiv überqualifiziert sind, da man wohl kaum jemanden ernsthaft aktivieren muss, der ein attraktives Arbeitsplatzangebot erhält. Hier entdeckt Hans Georg Zilian Ähnlichkeiten mit dem diktatorischen Sowjetsozialismus, der sowohl ein Recht, als auch eine Pflicht zur Arbeit kannte. In Marktwirtschaften gibt es zwar formal zumeist weder das eine, noch das andere. Doch ist spätestens seit der Durchsetzung des Aktivierungsparadigmas erkennbar, dass den Individuen die unmissverständliche Pflicht auferlegt wird, „sich der Gesellschaft durch Arbeit als nützlich zu erweisen" (Zilian 2000: 573). Eine pädagogisierende Resozialisierungsabsicht ist mit dem latenten Arbeitszwang nicht verbunden. Stattdessen herrscht eine „Freiheit der Selbstadjustierung" (Legnaro 2008: 64), welche die Verantwortung für rekonformisiertes Verhalten an die Aktivierungsadressaten selbst delegiert.

9.3 Vergleichende Betrachtung von Chancen und Risiken

Die sozialdemokratischen Initiatoren der *aktivierenden Arbeitsmarktpolitik* in Großbritannien und Deutschland dürften die Risiken ihres neuen Paradigmas für die Adressaten (und dabei insbesondere für Jugendliche) gekannt haben. Es scheint allerdings, als seien sie zumindest in diesem Fall von der Richtigkeit eines der bekanntesten Sprüche Friedrich Hölderlins (1770-1843) überzeugt gewesen: „Wo aber Gefahr ist, wächst das Rettende auch" (Hölderlin 2001: 350). Das in *Kapitel 9* auf relativ abstrakter Ebene erarbeitete und mit einigen Einzelbeispielen untermauerte Resultat, dass diese Rechnung realistisch so nicht aufgehen kann, lässt hingegen die Kehrseiten der Aktivierung eindeutig zum Vorschein treten. Eine in *Tabelle 9* dargestellte zusammenfassende Gegenüberstellung der diskutierten Inklusionschancen und Exklusionsrisiken der Aktivierungspolitik dürfte dies eindrücklich veranschaulichen:

Tabelle 9: Inklusionschancen und Exklusionsrisiken der Aktivierungspolitik (Eigene Darstellung)

Dimension	Inklusionschancen	Exklusionsrisiken
Sozial	Erwerbsstatus kann gesellschaftliche Ausgrenzung verhindern	Aktivierung kann neue Kategorien gesellschaftlicher Ausgrenzung erzeugen
Individuell	Erwerbsstatus kann gesundheitliche Nachteile verhindern	Aktivierung kann neue Probleme der individuellen Lebensführung bewirken
Rechtlich	Aktivierung fördert ein Recht auf Arbeit	Aktivierung fordert eine Pflicht zur Arbeit

Die für den individuellen Erwerbslebenszusammenhang berücksichtigten Kategorien *sozial, individuell* und *rechtlich* lassen erkennen, dass ihre Inklusionspotenziale durch gleichzeitig produzierte gesellschaftliche Benachteiligungs- und Ausgrenzungsgefahren in ihrer Wirkungsfähigkeit ernsthaft in Frage gestellt und damit sozusagen *mit ihren eigen Waffen geschlagen* werden. Das lässt vermuten, dass bereits auf der konzeptionellen Ebene der Aktivierungspolitik nicht genug auf die nötige Balance des Begriffsduos *Inklusion/Exklusion* eingegangen werden kann, weil echte *Inklusion* mit dieser Politik schlichtweg unmöglich ist:

> „Die neue Sozialpolitik tritt an als ein auf Inklusion gerichtetes Projekt, basiert aber - bei näherer Betrachtung - vor allem auf einer Vielzahl exkludierender Mechanismen (Strafen, Ausschluss von Leistungen, Verkürzung der Bezugsdauer, Abbau protektiver Maßnahmen)" (Dahme/Wohlfahrt 2007: 28).

Zwar hat die Arbeitslosigkeitsforschung zeigen können, dass jede Arbeit unter bestimmten Umständen theoretisch tatsächlich besser sein kann als keine. Doch zu welchem Preis dieser Fakt instrumentalisiert werden kann, dürften die bisherigen Ausführungen gezeigt haben. Darüber hinaus ist bei der blinden Aufnahme dieser Einsicht in der praktischen Politik bisher unterbelichtet geblieben, dass die Idee des Neosozialen unvermeidlich neue gesellschaftliche Spaltungslinien erzeugt, die systemimmanent sind, d. h. nur jenseits marktwirtschaftlicher Strukturen beseitigt werden könnten. Noch einfacher formuliert: Wer *soziale Exklusion* in der Arbeitsmarktpolitik verhindern möchte, wird dies innerhalb des Kapitalismus nicht schaffen, weil die gegebenen Sachzwänge der Globalisierung eine radikale Abkehr von der Aktivierungspolitik weder wahrscheinlich noch möglich erscheinen lassen. Wer die offenkundigen Risiken der Aktivierungspolitik verhindern möchte, muss damit zugleich danach trachten, den Kapitalismus insgesamt restlos zu überwinden.

10. Zusammenfassung und Zwischenfazit

„Ist nicht sofort ersichtlich, welche politischen oder sozialen Gruppen, Kräfte oder Größen bestimmte Vorschläge, Maßnahmen usw. vertreten, sollte man stets die Frage stellen: Wem nützt es?"

Waldimir Iljitsch Lenin (1960: 173)

Um den britischen und deutschen Paradigmenwechsel hin zur Aktivierung umfassend verstehen zu können, muss der aufgezeigte Prozess aus verschiedenen Perspektiven begutachtet werden. Die wesentlichen Resultate der in *Teil II* vorgenommenen Analyse sozialdemokratischer Strategien gegen Jugendarbeitslosigkeit haben dabei den Rahmen für die Bewertung bereits vorgegeben. Zum einen erschien äußerst augenfällig, dass sowohl New Labour, als auch die SPD in ihren arbeitsmarktpolitischen Begründungen, Zielen und Maßnahmen eindeutig Bezug auf die Ideen des *Dritte Weg*-Modells von Anthony Giddens nahmen. Die zeitliche Umsetzung jedoch gestaltete sich unterschiedlich, sodass sich zum adäquaten Verständnis die Frage nach dem *Warum* geradezu aufdrängt. Darüber hinaus ist evident geworden, dass beide Regierungsparteien die Begründungen, Zielsetzungen und Maßnahmen ihrer Neuausrichtung rhetorisch vollständig in den Kontext der *sozialen Inklusion* bzw. Förderung der gesellschaftlichen Teilhabe gerückt haben. Aus wissenschaftlicher Sicht bleibt dabei wiederum die Frage im Raum stehen, *ob* diese einseitige (und politisch bedingte) Bezugnahme auf eventuell erwartbare positive Effekte der Aktivierungspolitik aus Sicht der Adressaten so überhaupt haltbar ist. Kapitel *8* und *9* dürften nun nicht wenig Licht in dieses Dunkel gebracht haben.

Für die variierende Umsetzung der neuen Beschäftigungsstrategien lassen sich einige zentrale Gründe klar benennen. Großbritannien und Deutschland verfügen zunächst über deutlich unterschiedliche Wohlfahrtssysteme. Während New Labour innerhalb eines dem liberalen Wohlfahrtsstaat nahekommenden Arrangements seine Amtsgeschäfte aufnahm, fand die SPD bei Regierungsantritt einen im Sinne des Wohlfahrtsregime-Modells von Gøsta Esping-Andersen als konservativ zu bezeichnenden Sozialstaatskontext vor. Das wirkt sich auch maßgeblich auf die Beschaffenheit der jeweiligen Ausbildungssysteme aus. In Großbritannien ist dieses weitgehend unreglementiert, während Deutschland über ein stark reglementiertes Ausbildungssystem verfügt.

Zu den weiteren Ressourcen für eine schnelle Umsetzung der *aktivierenden Arbeitsmarktpolitik* in Großbritannien zählen die geringe Zahl an potenziellen *Veto-Playern* im politischen System, das Mehrheitswahlrecht, die Stellung des Premierministers als uneingeschränktem Agenda-Setter, das marktorientierte (sozial-)politische Erbe des *Thatcherismus*, die schwache Opposition, die Medienlogik im Sinne einer zunehmenden Konzentration auf liberale Presseinstitutionen sowie verbreiteter Kommerzialisierung in den Redaktionen, die seit Jahrzehnten systematisch betriebene und von New Labour nur unwesentlich korrigierte Schwäche der Arbeitnehmerverbände sowie der exponierte Stellenwert politischer *PR*. Die SPD hingegen verfügte über deutlich weniger Ressourcen. Hierzu gehört die Stellung der Volksparteien als Multiplikatoren, potenziell stabile Mehrheitsverhältnisse durch Koalitionsregierungen, die sich tendenziell veränderte Medienlogik weg vom *sozialdemokratischen Konsens* hin zur *liberalen Grundhaltung*, die offenkundige Schwäche der Arbeitnehmervertreter sowie die exorbitante Stärke der Arbeitgeberseite - dabei insbesondere der *Think Tanks* Bertelsmann-Stiftung und *INSM*.

Umgekehrt verhält es sich bei den ausgemachten Restriktionen. Hier sind in Großbritannien lediglich die befürwortende Haltung der Bevölkerung in Bezug auf (begrenzte) protektionistische Elemente des Wohlfahrtsstaates zu nennen sowie der fehlende Multiplikatoreffekt der Volksparteien und die ideologische Annäherung von Konservativen und Sozialdemokraten, welche die Gefahr des Identitätsverlusts in sich birgt. Neben dem Ausbildungssystem existieren in Deutschland als Restriktionen viele bei der Konzeption der Regierungspolitik zu berücksichtigende *Veto-Player*, ein auf Konsens getrimmtes personalisiertes Verhältniswahlrecht, die Rolle des Bundeskanzlers als eingeschränkter Agenda-Setter und die innerhalb der SPD nicht selten besonders intensiv umkämpfte innerparteiliche Willensbildung.

Die Konzentration beider Parteien auf das Aktivierungsmodell lässt darüber hinaus, so konnte aus der Sichtweise der Regierten belegt werden, einige Inklusionschancen erkennen, die jedoch zugleich mit konkreten Exklusionsrisiken verknüpft sind und damit praktisch hinfällig werden. In der *sozialen Dimension* kann das Bestreben nach Eingliederung in das Erwerbsleben einen Schutz vor gesellschaftlicher Ausgrenzung bieten, weil in beiden Ländern Arbeitslosigkeit neben den materiellen Entbehrungen mit einem massiven Entzug von sozialer Anerkennung einhergeht. Umgekehrt jedoch können durch die Aktivierung neue Kategorien sozialer Exklusion entstehen. Die Eigenverantwortung nämlich wird hier für jeden Bürger zum Imperativ, weil der Wohlfahrtsstaat demzufolge von der Hängematte zum Trampolin bzw. Sprungbrett umgeformt werden soll. Beide Gerätschaften jedoch „eignen sich […] nur für den gesunden und leistungsfähigen Menschen" (Prantl 1999: 73). Wer dem Aktivitätsgebot nicht angemessen nachkommen kann, gerät in die Gefahr sozialer Marginalisierung. Da das Fehlen von Erwerbsarbeit aber durchaus zu gesundheitlichen Schäden führen kann, bringt sie damit in der *individuellen Dimension* die Möglichkeit mit sich, vor solcherlei Problemen gefeit zu sein. Auch hier ist allerdings eine Schattenseite unverkennbar. Die Erosion des Normalarbeitsverhältnisses und die damit einhergehende Prekarisierung weiter Teile des Erwerbslebens erzeugen neue Schwierigkeiten der individuellen Lebensführung, die in ihrer Wirkung u. U. jener entsprechen können, die zumeist dem Fehlen eines Arbeitsplatzes geschuldet sind. In der *rechtlichen Dimension* schließlich fördert die Aktivierung zwar ein Recht auf Arbeit, womit aber zugleich ein durch die Verschärfung von Zumutbarkeitskriterien bedingtes Empfinden von Arbeitszwang einhergehen kann. Die Politik der Aktivierung zeigt sich damit als bereits im Kern der Idee völlig missglücktes Paradigma, dürfte allerdings aufgrund der Globalisierungssachzwänge innerhalb des kapitalistischen Systems ohne Alternative sein, sodass der Traum von einer gerechten und inklusiven Gesellschaft vorerst ausgeträumt scheint, sofern es den Regierten nicht gelingen sollte, sich über kurz oder lang auf eine Alternative zur Marktwirtschaft zu einigen und diese selbstständig in die Tat umzusetzen. Die Regierenden in Politik und Wirtschaft jedenfalls scheinen aus freien Stücken daran weder ein wirkliches Interesse zu haben, noch eine der Erhaltung des sozialen Friedens dienende akute Notwendigkeit zu sehen.

Konklusion und Ausblick

„Die Aber kosten Überlegung"

Gotthold Ephraim Lessing (2001: 62)

Das Ende der Solidarität scheint in der Arbeitsmarktpolitik erreicht. An dessen Stelle tritt eine Neudefinition des Sozialen, welche Selbsthilfe verabsolutiert und Gemeinsinn suspendiert. In keiner Zielgruppe zeigt sich dies für die Aktivierungspolitik als sozialdemokratische Strategie der britischen und deutschen Regierung zwischen 1997 und 2005 derart deutlich wie bei den Jugendlichen.

Dabei hat sich New Labour ebenso wie die SPD in Bezug auf die Bekämpfung der Jugendarbeitslosigkeit die zentralen Ideen des *Dritten Weges* als primäres Mittel auf die Fahnen geschrieben, wie *Teil II* nachweisen konnte. Nach der in *Teil III* vorgenommenen Bewertung dieses Gegenstandes steht zumindest in Frage, ob die beabsichtigte Wirkung in der propagierten Form der erfolgreichen Förderung sozialer Teilhabe tatsächlich überhaupt eintreten kann. Vielmehr ist sogar zu vermuten, dass eine (noch ausstehende) umfassenden Untersuchung der Wirkungen der in Großbritannien und Deutschland eingeleiteten Aktivierungsmaßnahmen gegen Jugendarbeitslosigkeit den hier erarbeiteten Befund erhärten würde, wonach im bestehenden kapitalistischen Arrangement eine arbeitsmarktpolitische Inklusionspolitik nichts weiter ist als eine bequeme Ausgeburt des Reiches der Fantasie.

Der Dritte Weg und die Transformation von Labour Party und SPD

Nach dem Zweiten Weltkrieg bauten die Briten recht bald einen Wohlfahrtsstaat entlang kollektivistischer Leitlinien auf. Seit 1945 in Regierungsverantwortung, orientierte sich die Labour Party an dem keynesianisch ausgerichteten *Beveridge-Plan* zur Einführung verhältnismäßig umfassender Sozialversicherungen. Nach der Abwahl 1951 gelang den britischen Sozialdemokraten bis Ende der 1970er Jahre drei Mal die Rückkehr zur Macht, wobei lange Zeit an der keynesianischen Grundhaltung (u. a. antizyklische Fiskalpolitik, staatlich geförderte Stabilisierung des Marktes) festgehalten wurde. Sozialistische Prinzipien spielten hingegen eine immer weniger wichtige Rolle. Vielmehr tendierte Labour spätestens ab dem Beginn der 1970er Jahre (auch auf Druck des *IWF*) zu einer Konsolidierungspolitik zulasten kleinerer und mittlerer Einkommen. Margaret

Thatchers Wahlsieg 1979 sollte schließlich eine achtzehnjährige Oppositionszeit von New Labour einläuten, innerhalb derer sich die Partei von Grund auf erneuerte. Nach der Niederlage des Keynesianismus nämlich - die auch von der Labour Party in deren letzten Regierungsjahren ansatzweise anerkannt wurde - setzte sich mit dem *Thatcherismus* ein stringent monetaristisches Programm durch, das die britische Sozialpolitik entscheidend umgestaltete. Im Zentrum staatlichen Handelns standen nunmehr Inflationsbekämpfung, Steuersenkungen, Geldmengenkontrolle, Marginalisierung der Gewerkschaften, Privatisierungs- und Deregulierungsprojekte sowie Kürzungen von Sozialleistungen. Auf diese neue Konstellation reagierte Labour nach dem Regierungswechsel von 1979 zunächst mit einem innerparteilich höchst umstrittenen Linksruck. Mit Neill Kinnock als Parteivorsitzenden entwickelten sich später jedoch die Parteirechte sowie die pragmatische Mitte zum Dreh- und Angelpunkt. Unter deren Ägide bewegte sich Labour stärker in Richtung der *bürgerlichen Mitte,* initiierte unter dem Motto *Operation Rethink* einen *Policy Review,* der in der Konzeption einer Art angebotsorientierter Sozialdemokratie mündete. Mit der Wahl des unverbrauchten Charismatikers Tony Blair zum Parteiführer 1992 erhöhte sich das innerparteiliche Reformtempo nachhaltig. Bei den organisatorischen Neuerungen stachen insbesondere die Umbenennung in *New Labour* sowie die Generalrevision der zuvor sakrosankt anmutenden *Clause IV* der Parteisatzung hervor, im Zuge derer der Vorzug des Gemeingegenüber dem Privateigentum relativiert wurde. Gleichwohl befand die Partei sich auch Mitte der 1990er Jahre noch immer nicht wieder im Regierungsamt, auch wenn die Labour Party von 1997 mit jener aus dem Jahr 1979 nicht mehr viel gemeinsam hatte.

In Deutschland herrschten nach 1945 gänzlich andere Ausgangsbedingungen. Durch die Alliierten vom NS-Regime befreit, benötigte die zwischen 1933 und 1945 verbotene SPD einige Jahre der Regeneration, bis sich die mit marxistischen Wurzeln behaftete Partei 1959 in ihrem *Godesberger Programm* endgültig vom Ziel der Überwindung des Kapitalismus verabschiedete. Zwischen 1966 und 1969 gelangten die deutschen Sozialdemokraten als Juniorpartner der CDU/CSU erstmals in bundesrepublikanische Regierungsverantwortung, bevor zwischen 1969 und 1982 eine Administration mit der FDP angeführt wurde. Als zentrales Leitbild fungierte während dieser Zeit der keynesianische Rahmen, mithilfe dessen die SPD vor allem die Ziele der Chancengleichheit und Verteilungsgerechtigkeit anvisierte. Nach dem Rücktritt des damaligen Bundeskanzlers Willy

Brandt schlug dessen Nachfolger Helmut Schmidt ab 1974 einen neuen Weg ein, der sich gegenüber monetaristischen Ideen deutlich offener zeigte. Vorrangig aufgrund jenes Richtungsstreits zwischen der alten Sozialdemokratie und den neuen Notwendigkeiten des globalwirtschaftlichen Wettbewerbs zerbrach 1982 die sozialliberale Koalition und wurde von einer christlich-liberalen Regierung abgelöst. Im Vergleich zum Thatcherismus verlief die nun auch in Deutschland eingeschlagene monetaristische Sozial- und Wirtschaftspolitik weitaus abgeschwächter, beruhte jedoch auf ganz ähnlichen Grundsätzen. Die SPD schien wie ihre Schwesterpartei von der Insel auf der Suche nach neuen Antworten für die neu sich stellenden Herausforderungen. Der Verschleiß von fünf Parteivorsitzenden in sechzehn Oppositionsjahren vermag die innerparteiliche Zerrissenheit zu dokumentieren, bis im Bundestagswahlkampf 1998 mit dem als links geltenden Oskar Lafontaine (Parteivorsitzender) und dem Modernisierer Gerhard Schröder (Kanzlerkandidat) unter dem Label *Innovation und Gerechtigkeit* eine Balance gefunden schien.

Nach einem großen Leitbild jedoch suchten die Genossen in beiden Staaten lange vergeblich. Erst Mitte der 1990er Jahre meldete sich mit dem britischen Soziologen Anthony Giddens ein neuer Vordenker erfolgreich zu Wort. Das von ihm konzipierte Modell des *Dritten Weges* sollte die alte, keynesianische Sozialdemokratie (*Erster Weg*) sowie den (insbesondere durch den *Thatcherismus* praktizierten) Neoliberalismus (*Zweiter Weg*) überwinden und einen neuen Weg aufzeigen, der dem monetaristisch geprägten Zeitgeist Tribut zollen, zugleich aber bedeutende sozialdemokratische Werte nicht aufgeben sollte. In sozialpolitisch relevanter Hinsicht lassen sich dafür drei Hauptkategorien identifizieren. So charakterisiert Giddens die Termini *Globalisierung und Wissensgesellschaft* als Schlüsselbegriffe des *Dritten Weges*. Globalisierung sei hier nicht als rein ökonomisches, sondern als gesamtgesellschaftliches Phänomen zu betrachten, das für alle Menschen insgesamt mehr Vor- als Nachteile brächte. Eine *Aufweichung der Links-Rechts-Dyade* erachtet Giddens als ebenso wichtig, um sich von althergebrachten Vorstellungen von sozialer Ungleichheit zu befreien. Statt Verteilungsgerechtigkeit und Chancengleichheit müsse die Sozialdemokratie sich unter veränderten Weltmarktbedingungen die Schaffung von Chancengerechtigkeit zum Ziel setzen. Diese solle jeden Bürger dazu befähigen, sich als Wirtschaftssubjekt am Markt durchzusetzen und zu einer dauerhaften, ausreichend entlohnten Erwerbstätigkeit zu gelangen. Eine

Aufwertung von *Individualisierung und Zivilgesellschaft* sei hierfür unabdingbar, weil die Rolle des Staates aufgrund der Globalisierungssachzwänge nicht mehr in jener des Beschützers, sondern lediglich in der eines neutralen Moderators verschiedener Interessen bestehen könne. An dessen Stelle habe der *Aktivbürger* zu treten, der sich selbst und seiner sozialen Umgebung durch Eigenverantwortung zu gesellschaftlicher Teilhabe verhelfen müsse. Dem Staat obliege dabei primär die Aufgabe, *Hilfe zur Selbsthilfe* zu leisten. Damit lieferte Giddens trotz einer äußerst kritikwürdigen Außerachtlassung offenkundiger Machtbeziehungen seinen Gesinnungsgenossen ein völlig neues theoretisches Gerüst, das tatsächlich über Neoliberalismus und Keynesianismus hinausgeht und stattdessen durch die Akzentuierung sozialinvestiver sowie eigenverantwortungsbetonter Elemente der sozialdemokratischen Idee eine Renaissance zu ermöglichen trachtete.

Britische und deutsche Strategien gegen Jugendarbeitslosigkeit

Teil II führte zu dem klaren Ergebnis, dass sowohl New Labour, als auch die SPD in ihren ab 1997 bzw. 1998 eingeleiteten Strategien gegen Jugendarbeitslosigkeit weitgehend mit Giddens' theoretischem Konstrukt des *Dritten Weges* übereinstimmten. Mithilfe ausgefeilter strategischer und medienkommunikativer Wahlkampfführung errang New Labour 1997 einen deutlichen Wahlsieg. Gleiches gelang der SPD im Jahr darauf. Dort allerdings waren die internen Flügelkämpfe damit längst noch nicht beigelegt. Erst der überraschende Rücktritt Oskar Lafontaines vom Parteivorsitz und dem Amt des Bundesfinanzministers ließ im März 1999 die Modernisierer um Kanzler Gerhard Schröder die Oberhand gewinnen. Die Bekämpfung der Jugendarbeitslosigkeit wiederum bildete für beide von Beginn an ein zentrales Anliegen (Prestigeprojekte dabei: *NDYP* in GB und *JUMP* in der BRD), das in Großbritannien sofort, in Deutschland mit einiger zeitlicher Verzögerung durch eine *aktivierende Arbeitsmarktpolitik* verwirklicht werden sollte. Dieses Paradigma setzt darauf, dass eine Kombination aus Mitteln des Arbeitszwangs bzw. der Setzung von Arbeitsanreizen (*Workfare*) mit Programmen zur ökonomisch verwertbaren Befähigung des Einzelnen (*Enabling*) zu mehr Beschäftigung führt. Die Begründungen für den Politikwechsel offenbaren in politischer, ökonomischer und normativer Hinsicht in beiden Ländern einige Parallelen zu Giddens' Ausführungen. So argumentierten etwa beide Regierungen politisch mit dem auch im *Dritten Weg* apostrophierten Globalisierungsdruck, der nationale

Volkswirtschaften unter Anpassungszwänge setze. Das ökonomische Argument der Kostenfrage spielt bei Giddens ebenfalls eine nicht unerhebliche Rolle. Die britischen und deutschen Sozialdemokraten verknüpften sie mit der Notwendigkeit, Lohn- und Lohnnebenkosten zu senken, um den Rahmen für mehr Beschäftigung schaffen zu können. Normativ warnte New Labour vor der Gefahr, bei dauerhaftem Bezug von Transferleistungen in einer *Armutsfalle* zu verharren - ein wichtiges Anliegen des *Dritten Weges*. Auch in Deutschland war im normativen Zusammenhang das *Armutsfallentheorem* von Bedeutung, vor allem aber bezog man sich hier auf den prognostizierten demographischen Wandel, demzufolge es als unmoralisch betrachtet wird, auf Kosten nachfolgender Generationen zu leben. Das zentrale Ziel bestand in beiden Staaten darin, langfristig Vollbeschäftigung zu erreichen, was Giddens' Bestreben nach der Ermöglichung einer Erwerbstätigkeit für möglichst alle Bürger nahe kommt. Auch die Anerkennung von Globalisierung und Wissensgesellschaft spiegelt sich im Regierungshandeln wieder: Die britische und deutsche Wirtschaft sollten mithilfe der *aktivierenden Arbeitsmarktpolitik* wettbewerbsfähig gehalten werden. Die Betonung des Ideals der *Full Employability* (Großbritannien) bzw. der *Zivilen Bürgergesellschaft* (Deutschland) entspricht der von Giddens geforderten Stärkung von Zivilgesellschaft und Eigenverantwortung mittels staatlicher Investitionen in Humankaptal. Zu dem im *Dritten Weg* hervorgehobenen Ziel der Förderung von Chancengerechtigkeit durch Unabhängigkeit vom *protektionistischen Wohlfahrtsstaat* passen schließlich die von New Labour betonte Leitlinie *From Dole To Dignity* sowie das von der SPD zwar erst im Jahr 2007 programmatisch fixierte, zuvor jedoch bereits intensiv diskutierte Konzept des *Vorsorgenden Sozialstaats*.

Die Analyse der Maßnahmen gegen Jugendarbeitslosigkeit ergab für beide Regierungen eine eindeutige Neigung zur *aktivierenden Arbeitsmarktpolitik*. In Großbritannien fand New Labour ein wesentlich liberaleres Wohlfahrtssystem vor, das dementsprechend durch einige makroökonomisch orientierte Gesetze (Mindestlohn, EU-Sozialcharta, Teile der Employment Acts 1999 und 2004) korrigiert wurde. Ansonsten jedoch zeichnet sich die dortige Arbeitsmarktpolitik durch eine Balance zwischen *Workfare* und *Enabling* aus, während die SPD kaum mehr auf von Giddens als *alt* titulierte Instrumentarien zurückgriff und vielmehr den Schwerpunkt auf *Enabling* legte, ohne die Einführung einiger neuer *Workfare*-Maßnahmen zu vernachlässigen. So kann hier eine tendenzielle Annäherung beider

Wohlfahrtssysteme zweifelsfrei konstatiert werden, die im Einklang mit Anthony Giddens' *Drittem Weg* steht. In der zeitlichen Umsetzung jedoch unterscheiden sich Labour Party und SPD. Während für die SPD erst 2002 der Durchbruch zur Aktivierungspolitik verzeichnet werden kann, begann New Labour bereits 1997, diesen Pfad entschlossenen Schrittes zu beschreiten.

Bedingungen zur Durchsetzung der Aktivierungspolitik

Die wesentlichen Gründe dafür konnte Kapitel *8* belegen. Neben den bereits angesprochenen, gänzlich verschiedenen Wohlfahrtssystemen ist das Verhältnis zwischen Restriktionen und Ressourcen der neuen Politik sehr unterschiedlich. In Großbritannien konnten drei Restriktionen (Bevölkerung als Befürworterin des Wohlfahrtsstaates, Volksparteien ohne Multiplikatoreffekt, Ideologische Annäherung der beiden Großparteien) und neun Ressourcen (geringe Zahl an *Veto-Playern*, Wahlrecht, Premierminister als uneingeschränkter Agenda-Setter, politisches Erbe, schwache Opposition, Medienlogik, Schwäche der Arbeitnehmerlobby, Think Tanks, Ausbildungssystem) ausgemacht werden. In Deutschland dagegen musste die SPD sechs Restriktionen (politische Konsenskultur, viele *Veto-Player*, Wahlrecht, Kanzler als eingeschränkter Agenda-Setter, innerparteiliche Willensbildung, Ausbildungssystem) beachten, während lediglich fünf Ressourcen (Volksparteien als Multiplikatoren, stabile Mehrheitsverhältnisse durch Koalitionsregierungen, Medienlogik, Schwäche der Arbeitnehmerlobby, Stärke der Arbeitgeberlobby) hervortraten. Genau diese Konstellation ist es, die neben dem politischen Willen (dabei speziell für Deutschland die erst im Laufe der ersten Regierungsjahre entschiedene inhaltliche Ausrichtung) als entscheidende Faktoren für die Durchsetzung des arbeitsmarktpolitischen Aktivierungsparadigmas zu betrachten sind.

Inklusionschancen und Exklusionsrisiken der Aktivierungspolitik

Kapitel 9 vermochte durch die Fokussierung der *sozialen*, der *individuellen* und der *rechtlichen Dimension* zunächst drei entscheidende potenzielle Leistungen der Aktivierungspolitik offenzulegen. Zum einen kann die Orientierung auf die Eingliederung in das Erwerbsleben gesellschaftliche Ausgrenzung verhindern, weil in Großbritannien und Deutschland Arbeitslosigkeit eine zentrale Kategorie des sozialen Ausschlusses ist - wovon Jugendliche u. U. stärker betroffen sein können als ältere Erwerbslose, weil diese aufgrund ihres jungen Alters sich der Gesellschaft aus Sicht der Diskriminierenden noch nicht ausreichend dienlich gezeigt haben. Darüber hinaus ist das Fehlen von Erwerbsarbeit oftmals mit gesundheitlichen Nachteilen verbunden, die von einfachen psychischen Verstimmungen bis zu handfesten Depressionen oder körperlichen Krankheitssymptomen reichen können. Auch fördert die Aktivierungsidee ein Recht auf Arbeit für jeden Bürger, was besonders für Jugendliche eine wertvolle juristische Stütze sein kann, zumal der erstmalige Eintritt in den Arbeitsmarkt häufig eine außerordentlich schwierige Hürde darstellt. Gleichwohl lässt sich die Janusköpfigkeit der Aktivierung nicht bestreiten, bei der - um im Bild zu bleiben- der Exklusionskopf den Inklusionskopf gleichsam zu vertilgen scheint. Aktivierung kann nämlich theoretisch nicht nur soziale Ausgrenzung verhindern, sondern erzeugt durch die ihr eigene Logik notwendig neue Kategorien sozialer Exklusion. Die Neudefinition des Gemeinwohlbegriffs, der nunmehr Subjektivität und Eigenverantwortung im Geiste des Sozialen umdeutet, erfordert einen allseits aktiven, selbstbestimmenden und selbstverantwortlichen Bürger. Wer dieser Doppelverantwortung gegenüber der Gesellschaft *und* sich selbst nicht nachkommen kann oder will, muss wohl oder übel mit dem Stigma des *Asozialen* leben. Doch selbst wenn sich die Adressaten in einer Maßnahme der Aktivierungspolitik befinden und sich demnach nicht automatisch mit unterschwellig oder buchstäblich vermittelten Injurien ihres sozialen Umfeldes konfrontiert sehen, müssen sie meist inferiore Jobs ausüben, die ein von Transferleistungen unabhängiges, gesellschaftliche Teilhabe ermöglichendes Leben nicht gewährleisten, womit sich erneute Ausgrenzungstendenzen auftun und für die Betroffenen jene gesundheitlichen Nachteile mit sich bringen können, die oftmals bei fehlender Erwerbsarbeit auftreten. Da aufgrund der Verkürzung der Bezugsdauer von Versicherungsleistungen und der Verschärfung der Zumutbarkeitskriterien außerdem tendenziell jeder Bürger in prekäre Arbeits- und/oder Lebensverhältnisse abrutschen kann, entwickeln sich Abgrenzungstendenzen nach unten, die sich aufgrund einer diffusen Angst vor dem eigenen Absturz u. U. in einer ausgeprägten Geringschätzung sozial Schwacher äußern können. Diese Absturzangst ist es auch, welche die mit der Aktivierungspolitik implizierte, latente Pflicht zur Arbeit kulturell ummantelt. Zwang wird ausgeübt, um dem Individuum Anreize bzw. die Chance zu bieten, sich der Gesellschaft als nützlich - d. h. möglichst kostengünstig - zu erweisen. Bei der Vermittlung solcher Arbeitsstellen muss nicht oder nur höchst unwesentlich darauf geachtet werden, dass das Angebot der jeweiligen Qualifikation des Kunden und einem üblichen Tariflohn entspricht, sodass der Pflichtcharakter den rhetorisch propagierten, in seiner realen Konsequent aber recht zynisch unterlegten Aspekt von Freiheit und Selbstverwirklichung in seiner Bedeutung hier eindeutig übersteigt.

Ein kleiner Ausblick

Wilhelm Hennis, sozusagen der *Grandmaster Flash* der deutschen Politikwissenschaft, merkte Mitte der 1980er Jahre an, dass durch die analytische Abgrenzung der einzelnen Politikfelder eventuell das verlorengehen könnte, was Politik in ihrem Kern ausmache:

> „Politikwissenschaft muß selbstverständlich deutlich machen, wie Politik verläuft, sie muß praxisbezogen sein [...]. Eine 'Policy' verläuft nie so, daß sie nicht Vorläufer hätte. Sie wächst in der Regel heraus als Folgelast oder als mehr oder weniger erwünschter Nebeneffekt aus einer älteren 'Policy'. Da wird nichts freihändig entwickelt. Die Dinge verlaufen nicht so, daß man etwas erfindet und am Schluß herauskommt, was man erreichen wollte. Diesem dem Politikwissenschaftler nun 'hautnahe' Erfahrung des Scheiterns, des 'Durchwurstelns' in der Politik, wird durch die modische pseudorationale Terminologie der 'Policy-Science' gleichsam weggestrichen. Ein Begriff wie der des 'Policy-Cycle' verstellt doch den Blick dafür, wie die Dinge wirklich laufen" (Hennis 1985: 128).

Mit diesen Aussagen lässt sich nicht nur begründen, warum die Berücksichtigung des Durchsetzungskontextes sowie der Chancen und Risiken des neuen Leitbildes für das Verständnis des Paradigmenwechsels zur Aktivierung unabdingbar erscheint, sondern sie mahnen sogleich an, dass die Resultate einer genaueren Untersuchung der Wirkungen dieses Wandels in einen größeren Zusammenhang gestellt werden müssten.

Neben den arbeitsmarktökonomischen Faktoren wäre aus politikwissenschaftlicher Sicht auch eine Untersuchung der durch die Neuausrichtung verursachten Folgen für die beiden sozialdemokratischen Parteien interessant. Franz Walter sagt etwa voraus, dass in Deutschland die Quellen, aus denen die 2007 in erster Linie als Reaktion auf den von traditionellen Sozialdemokraten wahrgenommenen Rechtsruck der SPD neu gegründete Partei *Die Linke* schöpft, in den kommenden Dekaden kaum versiegen werden: „Der sozio-ökonomische Konflikt wird weiterhin Interessen, Mentalitäten und Handlungsweisen produzieren, die nach einer pointierten politischen Repräsentanz auf der linken Achse des Parteiensystems streben" (Walter 2007: 336). Jedenfalls hat die SPD seit 1998 einen erheblichen Rückgang in der Wählerschaft der Erwerbslosen und der Arbeiter zu verzeichnen (vgl. Nachtwey/Spier 2007: 69). Bei der Bundestagswahl 2009 kamen die Sozialdemokraten nur noch auf historisch fast beispiellos schlechte 23 Prozent der Zweitstimmen (vgl. o. V. 2009d), was nicht wenige Analysten auch innerhalb der eigenen Partei vorrangig auf jenen Politikwechsel zurückführen, für den auch die *aktivierende Arbeitsmarktpolitik* steht (vgl. dazu beispielhaft Seils 2009, Semler 2009, Nutt 2009). Zählte die SPD 1998 noch 775.036 Mitglieder (vgl. Egle 2006: 196), waren es im Februar 2009 nur noch 518.000 (vgl. Butzlaff 2009: 46)[89]. Auch New Labour hatte mit diesem Problem zu kämpfen. Deren Mitgliederzahl sank von etwa 400.000 (2000) auf nur noch 190.000 (2005) (vgl. Grabow 2005: 163). Zudem hängt der Partei insbesondere seit Tony Blairs Rücktritt vom Amt des Premierministers und Parteichefs und der Übergabe beider Funktionen an Gordon Brown in zunehmendem Maße ein Legitimitätsproblem an (vgl. Meyer 2009).

Die vorliegende Arbeit versteht sich nun nicht als politisches Empfehlungsschreiben, wohl aber als Beitrag zur Erklärung des von beiden Parteien beschrittenen *Dritten Weges* anhand eines konkreten Beispiels, der einen vorsichtigen Ausblick erlauben dürfte. Was diesen betrifft, so sollte man nicht allzu illusorisch in die Zukunft sehen: Unter den gegebenen Umständen des vorrangig marktorientierten politischen und wirtschaftlichen Handelns - dem sich innerhalb dieser Spielart der kapitalistischen Gesellschaftsformation auf Dauer keine in Regierungsverantwortung befindliche Partei entziehen können dürfte - hat der Glaube an den sozialen Aufstieg für jedermann und die Zunahme an sozialer Sicherheit womöglich ein für allemal ausgedient, was entscheidende Konsequenzen für die westlichen Parteien- und Gesellschaftssysteme zeitigen dürfte: „Polarisierung ist […] der Begriff, mit dem man in den nächsten Jahren, wahrscheinlich Jahrzehnten die postindustrielle Gesellschaft beschreiben wird" (Walter 2006: 240). Dabei ist keinesfalls davon auszugehen, dass das Ringen um die Grenzziehung des Marktes auf

[89] Wobei trotz der nicht zu bestreitenden Kontroverse um die Ausrichtung der SPD die Gründe für deren Mitgliederschwund in erster Linie in den generellen Erosionstendenzen des Typus *Volkspartei* zu finden sein dürften. Näheres dazu siehe etwa Jun (2004a), Walter (2009a), Seitz (2009) oder Niedermayer (2009).

absehbare Zeit ein Ende nehmen wird[90]. Will die SPD jedoch zu elektoralen Erfolgen zurückkehren, müsste sie sich in erster Linie „wieder auf ihre linken Wurzeln besinnen" (Jun 2008b). Heiner Flassbeck, der zwischen Oktober 1998 und April 1999 als Staatssekretär im Bundesfinanzministerium amtierte, rät vor allem zu einer ökonomischen Neuausrichtung, welche verhindert, dass die Konservativen den Sozialdemokraten jenseits in bestimmten Bereichen sicher vorhandener Sachzwänge die Falle falscher Sachzwänge stellen (vgl. Flassbeck 2009: 29). Gleiches ließe sich auch für New Labour formulieren, auch wenn hier deutlich weniger als bei der SPD ein (partieller) Bruch mit der eigenen politischen Vergangenheit zu erwarten sein dürfte. Erste Ansätze dazu sind innerhalb der SPD bereits erkennbar (vgl. beispielhaft Höll et. al. 2010). Die Zukunft selbst bleibt für beide Parteien - wenig überraschend - völlig offen. Vermutlich werden beide sozialdemokratischen Parteien noch lange Zeit weiter bestehen - allerdings ist zu erwarten, dass sie zu keiner entscheidenden Rückbesinnung auf ihre ursprünglich sozialistischen und emanzipatorischen Ziele kommen werden. Vielmehr wird wohl die kontinuierliche Entwicklung zum unkritischen Ökonomismus mit Ausnahme weniger Momente des Innehaltens nach neuerlichen Wahlpleiten fortgesetzt und die Genossen dergestalt agieren, wie es Kurt Tucholsky bereits 1921 in seinen Zeilen zum „Sozialdemokratischen Parteitag" prägnant auszudrücken verstand:

„Wir sehn blasiert auf den Ideennebel.
Wir husten auf den alten, starken Bebel -
Wir schmunzeln, wenn die Jugend revoltiert.
Und während man in hundert Konventikeln
mit Lohnsatz uns bekämpft und Leitartikeln,
sind wir realpolitisch orientiert." (Tucholsky 2006: 360)

Will heißen: Der zu Beginn des 20. Jahrhunderts selbst gewählte Scharnierstatus der Sozialdemokratie als reine Beruhigungspille für die regierten Massen zum Nutzen der oberen Mittel- und der Oberschicht wird weiterhin erhalten bleiben. Dafür wird sie wohl auch weiterhin nur allzu gerne in Kauf nehmen, zur gelegentlichen Klassenkampf-Simulation ab und an von den Wirtschaftseliten den bürgerlichen Medien zum Fraß vorgeworfen zu werden.

---

90 Einen aufschlussreichen Nachweis der Tatsache, dass sich in Marktgesellschaften seit dem Beginn ihrer Existenz ausnahmslos immer Perioden der Entbettung des Marktes mit jenen der Markteingrenzung abwechselten, lieferte Karl Polanyi schon 1944 (vgl. Polanyi 1978).

Quellen- und Literaturverzeichnis

Abelshauser, Werner (2004): Deutsche Wirtschaftsgeschichte seit 1945. München: Beck.

Adams, Douglas (2005; zuerst 1980): Das Restaurant am Ende des Universums. 13. Auflage. München: Heyne.

Adorno, Theodor W. (2006; zuerst 1959): Theorie der Halbbildung. Frankfurt am Main: Suhrkamp.

Albert, Michel (1992): Kapitalismus contra Kapitalismus. Frankfurt am Main: Campus.

Alemann, Ulrich von (1996): Die Parteien in den Wechseljahren? Zum Wandel des deutschen Parteiensystems. In: Aus Politik und Zeitgeschichte B 6/1996. S. 3-8.

Alheit, Peter; Christian Glaß (1986): Beschädigtes Leben. Soziale Biographien arbeitsloser Jugendlicher. Frankfurt am Main; New York: Campus.

Allex, Anne (2004): Politische Tendenzen der Agenda 2010. In: Holger Kindler; Ada-Charlotte Regelmann; Marco Tullney (Hg.): Die Folgen der Agenda 2010. Alte und neue Zwänge des Sozialstaats. Hamburg: VSA-Verlag. S. 10-35.

Altmann, Jörn (2000; zuerst 1985): Wirtschaftspolitik. Eine praxisorientierte Einführung. 7., erweiterte und völlig überarbeitete Auflage. Stuttgart: Lucius & Lucius.

Altvater, Elmar (1981): Der gar nicht diskrete Charme der neoliberalen Konterrevolution. In: Prokla. Zeitschrift für politische Ökonomie und sozialistische Politik, Jg. 11, Heft 3. S. 5-23.

Altvater, Elmar (2008): Globalisierter Neoliberalismus. In: Christoph Butterwegge; Bettina Lösch; Ralf Ptak (Hg.): Neoliberalismus. Analysen und Alternativen. Wiesbaden: VS Verlag für Sozialwissenschaften. S. 50-68.

Altvater, Elmar; Jürgen Hoffmann; Willi Semmler (1979): Vom Wirtschaftswunder zur Wirtschaftskrise. Ökonomie und Politik in der Bundesrepublik. Berlin: Olle & Wolter.

Altvater, Elmar; Birgit Mahnkopf (2002a; zuerst 1996): Grenzen der Globalisierung. Ökonomie, Ökologie und Politik in der Weltgesellschaft. 5. Auflage. Münster: Westfälisches Dampfboot.

Altvater, Elmar; Birgit Mahnkopf (2002b): Globalisierung der Unsicherheit. Arbeit im Schatten, schmutziges Geld und informelle Politik. Münster: Westfälisches Dampfboot.

Anderson, Paul; Nyta Mann (1997): Safety First. The Making of New Labour. London: Granta Books.

Anderson, Perry (1964): Critique of Wilsonism. In: New Left Review, Vol. 27, No. 1. S. 3-27.

Andreß, Hans-Jürgen; Thorsten Heien (2001): Zerfällt der wohlfahrtsstaatliche Konsens? Einstellungen zum Wohlfahrtsstaat im zeitlichen Wandel. In: Sozialer Fortschritt. Unabhängige Zeitschrift für Sozialpolitik, Jg. 50, Heft 7. S. 169-175.

Annesley, Claire (2007): Sozialpolitik. In: Hans Kastendiek; Roland Sturm (Hg.): Länderbericht Großbritannien. Geschichte - Politik - Wirtschaft - Gesellschaft - Kultur. Opladen; Farmington Hills: Budrich. S. 478-494.

Arestis, Philip; Malcolm Sawyer (2005): Neoliberalism and the Third Way. In: Alfredo Saad-Filho; Deborah Johnston (Hg.): Neoliberalism. A Critical Reader. London: Pluto Press. S. 177-183.

Arlt, Hans-Jürgen (1998): Kommunikation, Öffentlichkeit, Öffentlichkeitsarbeit. PR von gestern, PR für morgen - das Beispiel Gewerkschaft. Opladen: Westdeutscher Verlag.

Bambra, Clare (2004): Weathering the Storm. Convergence, Divergence and the Robustness of the *Worlds of Welfare*. In: The Social Policy Journal, Vol. 3, Issue 3. S. 3-23.

Baron, Stefan (1981): „Ungleichheit ist nötig." Friedrich August von Hayek, 81, gilt als der bedeutendste Theoretiker der liberalen Gesellschaft dieses Jahrhunderts. *Wirtschaftswoche*-Redakteur Stefan Baron sprach mit dem in Österreich geborenen Nobelpreisträger für Ökonomie, der heute in Freiburg im Breisgau lebt, aber einen britischen Paß besitzt, über soziale Gerechtigkeit und Probleme des modernen Wohlfahrtsstaates. In: Wirtschaftswoche, Nr. 11. S. 36-40.

Bauer, Rudolph (2004): Arbeit, Arbeit, Arbeit oder bricht jetzt das Reich der Freiheit an? Einiges zum Grundsätzlichen. In: Sozial Extra, Jg. 28, Heft 1. S. 6-9.

Baumann, Zygmunt (2005): Verworfenes Leben. Die Ausgegrenzten der Moderne. Bonn: Lizenzausgabe für die Bundeszentrale für politische Bildung [Schriftenreihe; Band 524].

Beck, Kurt; Franz Müntefering; Peter Struck (2006): Der Vorsorgende Sozialstaat. Impulspapier für die Programmkonferenz »Der Vorsorgende Sozialstaat« am 25. November 2006. Berlin. URL: http://berlin.parti-socialiste.fr/files/241106_impuls_vorsorgender_sozialstaat.pdf [Abruf: 12.07.2009].

Beck, Ulrich (1986): Risikogesellschaft. Auf dem Weg in eine andere Moderne. Frankfurt am Main: Suhrkamp.

Becker, Helmut Paul (1965): Die soziale Frage im Neoliberalismus. Analyse und Kritik. Heidelberg: Kerle [Sammlung Politeia; Bd. 20].

Beelmann, Gert (2003): Langzeitarbeitslose Jugendliche in Deutschland. Eine handlungsorientierte Analyse personaler und situativer Faktoren. Hamburg: Verlag Dr. Kovač [Schriftenreihe zur Arbeits-, Betriebs- und Organisationspsychologie; Band 5].

Behlke, Reinhard (1961): Der Neoliberalismus und die Gestaltung der Wirtschaftsverfassung in der Bundesrepublik Deutschland. Berlin: Duncker & Humblot [Volkswirtschaftliche Schriften; Bd. 55].

Behrend, Olaf (2008): Aktivieren als soziale Kontrolle. In: Aus Politik und Zeitgeschichte 40-41/2008. S. 16-21.

Bentley, Tom (1999): Der New Deal. In: Deutsch-britische Konferenz zur Bekämpfung der Jugendarbeitslosigkeit. Handeln für Arbeit und Ausbildung. Bonn: Friedrich-Ebert-Stiftung. S. 6-10.

Benz, Benjamin (2008): Armutspolitik der Europäischen Union. In: Ernst-Ulrich Huster; Jürgen Boeckh; Hildegard Mogge-Grotjahn (Hg.): Handbuch Armut und Soziale Ausgrenzung. Wiesbaden: VS Verlag für Sozialwissenschaften. S. 523-540.

Berger, Johannes (2004): „Über den Ursprung der Ungleichheit unter den Menschen." Zur Vergangenheit und Gegenwart einer soziologischen Schlüsselfrage. In: Zeitschrift für Soziologie, Jg. 33, Heft 5. S. 354-374.

Bergmann, Knut (2002): Der Bundestagswahlkampf 1998. Vorgeschichte, Strategien, Ergebnis. Wiesbaden: Westdeutscher Verlag.

Bernstein, Eduard (1973; zuerst 1898): Der Kampf der Sozialdemokratie und die Revolution der Gesellschaft. In: Hermann Weber (Hg.): Das Prinzip Links. Eine Dokumentation. Beiträge zur Diskussion des demokratischen Sozialismus in Deutschland 1847-1973. Hannover: Fackelträger-Verlag. S. 95-97.

Binzenbach, Georg (1993): Die Social Democratic Party im politischen System Großbritanniens. Münster: Lit-Verlag [Politische Parteien in Europa; 1].

Bischoff, Joachim; Richard Detje (1999): Widersprüche der »Neuen Mitte«. Strategie zur Bändigung des Kapitalismus? In: Klaus Dörre; Leo Panitch; Bodo Zeuner (Hg.): Die Strategie der »Neuen Mitte«. Verabschiedet sich die moderne Sozialdemokratie als Reformpartei? Hamburg: VSA-Verlag. S. 25-49.

Bischoff, Joachim; Sebastian Herkommer; Hasko Hüning (2002): Unsere Klassengesellschaft. Verdeckte und offene Strukturen sozialer Ungleichheit. Hamburg: VSA-Verlag.

Blair, Tony (1996): New Britain. My Vision of a Young Country. London: Fourth Estate.

Blair, Tony (1999a): Eine neue Politik für das neue Jahrhundert. In: Neue Gesellschaft/Frankfurter Hefte, Jg. 46, Heft 5. S. 441-444.

Blair, Tony (1999b; zuerst 1998): The Third Way. Reprinted Edition. London: Fabian Pamphlets.

Blome, Agnes; Wolfgang Keck; Jens Alber (2008): Generationenbeziehungen im Wohlfahrtsstaat. Lebensbedingungen und Einstellungen von Altersgruppen im internationalen Vergleich. Wiesbaden: VS Verlag für Sozialwissenschaften.

Blundell, Richard; Howard Reed; John Van Reenen; Andrew Shephard (2003): The Impact of the New Deal for Young People on the Labour Market: A Four-Year-Assessment. In: Richard Dickens; Paul Gregg; Jonathan Wadsworth (Hg.): The Labour Market Under New Labour. The State of Working Britain 2003. Basingstoke: Palgrave Macmillan. S. 17-31.

Bobbio, Norberto (1994): Rechts und links. Gründe und Bedeutungen einer politischen Unterscheidung. Berlin: Wagenbach [Wagenbachs Taschenbuch; 234].

Boeckh, Jürgen; Ernst-Ulrich Huster; Benjamin Benz (2006): Sozialpolitik in Deutschland. Eine systematische Einführung. 2., aktualisierte Auflage. Wiesbaden: VS Verlag für Sozialwissenschaften.

Bojanowski, Jochen (2006): Kants Theorie der Freiheit. Rekonstruktion und Rehabilitierung. Berlin; New York: Gruyter.

Bolder, Axel; Stefan Naevecke; Sylvia Schulte (2005): Türöffner Zeitarbeit? Kompetenz und Erwerbsverlauf in der Praxis der Leiharbeit. Wiesbaden: VS Verlag für Sozialwissenschaften.

Boltanski, Luc (2007): Leben als Projekt. Prekarität in der schönen neuen Netzwerkwelt. In: Polar. Politik - Theorie - Alltag, Heft 2. S. 7-13.

Boltanski, Luc; Eve Chiapello (2003; zuerst 1999): Der neue Geist des Kapitalismus. Konstanz: UVK [*editiondiscours*; Band 30].

Bontrup, Heinz-Josef (2006): Keynes wollte den Kapitalismus retten. Zum 60. Todestag von John Maynard Keynes. Internationale Politikanalyse »Globalisierung und Gerechtigkeit« der Friedrich-Ebert-Stiftung, Juli 2006. URL: http://library.fes.de/pdf-files/id/03895.pdf [Abruf: 22.07.2009].

Bontrup, Heinz-Josef (2008): Lohn und Gewinn. Volks- und betriebswirtschaftliche Grundzüge. 2. Auflage. München; Wien: Oldenbourg.

Boss, Alfred; Björn Christensen; Klaus Schrader (2005): Anreizprobleme bei Hartz IV: Lieber ALG II statt Arbeit? Kiel: Institut für Weltwirtschaft [Kieler Diskussionsbeiträge; 421].

Bourdieu, Pierre (1983): Ökonomisches Kapital, kulturelles Kapital, soziales Kapital. In: Reinhard Kreckel (Hg.): Soziale Ungleichheiten. Göttingen: Schwartz [Soziale Welt: Sondereinband; 2]. S. 183-198.

Bourdieu, Pierre (2001): Die Durchsetzung des amerikanischen Modells und ihre Folgen. In: Pierre Bourdieu: Gegenfeuer 2. Für eine europäische Sozialbewegung. Konstanz: UVK [Raison d'Agir; Band 7]. S. 27-33.

Bourdieu, Pierre; Loïc Wacquant (2003): Schöne neue Begriffswelt. In: Marcus S. Kleiner; Hermann Strasser (Hg.): Globalisierungswelten. Kultur und Gesellschaft in einer entfesselten Welt. Köln: von Halem [Fiktion und Fiktionalisierung; 7]. S. 71-77.

Brassloff, Wolfgang (1999): New Labour und der Sozialstaat. In: Klaus Dörre; Leo Panitch; Bodo Zeuner (Hg.): Die Strategie der »Neuen Mitte«. Verabschiedet sich die moderne Sozialdemokratie als Reformpartei? Hamburg: VSA-Verlag. S. 50-85.

Brecht, Bertolt (1971; zuerst 1967): Geschichten vom Herrn Keuner. Frankfurt am Main: Suhrkamp.

Brede, Helmut (2005): Grundzüge der öffentlichen Betriebswirtschaftslehre. München; Wien: Oldenbourg.

Brinkmann, Ulrich; Klaus Dörre (2006): Die neue Unternehmenskultur - Zum Leitbild des „Intrapreneurs" und seinen Implikationen. In: Ulrich Brinkmann; Karoline Krenn; Sebastian Schief (Hg.): Endspiel des Kooperativen Kapitalismus? Institutioneller Wandel unter den Bedingungen des marktzentrierten Paradigmas. Wiesbaden: VS Verlag für Sozialwissenschaften. S. 136-168.

Brinkmann, Ulrich; Klaus Dörre; Silke Röbenack (2006): Prekäre Arbeit. Ursachen, Ausmaß, soziale Folgen und subjektive Verarbeitungsformen unsicherer Beschäftigungsverhältnisse. Bonn: Friedrich-Ebert-Stiftung [Gesprächskreis Migration und Integration]. URL: http://library.fes.de/pdf-files/asfo/03514.pdf [Abruf: 27.08.2009].

Brown, Gordon (2001): Full text of Gordon Brown's speech to the Labour conference. URL: http://www.guardian.co.uk/politics/2001/oct/01/labourconference.labour4 [Abruf: 10.09.2009].

Bruin, Andreas de (2003): Jugendliche - ein fremder Stamm? Jugendarbeitslosigkeit aus aktionsethnologischer Sicht. Zur kritischen Reflexion von Lehrkräften und Unterrichtskonzepten im deutschen Schul- und Ausbildungssystem. Münster: Lit-Verlag [Ethnologie; Bd. 18].

Brunner, Wolfram (1999): Bundestagswahlkämpfe und ihre Effekte: Der Traditionsbruch 1998. In: Zeitschrift für Parlamentsfragen, Jg. 30, Heft 2. S. 268-296.

Bröckling, Ulrich (2007): Das unternehmerische Selbst. Soziologie einer Subjektivierungsform. Frankfurt am Main: Suhrkamp.

Bude, Heinz (2005): Bundespolitik verweht. Das deutsche Herz schlägt links, aber die SPD hat nichts begriffen und träumt die schönen Träume der Gefühlslinken. In: Süddeutsche Zeitung Online vom 21.09. URL: http://www.sueddeutsche.de/kultur/763/406540/text/ [Abruf: 13.11.2009].

Bude, Heinz (2008): Die Ausgeschlossenen. Das Ende vom Traum einer gerechten Gesellschaft. Bonn: Lizenzausgabe für die Bundeszentrale für politische Bildung [Schriftenreihe; Band 687].

Bude, Heinz; Andreas Willisch (2006): Das Problem der Exklusion. In: Heinz Bude; Andreas Willisch (Hg.): Das Problem der Exklusion. Ausgegrenzte, Entbehrliche, Überflüssige. Hamburg: Hamburger Edition. S. 7-23.

Buhr, Petra (2003): Wege aus der Armut durch Wege in eine neue Armutspolitik? In: Antonia Gohr; Martin Seeleib-Kaiser (Hg.): Sozial- und Wirtschaftspolitik unter Rot-Grün. Wiesbaden: Westdeutscher Verlag. S. 147-166.

Bundesministerium für Familie, Senioren, Frauen und Jugend (BMFSFJ) (2006): Ursula von der Leyen übernimmt Schirmherrschaft über die Deutschen Tafeln. URL: http://www.bmfsfj.de/Kategorien/Presse/pressemitteilungen,did=89414.html [Abruf: 25.08.2009].

Bundesministerium für Gesundheit und soziale Sicherung (BMGS) (2005): Lebenslagen in Deutschland. Der 2. Armuts- und Reichtumsbericht der Bundesregierung. Bonn: Bundesministerium für Gesundheit und soziale Sicherung. URL: http://www.bmas.de/portal/892/property=pdf/lebenslagen__in__deutschland__de__821.pdf [Abruf: 14.10.2009].

Bundesministerium für Wirtschaft und Arbeit (BMWA) (2004): Hartz IV. Menschen in Arbeit bringen. Berlin: Bundesministerium für Wirtschaft und Arbeit; Kampagnen und Redaktion.

Bundesministerium für Wirtschaft und Arbeit (BMWA) (2005): Vorrang für die Anständigen - Gegen Missbrauch, „Abzocke" und Selbstbedienung im Sozialstaat. Ein Report vom Arbeitsmarkt im Sommer 2005. Berlin: Bundesministerium für Wirtschaft und Arbeit. URL: http://www.harald-thome.de/media/files/Gesetzestexte%20SGB%20II%20+%20VO/Gesetzestexte%20SGB%20XII%20+%20VO/Seminare/Clement/Sozialmissbrauch_Bericht_BMWA.pdf [Abruf: 13.10.2009].

Burgmer, Inge (2003): An der Schnittstelle von Wirtschaft und Politik. In: Forschungsjournal Neue Soziale Bewegungen, Jg. 16, Heft 3. S. 56-59.

Busch, Andreas (1999): Die Globalisierungsdebatte. In: Andreas Busch; Thomas Plümper (Hg.): Nationaler Staat und internationale Wirtschaft. Baden-Baden: Nomos. S. 1-40.

Bussemer, Thymian (2002): Propaganda als Herrschaftstechnik. Zur Demokratieverträglichkeit persuasiver Kommunikation. In: Vorgänge, Jg. 44, Heft 2. S. 59-69.

Butterwegge, Christoph (1999): Wohlfahrtsstaat und Wirtschaftstotalitarismus. In: Arno Klönne; Eckart Spoo; Rainer Buntenschön (Hg.): Der lange Abschied vom Sozialismus. Eine Jahrhundertbilanz der SPD. Hamburg: VSA-Verlag. S. 193-203.

Butterwegge, Christoph (2006): Krise und Zukunft des Sozialstaates. 3., erweiterte Auflage. Wiesbaden: VS Verlag für Sozialwissenschaften.

Butterwegge, Christoph (2008): Rechtfertigung, Maßnahmen und Folgen einer neoliberalen (Sozial-) Politik. In: Christoph Butterwegge; Bettina Lösch; Ralf Ptak (Hg.): Kritik des Neoliberalismus. Zweite, verbesserte Auflage. Wiesbaden: VS Verlag für Sozialwissenschaften. S. 135-219.

Butterwegge, Christoph (2009): Armut in einem reichen Land. Wie das Problem verharmlost und verdrängt wird. Frankfurt am Main; New York: Campus.

Butterwegge, Christoph; Michael Klundt; Matthias Zeng (2005): Kinderarmut in Ost- und Westdeutschland. Wiesbaden: VS Verlag für Sozialwissenschaften.

Butzlaff, Felix (2009): Verlust des Verlässlichen. Die SPD nach elf Jahren Regierungsverantwortung. In: Felix Butzlaff; Stine Harm; Franz Walter (Hg.): Patt oder Gezeitenwechsel. Deutschland 2009. Wiesbaden: VS Verlag für Sozialwissenschaften. S. 37-66.

Bäcker, Gerhard; Gerhard Naegele; Reinhard Bispinck; Klaus Hofemann; Jennifer Neubauer (2008): Sozialpolitik und soziale Lage in Deutschland. Band 1: Grundlagen, Arbeit, Einkommen und Finanzierung. 4., grundlegend überarbeitete und erweiterte Neuauflage.

Böckelmann, Frank (2004): Bertelsmann. Hinter der Fassade des Medienimperiums. Frankfurt am Main: Eichborn.

Callinicos, Alex (2001): Against the Third Way. An Anti-Capitalist Critique. Cambridge: Polity Press.

Candeias, Mario (2004): Erziehung der Arbeitskräfte. Rekommodifizierung der Arbeit im neoliberalen *Workfare*-Staat. In: Utopie Kreativ, Heft 165/166. S. 589-601.

Castel, Robert (2000): Die Metamorphosen der sozialen Frage. Eine Chronik der Lohnarbeit. Konstanz: UVK.

Castel, Robert (2005): Die Stärkung des Sozialen. Leben im neuen Wohlfahrtsstaat. Hamburg: Hamburger Edition.

Castles, Francis G.; Herbert Obinger; Stephan Leibfried (2005): Bremst der Föderalismus den Leviathan? Bundesstaat und Sozialstaat im internationalen Vergleich, 1880-2005. In: Politische Vierteljahresschrift, Jg. 46, Heft 2. S. 215-237.

Chomsky, Noam (2001): Profit over people. Neoliberalismus und globale Weltordnung. Hamburg; Wien: Europa.

Chomsky, Noam (2007; zuerst 1989): Media Control. Wie Medien uns manipulieren. Hamburg; Wien: Europa.

Cordonnier, Laurent (2001): Kein Mitleid mit dem Pöbel. Über die ökonomischen Theorien zur Arbeitslosigkeit. Konstanz: UVK [Raisons d'Agir; Band 8].

Cressey, Peter (2000): New Labour and employment, training and employee relations. In: Martin Powell (Hg.): New Labour, New Welfare State? The 'third way' in British social policy. Bristol: Policy Press. S. 171-190.

Dahme, Heinz-Jürgen; Norbert Wohlfahrt (2007): Aporien staatlicher Aktivierungsstrategien. Engagementpolitik im Kontext von Wettbewerb, Sozialinvesition und instrumenteller Governance. In: Forschungsjournal Neue Soziale Bewegungen, Jg. 20, Heft 2. S. 27-39.

Dahrendorf, Ralf (2004): Der Wiederbeginn der Geschichte. Vom Fall der Mauer zum Krieg im Irak. München: Beck.

Dallinger, Ursula (2009): Solidarität in der modernen Gesellschaft. Der Diskurs um rationale oder normative Ordnung in Sozialtheorie und Soziologie des Wohlfahrtsstaates. Wiesbaden: VS Verlag für Sozialwissenschaften.

D'Arcais, Pablo Flores (1997): Die Linke und das Individuum. Ein politisches Pamphlet. Berlin: Wagenbach [Wagenbachs Taschenbuch; 283].

Deckwirth, Christina (2005): Deregulierung. In: Wissenschaftlicher Beirat von Attac (Hg.): ABC der Globalisierung. Von »Alterssicherung« bis »Zivilgesellschaft«. Hamburg: VSA-Verlag. S. 32-33.

Degele, Nina; Christian Dries (2005): Modernisierungstheorie. Eine Einführung. München: Fink.

Delhees, Stefanie; Karl-Rudolf Korte; Florian Schartau; Niko Switek; Kristina Weissenbach (2008): Wohlfahrtsstaatliche Reformkommunikation. Westeuropäische Parteien auf Mehrheitssuche. Baden-Baden: Nomos.

Demsetz, Harold (1964): Minorities in the Market Place. In: University of North Carolina Law Review, Vol. 43, No. 2. S. 271-297.

Department of Social Security (DSS) (1998): New Ambitions for our Country. A New Contract for Welfare. London: Department of Social Security.

Deuer, Ernst (2003): Der „New Deal" in Großbritannien. Neue Wege in der Beratung Jugendlicher. In: Berufsbildung in Wissenschaft und Praxis, Jg. 32, Heft 4. S. 33-34.

Deutschmann, Christoph (1973): Der linke Keynesianismus. Frankfurt am Main: Athenäum.

Dietrich, Hans (2002): Das Sofortprogramm der Bundesregierung zum Abbau der Jugendarbeitslosigkeit. In: Ulrich Möller (Red.): Aktivierende Arbeitsmarktpolitik - IAB-Colloquium »Praxis trifft Wissenschaft« vom 21. März in Mannheim. Eine Tagungsdokumentation. S. 25-29.

Dietrich, Hans; Martin Abraham (2008; zuerst 2005): Eintritt in den Arbeitsmarkt. In: Martin Abraham; Thomas Hinz (Hg.): Arbeitsmarktsoziologie. Probleme, Theorien, empirische Befunde. 2. Auflage. Wiesbaden: VS Verlag für Sozialwissenschaften. S. 69-98.

Dingeldey, Irene (1998): Arbeitsmarktpolitische Reformen unter New Labour. In: Aus Politik und Zeitgeschichte, B 11/1998. S. 32-39.

Dingeldey, Irene (1999): Zuckerbrot und Peitsche - Arbeitsmarktpolitik unter New Labour. In: Blätter für deutsche und internationale Politik, Jg. 44, Heft 3. S. 328-335.

Dingeldey, Irene (2006): Aktivierender Wohlfahrtsstaat und sozialpolitische Steuerung. In: Aus Politik und Zeitgeschichte 8-9/2006. S. 3-9.

Dingeldey, Irene (2007): Wohlfahrtsstaatlicher Wandel zwischen „Arbeitszwang" und „Befähigung". Eine vergleichende Analyse aktivierender Arbeitsmarktpolitik in Deutschland, Dänemark und Großbritannien. In: Berliner Journal für Soziologie, Jg. 17, Heft 2. S. 189-209.

Ditfurth, Christian von (2000): SPD - eine Partei gibt sich auf. Berlin: Henschel.

Dixon, Keith (2000): Ein würdiger Erbe. Anthony Blair und der Thatcherismus. Konstanz: UVK [Raisons d'Agir; Band 3].

Downs, Anthony (1968; zuerst 1957): Ökonomische Theorie der Demokratie. Tübingen: Mohr.

Doyle, Gillian (2002): Media Ownership. Concentration, Convergence and Public Policy. London: Sage.

Driver, Stephen (2008): New Labour and Social Policy. In: Matt Beech; Simon Lee (Hg.): Ten Years of New Labour. Basingstoke: Palgrave Macmillan. S. 50-67.

Driver, Stephen; Luke Martell (2001): Left, Right and the Third Way. In: Anthony Giddens (Hg.): The Global Third Way Debate. Cambridge: Polity Press. S. 36-49.

Driver, Stephen; Luke Martell (2006): New Labour. Politics after Thatcherism. 2nd Edition. Cambridge: Polity Press.

Dullien, Sebastian; Christiane von Hardenberg (2009): Deregulierung in der öffentlichen Debatte in Deutschland. Studie im Auftrag der Hans-Böckler-Stiftung [Reihe: IMK Studies; Nr. 2/2009]. URL: http://www.boeckler.de/pdf/deregulierung_dullien_2009.pdf [Abruf: 17.07.2009].

Dumbrell, John (2009): US-UK Relations: Structure, Agency and the Special Relationship. In: Terrence Casey (Hg.): The Blair Legacy. Politics, Governance, and Foreign Affairs. Basingstoke: Palgrave Macmillan. S. 273-284.

Dworkin, Ronald (2001): Does Equality Matter? In: Anthony Giddens (Hg.): The Global Third Way Debate. Cambridge: Polity Press. S. 172-177.

Dörler, Bernd; Erich Follath (1995): „Ich bewundere Mrs. Thatcher." Der Labour-Vorsitzende und Oppositionsführer Tony Blair über den dramatischen Wandel seiner Partei. In: Der Spiegel, Nr. 22. S. 148-152.

Dörler, Bernd; Erich Follath (1997): „Gäbe es einen deutschen Blair..." Der Soziologe Ralf Dahrendorf, 67, hat einen deutschen Paß - und sitzt als Lord im britischen Oberhaus. Er sagt, warum Labour siegte und was die SPD daraus lernen kann. In: Der Spiegel, Nr. 19. S. 32-34.

Dörre, Klaus (1999): Die SPD in der Zerreißprobe. Auf dem »Dritten Weg«. In: Klaus Dörre; Leo Panitch; Bodo Zeuner (Hg.): Die Strategie der »Neuen Mitte«. Verabschiedet sich die moderne Sozialdemokratie als Reformpartei? Hamburg: VSA-Verlag. S. 6-24.

Dörre, Klaus; Stephan Lessenich; Hartmut Rosa (2009): Landnahme - Beschleunigung - Aktivierung: Eine Zwischenbetrachtung im Prozess der gesellschaftlichen Transformation. In: Klaus Dörre; Stephan Lessenich; Hartmut Rosa: Soziologie - Kapitalismus - Kritik. Eine Debatte. Frankfurt am Main: Suhrkamp. S. 295-303.

Dürr, Tobias (1999): Anachronistische Wunder. Zur Zukunft der Volksparteien nach dem Zerfall ihrer Voraussetzungen. In: Blätter für deutsche und internationale Politik, Jg. 44, Heft 3. S. 595-603.

Dürrenmatt, Friedrich (1979; zuerst 1952): Die Ehe des Herrn Mississippi. Eine Komödie in zwei Teilen. Zürich: Europa Verlag.

Ebbecke-Nohlen, Andrea (2009): Work-Life-Balance - Spielräume systematischen Coachings. In: Markus Hänsel; Anna Matzenauer (Hg.): Ich arbeite, also bin ich? Sinnsuche und Sinnkrise im beruflichen Alltag. Göttingen: Vandenhoeck & Ruprecht. S. 136-156.

Eckel, David (2005): Auf die Arbeit kommt es an! Vergleich der Grundsatzprogramme von SPD und CDU anhand des Themas »Arbeit«. Berlin; München: Poli-C Books.

Egle, Christoph (2006): Deutschland. In: Wolfgang Merkel; Christoph Egle; Christian Henkes; Tobias Ostheim; Alexander Petring: Die Reformfähigkeit der Sozialdemokratie. Herausforderungen und Bilanz der Regierungspolitik in Westeuropa. Wiesbaden: VS Verlag für Sozialwissenschaften. S. 154-196.

Egle, Christoph; Christian Henkes (2003): Später Sieg der Modernisierer über die Traditionalisten? Die Programmdebatte in der SPD. In: Christoph Egle; Tobias Ostheim; Reimut Zohlnhöfer (Hg.): Das rot-grüne Projekt. Eine Bilanz der Regierung Schröder. Wiesbaden: Westdeutscher Verlag. S. 67-92.

Ehrenreich, Barbara (2005): Arbeit poor. Unterwegs in der Dienstleistungsgesellschaft. München: Kunstmann.

Eichhorst, Werner; Eric Thode; Frank Winter (2004): Benchmarking Deutschland 2004: Arbeitsmarkt und Beschäftigung. Bericht der Bertelsmann Stiftung. Berlin; Heidelberg; New York: Springer.

Engartner, Tim (2008): Privatisierung und Liberalisierung - Strategien zur Selbstentmachtung des öffentlichen Sektors. In: Christoph Butterwegge; Bettina Lösch; Ralf Ptak (Hg.): Kritik des Neoliberalismus. Zweite, verbesserte Auflage. Wiesbaden: VS Verlag für Sozialwissenschaften. S. 87-133.

Erhard, Ludwig (1957): Wohlstand für alle. Düsseldorf; Wien: Econ.

Erhard, Ludwig (1962): Deutsche Wirtschaftspolitik. Der Weg der sozialen Marktwirtschaft. Düsseldorf; Wien: Econ.

Ertel, Manfred; Ulrich Schäfer (1999): „Eine neue Brücke bauen". Anthony Giddens, Vordenker des britischen Premiers Tony Blair und Autor des „Dritten Wegs", über seine Vision einer modernen Sozialdemokratie, den radikalen Umbau der Rentensysteme und den Streit zwischen Schröder und Lafontaine. In: Der Spiegel, Nr. 44. S. 169-172.

Ertel, Manfred; Rüdiger Falksohn, Horand Knaup, Romain Leick, Hans-Jürgen Schlamp, Helene Zuber (1999): „Wir sind die neuen Radikalen." Wohin steuern Europas Sozialdemokraten? Auf dem Höhepunkt ihrer Macht als Regierungsparteien streiten Erneuerer und Traditionalisten um die richtige Balance von Wirtschaftsreformen und sozialer Sicherheit. Zwei Polit-Gipfel sollen Klärung bringen. In: Der Spiegel, Nr. 44. S. 160-166.

Esping-Andersen, Gøsta (1985): Politische Macht und wohlfahrtsstaatliche Regulation. In: Frieder Naschold (Hg.): Arbeit und Politik. Gesellschaftliche Regulierung der Arbeit und der sozialen Sicherung. Frankfurt am Main; New York: Campus. S. 467-503.

Esping-Andersen, Gøsta (1990): The Three Worlds of Welfare Capitalism. Cambridge: Polity Press.

Esping-Andersen, Gøsta (1998): Die drei Welten des Wohlfahrtskapitalismus. Zur politischen Ökonomie des Wohlfahrtsstaates. In: Stephan Lessenich; Ilona Ostner (Hg.): Welten des Wohlfahrtskapitalismus. Der Sozialstaat in vergleichender Perspektive. Frankfurt am Main; New York: Campus [Theorie und Gesellschaft; Band 40]. S. 19-56.

Eucken, Walter (1968; zuerst 1952): Grundsätze der Wirtschaftspolitik. 4., unveränderte Auflage. Tübingen: Mohr.

Europarat (2001): Die Europäische Sozialcharta. Ein Leitfaden. Berlin; Heidelberg; New York: Springer.

Evans, Mark; Philip G. Cerny (2004): „New Labour", Globalisierung und Sozialpolitik. In: Susanne Lütz; Roland Czada (Hg.): Wohlfahrtsstaat - Transformation und Perspektiven. Wiesbaden: VS Verlag für Sozialwissenschaften. S. 207-230.

Fairclough, Norman (2001): New Labour, New Language? London: Routledge.

Faucher-King, Florence (2009): The Party is Over: The "Modernization" of the British Labour Party. In: Terrence Casey (Hg.): The Blair Legacy. Politics, Governance, and Foreign Affairs. Basingstoke: Palgrave Macmillan. S. 39-51.

Felber, Christian (2008): Neue Werte für die Wirtschaft. Eine Alternative zu Kommunismus und Kapitalismus. Wien: Deuticke.

Felderer, Bernhard; Stefan Homburg (2005): Makroökonomik und neue Makroökonomik. 9., verbesserte Auflage. Berlin: Springer.

Fieguth, Gerhard (1978): Deutsche Aphorismen. Stuttgart: Reclam.

Filc, Wolfgang (1999): Mitgegangen, mitgehangen. Mit Lafontaine im Finanzministerium. Frankfurt am Main: Eichborn.

Filmer, Werner; Heribert Schwan (1990): Oskar Lafontaine. 2. Auflage. Düsseldorf: Econ.

Fischermann, Thomas (1998): Pfadfinder des Dritten Weges. Die Briten wollen eine neue Balance von Markt und Staat finden - und blicken neugierig nach Deutschland. In: Die Zeit, Nr. 52. S. 31.

Flassbeck, Heiner (2000): Wirtschaftspolitische Herausforderungen für Deutschland und Europa. In: Eckhard Hein; Achim Truger (Hg.): Perspektiven sozialdemokratischer Wirtschaftspolitik in Europa. Marburg: Metropolis. S. 161-204.

Flassbeck, Heiner (2007): Das Ende der Massenarbeitslosigkeit. Mit richtiger Wirtschaftspolitik die Zukunft gewinnen. Frankfurt am Main: Westend.

Flassbeck, Heiner (2009): Gescheitert. Warum die Politik vor der Wirtschaft kapituliert. Frankfurt am Main: Westend.

Fligstein, Neil (1996): Markets as Politics: A Political-Cultural Approach to Market Institutions. In: American Sociological Review, Vol. 61, Issue 4. S. 656-673.

Freeden, Michael (2003): The Ideology of New Labour. In: Andrew John Chadwick (Hg.): The New Labour Reader. Oxford: Politiy Press. S. 43-48.

Frenzel, Martin (2002): Neue Wege der Sozialdemokratie. Dänemark und Deutschland im Vergleich (1982-2002). Wiesbaden: Deutscher Universitäts-Verlag.

Frese, Michael (2008): Arbeitslosigkeit: Was wir aus psychologischer Perspektive wissen und was wir tun können. In: Aus Politik und Zeitgeschichte 40-41/2008. S. 22-25.

Fricke, Thomas (2006): Was Ökonomen wirklich wollen. Wie ticken Deutschlands Wirtschaftsexperten? Die FTD hat 551 von ihnen befragt, zusammen mit dem Verein für Socialpolitik - und präsentiert exklusiv die verblüffenden Ergebnisse. In: Financial Times Deutschland Online vom 09.05. URL: http://www.ftd.de/politik/deutschland/:oekonomen-umfrage-teil-1-was-oekonomen-wirklich-wollen/71723.html [Abruf: 26.11.2009].

Friedman, Milton (1970; zuerst 1962): Capitalism and Freedom. 10th Impression. Chicago: University of Chicago Press [Phoenix Books; 111].

Friedrich, Gerd (2001): Wandlungen im Kapitalismus. In: Klaus Höpcke; Hans-Joachim Krusch; Hans Modrow; Wolfgang Richter; Robert Steigerwald (Hg.): Nachdenken über Sozialismus. Schkeuditz: GNN. S. 193-215.

Fromm, Sabine; Cornelia Sproß (2008): Wie wirken Programme für erwerbsfähige Hilfeempfänger in anderen Ländern? IAB-Kurzbericht, Nr. 4. Roggentin: Institut für Arbeitsmarkt- und Berufsforschung.

Fuhr, Eckhard (1994): Zurück zur Mitte: Die SPD zu Beginn des Superwahljahres 1994. In: Aus Politik und Zeitgeschichte, B 1/1994. S. 8-11.

Fukuyama, Francis (1992): Das Ende der Geschichte. Wo stehen wir? München: Kindler.

Fulcher, James (2007): Kapitalismus. Stuttgart: Reclam.

Gallus, Alexander; Eckhard Jesse (2001): Was sind Dritte Wege? Eine vergleichende Bestandsaufnahme. In: Aus Politik und Zeitgeschichte, B 16-17/2001. S. 6-15.

Gammelin, Cerstin; Götz Hamann (2005): Die Strippenzieher. Manager, Minister, Medien - Wie Deutschland regiert wird. 4., aktualisierte Auflage. Berlin: Econ.

Gareis, Sven Bernhard; Johannes Varwick (2003): Die Vereinten Nationen. Aufgaben, Instrumente und Reformen. 3., aktualisierte und erweiterte Auflage. Bonn: Lizenzausgabe für die Bundeszentrale für politische Bildung [Schriftenreihe; Band 403].

Gaus, Günter (1970): Bonn und Bertelsmann. In: Der Spiegel, Nr. 11. S. 100.

Gebauer, Annekatrin (2005): Der Richtungsstreit in der SPD. Seeheimer Kreis und Neue Linke im innerparteilichen Machtkampf. Wiesbaden: VS Verlag für Sozialwissenschaften.

Gelfert, Hans Dieter (1999): Kleine Kulturgeschichte Großbritanniens. München: Beck.

Genschel, Phillip (2003): Globalisierung als Problem, als Lösung und als Staffage. In: Gunther Hellmann; Klaus Dieter Wolf (Hg.): Die neuen Internationalen Beziehungen. Forschungsstand und Perspektiven in Deutschland. Baden-Baden: Nomos. S. 429-464.

Geppert, Dominik (2002): Thatchers konservative Revolution. Der Richtungswandel der britischen Tories 1975-1979. München: Oldenbourg [Veröffentlichungen des Deutschen Historischen Instituts London; Band 53].

Gerlach, Thomas (2000): Die Herstellung des allseits verfügbaren Menschen. Zur psychologischen Formierung der Subjekte im neoliberalen Kapitalismus. In: Utopie kreativ, Heft 121/122. S.1052-1065.

Gerster, Florian (2003): Arbeit ist für alle da. Neue Wege in die Vollbeschäftigung. München: Propyläen.

Gertenbach, Lars (2008): Die Kultivierung des Marktes. Foucault und die Gouvernementalität des Neoliberalismus. 2. Auflage. Berlin: Parodos.

Geyer, Robert (2003): Beyond the Third Way: The Science of Complexity and the Politics of Choice. In: British Journal of Politics and International Relations, Vol. 5, No. 2. S. 237-257.

Giddens, Anthony (1992): Die Konstitution der Gesellschaft. Grundzüge einer Theorie der Strukturierung. Frankfurt am Main; New York: Campus.

Giddens, Anthony (1996): Konsequenzen der Moderne. Frankfurt am Main: Suhrkamp.

Giddens, Anthony (1997): Jenseits von Links und Rechts. Die Zukunft radikaler Demokratie. Frankfurt am Main: Suhrkamp [Edition Zweite Moderne].

Giddens, Anthony (1999a): Der dritte Weg. Die Erneuerung der sozialen Demokratie. Frankfurt am Main: Suhrkamp [Edition Zweite Moderne].

Giddens, Anthony (1999b): »Neue Mitte« - »Dritter Weg« - eine moderne Linke? In: Neue Gesellschaft/Frankfurter Hefte, Jg. 46, Heft 5. S. 436-440.

Giddens, Anthony (2000a): Die Politik des Dritten Weges. In: Otto Brenner Stiftung (Hg.): Ein dritter Weg für das dritte Jahrtausend. Von der Standort- zur Zukunftsdebatte. 2. Auflage. Hamburg: VSA-Verlag. S. 12-25.

Giddens, Anthony (2000b): Replik auf die Kritiker des »Dritten Weges«. In: Otto Brenner Stiftung (Hg.): Ein dritter Weg für das dritte Jahrtausend. Von der Standort- zur Zukunftsdebatte. 2. Auflage. Hamburg: VSA-Verlag. S. 53-59.

Giddens, Anthony (2001a): Die Frage der sozialen Ungleichheit. Frankfurt am Main: Suhrkamp [Edition Zweite Moderne].

Giddens, Anthony (2001b): Introduction. In: Anthony Giddens (Hg.): The Global Third Way Debate. Cambridge: Polity Press. S. 1-21.

Giddens, Anthony (2001c): The Question of Inequality. In: Anthony Giddens (Hg.): The Global Third Way Debate. Cambridge: Polity Press. S. 178-188.

Giddens, Anthony (2001d): Entfesselte Welt. Wie die Globalisierung unser Leben verändert. Frankfurt am Main: Suhrkamp.

Giddens, Anthony (2003): Die große Globalisierungsdebatte. In: Marcus S. Kleiner; Hermann Strasser (Hg.): Globalisierungswelten. Kultur und Gesellschaft in einer entfesselten Welt. Köln: von Halem [Fiktion und Fiktionalisierung; 7]. S. 33-47.

Giddens, Anthony (2007): Over To You, Mr. Brown. How Labour Can Win Again. Cambridge: Polity Network.

Giddens, Anthony; David Marquand (2004): Does New Labour deserve a third term? In: Prospect, Issue 96, March. S. 22-26.

Gillen, Gabriele (2005): Hartz IV: Eine Abrechnung. 3. Auflage. Reinbek bei Hamburg: Rowohlt.

Glaab, Manuela (2000): Mediatisierung als Machtquelle von Regierungschefs. In: Karl-Rudolf Korte; Gerhard Hirscher (Hg.): Darstellungspolitik oder Entscheidungspolitik? Über den Wandel von Politikstilen in westlichen Demokratien. München: Hanns-Seidel-Stiftung e.V. S. 106-124.

Glynn, Andrew; Stewart Wood (2000): Die Wirtschaftspolitik von New Labour. In: Eckhard Hein; Achim Truger (Hg.): Perspektiven sozialdemokratischer Wirtschaftspolitik in Europa. Marburg: Metropolis. S. 51-88.

Glynn, Sean (1999): Employment, Unemployment and the Labour Market. In: Robert M. Page; Richard Silburn (Hg.): British Social Welfare in the Twentieth Century. Basingstoke: Palgrave Macmillan. S. 179-198.

Grabow, Karsten (2005): Die westeuropäische Sozialdemokratie in der Regierung. Sozialdemokratische Beschäftigungspolitik im Vergleich. Wiesbaden: Deutscher Universitäts-Verlag.

Grebing, Helga (2007): Geschichte der deutschen Arbeiterbewegung. Von der Revolution 1848 bis ins 21. Jahrhundert. Berlin: Vorwärts.

Grefe, Christiane; Matthias Geffrath; Harald Schumann (2002): Attac. Was wollen die Globalisierungskritiker? 4. Auflage. Berlin: Rowohlt.

Grice, Andrew (2005): Blair pressured to fight child poverty. In: The Independent vom 07.03. URL: http://www.independent.co.uk/news/uk/politics/blair-pressured-to-fight-child-poverty-527549.html [Abruf: 27.08.2009].

Grill, Markus (2003): Revolution von oben. Sie treiben Rot-Grün vor sich her: Mit mehr als hundert Millionen Euro finanziert das Arbeitgeberlager Anzeigenkampagnen für einen radikalen Sozialabbau. Die jetzigen Reformen sind für sie erst der Anfang. Eine Reise zu den Propagandatrupps und ihren Hintermännern. In: Der Stern vom 17.12. URL: http://www.stern.de/wirtschaft/news/maerkte/unternehmer-revolution-von-oben-517691.html [Abruf: 28.11.2009].

Grottian, Peter (2001): Den Umbau der Arbeitsgesellschaft mit Strategien für die Jugend koppeln. In: Claus Groth (Hg.): Strategien gegen Jugendarbeitslosigkeit im internationalen Vergleich. Auf der Suche nach den besten Lösungen. Frankfurt am Main: Lang. S. 47-59.

Grundgesetz für die Bundesrepublik Deutschland (GG) vom 23. Mai 1949. Mainz: Landeszentrale für politische Bildung Rheinland-Pfalz.

Guez, Olivier (2006): Was bleibt von Blair? Interview mit Anthony Giddens. In: Cicero Online. URL: http://www.cicero.de/dossier_detail.php?ress_id=6&item=1470 [Abruf: 16.08.2009].

Gumny, Armin (2006): Regieren im politischen System der BRD am Beispiel der Agenda 2010. Marburg: Tectum.

Habermas, Jürgen (2006): Der europäische Nationalstaat unter dem Druck der Globalisierung. In: Blätter für deutsche und internationale Politik (Hg.): Der Sound des Sachzwangs. Der Globalisierungs-Reader. Sonderband der Blätter für Deutsche und Internationale Politik. Bonn et. al.: Blätter-Verlags-Gesellschaft. S. 148-159.

Hackauf, Horst; Gerda Winzen (2004): Gesundheit und soziale Lage von jungen Menschen in Europa. Wiesbaden: VS Verlag für Sozialwissenschaften.

Hajen, Leonhard (2000): Die Sozialdemokratie muss ihre Werte nicht neu erfinden. In: Otto Brenner Stiftung (Hg.): Ein dritter Weg für das dritte Jahrtausend. Von der Standort- zur Zukunftsdebatte. 2. Auflage. Hamburg: VSA-Verlag. S. 74-87.

Hamm, Bernd (2006): Die soziale Struktur der Globalisierung. Ökologie, Ökonomie, Gesellschaft. Berlin: Kai Homilius Verlag [Globale Analysen; 4].

Hammer, Todd (2003; Hg.): Youth Unemployment and Social Exclusion in Europe. A Comparative Study. Bristol: Policy Press.

Hartmann, Jürgen (2004): Das politische System der Bundesrepublik Deutschland im Kontext. Eine Einführung. Wiesbaden: VS Verlag für Sozialwissenschaften.

Harvey, David (2007): Kleine Geschichte des Neoliberalismus. Zürich: Rotpunkt.

Hasel, Margarete (1999): Wir brauchen nicht mehr Staat, sondern gute Regierungen. Interview mit Anthony Giddens. In: Die Mitbestimmung. Magazin der Hans-Böckler-Stiftung, Jg. 45, Heft 8. S. 56-57.

Haug, Wolfgang Fritz (1999): Politisch richtig oder Richtig politisch. Linke Politik im transnationalen High-Tech-Kapitalismus. Hamburg: Argument.

Hay, Colin (1999): The political economy of New Labour. Labouring under false pretences? Manchester; New York: Manchester University Press.

Hayek, Friedrich August von (1957): Was ist uns was heißt sozial? In: Albert Hunold (Hg.): Masse und Demokratie. Erlenbach-Zürich; Stuttgart: Rentsch [Sozialwissenschaftliche Studien für das Schweizerische Institut für Auslandsforschung; Band 11]. S. 71-84.

Hayek, Friedrich August von (1959): Verantwortlichkeit und Freiheit. In: Albert Hunold (Bearb.): Erziehung zur Freiheit. Erlenbach-Zürich; Stuttgart: Rentsch [Sozialwissenschaftliche Studien für das Schweizerische Institut für Auslandsforschung; Band 7]. S. 147-170.

Hayek, Friedrich August von (1976; zuerst 1944): Der Weg zur Knechtschaft. München: Deutscher Taschenbuch Verlag.

Hayek, Friedrich August von (1981a): Recht, Gesetzgebung und Freiheit. Eine neue Darstellung der liberalen Prinzipien der Gerechtigkeit und der politischen Ökonomie. Band 2: Die Illusion der sozialen Gerechtigkeit. Landsberg: Verlag Moderne Industrie.

Hayek, Friedrich August von (1981b): Recht, Gesetzgebung und Freiheit. Eine neue Darstellung der liberalen Prinzipien der Gerechtigkeit und der politischen Ökonomie. Band 3: Die Verfassung einer Gesellschaft freier Menschen. Landsberg: Verlag Moderne Industrie.

Hayek, Friedrich August von (2003; zuerst 1958): Das Individuum im Wandel der Wirtschaftsordnung. In: Friedrich August von Hayek: Gesammelte Schriften. Abteilung A: Aufsätze; Band 4. S. 162-167.

Hedstück, Michael; Gunther Hellmann (2003): "Wir machen einen deutschen Weg." Irak-Abenteuer, das transatlantische Verhältnis und die Risiken der »Methode Schröder« für die deutsche Außenpolitik. URL: http://www.soz.uni-frankfurt.de/hellmann/mat/irak.pdf [Abruf: 12.10.2009].

Hegel, Georg Wilhelm Friedrich (1970; zuerst 1807): Phänomenologie des Geistes. In: Georg Wilhelm Friedrich Hegel: Werke in zwanzig Bänden; Band 3. Auf der Grundlage der Werke von 1832-1845 neu edierte Ausgabe. Frankfurt am Main: Suhrkamp.

Heimann, Siegfried (1991): Zwischen Aufbruchstimmung und Resignation. Die SPD in den 80er Jahren. In: Werner Süß (Hg.): Die Bundesrepublik in den achtziger Jahren. Innenpolitik, politische Kultur, Außenpolitik. Opladen: Leske + Budrich. S. 35-52.

Heinelt, Hubert (2003): Arbeitsmarktpolitik - von „vorsorgenden" wohlfahrtsstaatlichen Interventionen zur „aktivierenden" Beschäftigungsförderung. In: Antonia Gohr; Martin Seeleib-Kaiser (Hg.): Sozial- und Wirtschaftspolitik unter Rot-Grün. Wiesbaden: Westdeutscher Verlag. S. 125-146.

Heitmeyer, Wilhelm (2002): Gruppenbezogene Menschenfeindlichkeit. Die theoretische Konzeption und erste empirische Ergebnisse. In: Wilhelm Heitmeyer (Hg.): Deutsche Zustände. Folge 1. Frankfurt am Main: Suhrkamp. S. 15-34.

Heitmeyer, Wilhelm (2008): Die Ideologie der Ungleichwertigkeit. Der Kern der *Gruppenbezogenen Menschenfeindlichkeit*. In: Wilhelm Heitmeyer (Hg.): Deutsche Zustände. Folge 6. Frankfurt am Main: Suhrkamp. S. 36-44.

Heitmeyer, Wilhelm; Jürgen Mansel (2008): Gesellschaftliche Entwicklung und *Gruppenbezogene Menschenfeindlichkeit*: Unübersichtliche Perspektiven. In: Wilhelm Heitmeyer (Hg.): Deutsche Zustände. Folge 6. Frankfurt am Main: Suhrkamp. S. 13-35.

Held, Michael (1982): Sozialdemokratie und Keynesianismus. Von der Weltwirtschaftskrise bis zum Godesberger Programm. Frankfurt am Main; New York: Campus.

Helms, Ludger (1997): Das Parteiensystem Großbritanniens nach dem Ende der konservativen Hegemonie. In: Zeitschrift für Politikwissenschaft, Jg. 7, Heft 4. S. 1337-1360.

Helms, Ludger (2006): Das Parteiensystem Großbritanniens. In: Oskar Niedermayer; Richard Stöss; Melanie Haas (Hg.): Die Parteiensysteme Westeuropas. Wiesbaden: VS Verlag für Sozialwissenschaften. S. 213-234.

Hennis, Wilhelm (1985): Über die Antworten der eigenen Wissenschaftsgeschichte und die Notwendigkeit, "zentrale Fragen" der Politikwissenschaft neu zu überdenken. In: Hans-Hermann Hartwich (Hg.): Policy-Forschung in der Bundesrepublik Deutschland. Ihr Selbstverständnis und ihr Verhältnis zu den Grundfragen der Politikwissenschaft. Opladen: Westdeutscher Verlag [Wissenschaftliches Symposium der Deutschen Vereinigung für Politische Wissenschaft; 1]. S. 122-131.

Hensche, Detlef (2000): Spaltung und Umverteilung. In: Otto Brenner Stiftung (Hg.): Ein dritter Weg für das dritte Jahrtausend. Von der Standort- zur Zukunftsdebatte. 2. Auflage. Hamburg: VSA-Verlag. S. 67-73.

Herman, Edward S.; Noam Chomsky (1988): Manufacturing Consent. The Political Economy of the Mass Media. New York: Pantheon Books.

Heuser, Uwe Jean (2003): Neoliberalismus. Ein Gespenst geht um in Deutschland. In: Merkur. Deutsche Zeitschrift für europäisches Denken, Jg. 57, Sonderheft 9/10: Kapitalismus oder Barbarei? S. 800-806.

Heuser, Uwe Jean; Gero von Randow (1999): Der Unsozialstaat. Er übernimmt sich und schafft Arbeitslosigkeit. In: Die Zeit, Nr. 21. S. 1.

Hirschfeld, Dieter (1967): Sozialkritik des Neoliberalismus. Berlin: Inaugural-Dissertation der Freien Universität Berlin.

Hitzler, Ronald; Michaela Pfadenhauer (2000): Die Lage ist hoffnungslos, aber nicht ernst! (Erwerbs-) Probleme junger Leute heute und die anderen Welten von Jugendlichen. In: Robert Hettlage; Ludgera Vogt (Hg.): Identität in der moderne Welt. Wiesbaden: Westdeutscher Verlag. S. 361-380.

Hobsbawm, Eric (1995): Das Zeitalter der Extreme. Weltgeschichte des 20. Jahrhunderts. München: Hanser.

Hockerts, Hans Günther (1980): Sozialpolitische Entscheidungen im Nachkriegsdeutschland. Alliierte und deutsche Sozialversicherungspolitik 1945 bis 1957. Stuttgart: Klett-Cotta [Forschungen und Quellen zur Zeitgeschichte; 1].

Hoell, Joachim (2004): Oskar Lafontaine: Provokation und Politik. Eine Biografie. Braunschweig: Lehrbach.

Hoelzgen, Joachim (1984): Kampf um die Volksrepublik Süd-Yorkshire. Spiegel-Redakteur Joachim Hoelzgen über den britischen Bergarbeiterstreik. In: Der Spiegel, Nr. 47. S. 160-166.

Hohendanner, Christian; Markus Promberger; Lutz Bellmann (2007): Ein-Euro-Jobs in deutschen Betrieben: Mehr als „alter Wein in neuen Schläuchen"? In: Sozialer Fortschritt. Unabhängige Zeitschrift für Sozialpolitik, Jg. 56, Heft 12. S. 300-309.

Hombach, Bodo (1998): Aufbruch. Die Politik der Neuen Mitte. 2. Auflage. München: Econ.

Hombach, Bodo (1999): Die Balance von Rechten und Pflichten sichern. Der aktivierende Sozialstaat - das neue Leitbild. In: Soziale Sicherheit. Zeitschrift für Arbeit und Soziales, Jg. 48, Heft 2. S. 41-45.

Houben, Ilka (2006): Der Niedriglohnsektor im Kontext der aktuellen Arbeitsmarktreformen. In: Konrad-Adenauer-Stiftung (Hg.): Strategien gegen Arbeitslosigkeit und Armut: Beschäftigungschancen für Geringqualifizierte. Expertenworkshop der Konrad-Adenauer-Stiftung. Sankt Augustin: KAS-Arbeitspapiere; Nr. 153/2006. S. 5-6. URL: http://www.kas.de/wf/doc/kas_7876-544-1-30.pdf [Abruf: 16.11.2009].

Howell, David (1980; zuerst 1976): British Social Democracy. A Study in Development and Decay. 2nd Edition. New York: St. Martin's Press.

Hradil, Stefan (2005): Soziale Ungleichheit in Deutschland. Nachdruck der 8. Auflage. Wiesbaden: VS Verlag für Sozialwissenschaften.

Hufer, Klaus-Peter (2006): Argumente am Stammtisch. Erfolgreich gegen Parolen, Palaver, Populismus. Bonn: Lizenzausgabe für die Bundeszentrale für politische Bildung [Schriftenreihe; Band 545].

Huffschmid, Jörg (2005): Privatisierung. In: Wissenschaftlicher Beirat von Attac (Hg.): ABC der Globalisierung. Von »Alterssicherung« bis »Zivilgesellschaft«. Hamburg: VSA-Verlag. S. 148-149.

Huntington, Nicholas; Tim Bale (2002): New Labour: New Christian Democracy? In: The Political Quarterly, Vol. 73, No. 1. S. 44-50.

Häfke, Andreas (2007): Hoffnungslos arbeitslos? Psychosoziale Auswirkungen von Arbeitslosigkeit auf Schulabgänger. Marburg: Tectum.

Hölderlin, Friedrich (2001; zuerst 1802): Patmos. In: Friedrich Hölderlin: Sämtliche Gedichte und Hyperion. Herausgegeben von Jochen Schmidt. Frankfurt am Main; Leipzig: Insel. S. 350-356.

Höll, Susanne; Marc Widmann, Thomas Öchsner (2010): SPD debattiert Abkehr von Hartz IV. Die Sozialdemokraten wagen sich an den Kern von Schröders Agenda-Politik. Ein Diskussionspapier aus Hessen fordert eine Rückbesinnung auf die Devise: Wer länger einbezahlt, bekommt mehr raus. In: Süddeutsche Zeitung Online vom 08.01. URL: http://www.sueddeutsche.de/politik/316/499592/text/ [Abruf: 08.01.2010].

Hörnle, Micha (2000): What's left? SPD und Labour Party in der Opposition. Frankfurt am Main: Lang.

Hüllen, Rudolf van (2008): Transnational Cooperation of Post-Communist Parties. In: Uwe Backes; Patrick Moreau (Hg.): Communist and Post-Communist Parties in Europe. Göttingen: Vandenhoeck & Ruprecht. S. 463-482.

Hüther, Michael; Thomas Straubhaar (2009): Die gefühlte Ungerechtigkeit. Warum wir Ungleichheit aushalten müssen, wenn wir Freiheit wollen. Berlin: Econ.

Ihlau, Olaf; Klaus Wirtgen (1995): „Aus der Deckung." SPD-Vize Oskar Lafontaine über den Mannheimer Parteitag. In: Der Spiegel, Nr. 46. S. 32-34.

Jahn, Detlef (2006): Einführung in die vergleichende Politikwissenschaft. Wiesbaden: VS Verlag für Sozialwissenschaften.

Jahoda, Marie; Paul F. Lazarsfeld; Hans Zeisel (1975; zuerst 1933): Die Arbeitslosen von Marienthal. Ein soziographischer Versuch über die Wirkungen langandauernder Arbeitslosigkeit. Frankfurt am Main: Suhrkamp.

Jann, Werner; Günter Schmid (2004): Eins zu Eins? Eine Zwischenbilanz der Hartz-Reformen am Arbeitsmarkt. Berlin: Edition Sigma.

Jeffery, Charlie; Vladimir Handl (1999): Blair, Schröder and the Third Way. In: Lothar Funk (Hg.): The Economics and the Politics of the Third Way. Essays in Honour of Eric Owen Smith. Münster: Lit-Verlag [Volkswirtschaftliche Schriftenreihe; Band 30]. S. 78-87.

Jessop, Bob (2006): Der Dritte Weg: Neoliberalismus mit menschlichen Zügen? In: Sebastian Berg; André Kaiser (Hg.): New Labour und die Modernisierung Großbritanniens. Augsburg: Wißner. S. 338-366.

Jones, Tudor (1996): Remaking the Labour Party. From Gaitskell to Blair. London: Routledge.

Jun, Uwe (1996): Innerparteiliche Reformen im Vergleich: Der Versuch einer Modernisierung von SPD und Labour Party. In: Jens Borchert; Lutz Golsch; Uwe Jun; Peter Lösche (Hg.): Das sozialdemokratische Modell. Organisationsstrukturen und Politikinhalte im Wandel. Opladen: Leske + Budrich [Reihe Europa- und Nordamerikastudien; Band 2]. S. 213-237.

Jun, Uwe (2000): Die Transformation der Sozialdemokratie. Der Dritte Weg, New Labour und die SPD. In: Zeitschrift für Politikwissenschaft, Jg. 10, Heft 4. S. 1501-1530.

Jun, Uwe (2001): Der Wahlkampf der SPD zur Bundestagswahl 1998: Der Kampf um die »Neue Mitte« als Medieninszenierung. In: Gerhard Hirscher; Roland Sturm (Hg.): Die Strategie des »Dritten Weges«. Legitimation und Praxis sozialdemokratischer Regierungspolitik. München: Olzog [Hanns-Seidel-Stiftung]. S. 51-95.

Jun, Uwe (2002a): Länderspezifische Wandlungsprozesse. Wolfgang Schroeder vergleicht sozialdemokratische Reformstrategien in Europa. In: Neue Gesellschaft/Frankfurter Hefte, Jg. 49, Heft 5. S. 504-506.

Jun, Uwe (2002b): Parteien und Kommunikation in Großbritannien: Labour Party und Konservative als professionalisierte Medienkommunikationsparteien? In: Ulrich von Alemann; Stefan Marschall (Hg.): Parteien in der Mediendemokratie. Wiesbaden: Westdeutscher Verlag. S. 278-309.

Jun, Uwe (2004a): Der Wandel von Parteien in der Mediendemokratie. SPD und Labour Party im Vergleich. Frankfurt am Main; New York: Campus.

Jun, Uwe (2004b): Sozialdemokratie in der Krise: Die SPD auf der Suche nach einer neuen Identität. In: Gesellschaft, Wirtschaft, Politik. Sozialwissenschaften für politische Bildung, Jg. 53, Heft 3. S. 325-340.

Jun, Uwe (2005): Entstehung und Erosionstendenzen politischer Parteien. In: Christiane Frantz; Klaus Schubert (Hg.): Einführung in die Politikwissenschaft. Münster: Lit-Verlag. S. 221-239.

Jun, Uwe (2007): Radical Reformers - Defiant Electorates? Reform Policy and International Competitiveness under Schröder and Blair. In: Ingolfur Blühdorn; Uwe Jun (Hg.): Economic Efficiency - Democratic Empowerment. Contested Modernization in Britain and Germany. Lanham/Md.: Lexington Books. S. 31-67.

Jun, Uwe (2008a): Professionalisierung der politischen Kommunikation in Großbritannien. In: Karsten Grabow; Patrick Köllner (Hg.): Parteien und ihre Wähler: Gesellschaftliche Konfliktlinien und Wählermobilisierung im internationalen Vergleich. Berlin: Konrad-Adenauer Stiftung. S. 177-206. URL: http://www.kas.de/wf/doc/kas_12989-544-1-30.pdf [Abruf: 23.09.2009].

Jun, Uwe (2008b): Mit Geschlossenheit und Strategie nach vorn. Mit Frank-Walter Steinmeier als Kandidat und Franz Müntefering als Parteichef kann die SPD wieder einen Neuanfang wagen. Das sagt Uwe Jun, Parteienforscher an der Uni Trier. In: Trierischer Volksfreund Online vom 08.09. URL: http://www.volksfreund.de/nachrichten/themendestages/themenderzeit/Weitere-Themen-des-Tages;art742,1813851 [Abruf: 23.12.2009].

Jun, Uwe (2009a): Politische Parteien als Gegenstand der Politischen Soziologie. In: Viktoria Kania; Andrea Rämmele (Hg.): Politische Soziologie. Ein Studienbuch. Wiesbaden: VS Verlag für Sozialwissenschaften. S. 235-265.

Jun, Uwe (2009b): Organisationsreformen der Mitgliederparteien ohne durchschlagenden Erfolg: Die innerparteilichen Veränderungen von CDU und SPD seit den 1990er Jahren. In: Uwe Jun; Oskar Niedermayer; Elmar Wiesendahl (Hg.): Die Zukunft der Mitgliederpartei. Opladen; Farmington Hills: Verlag Barbara Budrich. S. 187-210.

Jun, Uwe (2009c): Parteienforschung. In: Politische Bildung, Jg. 42, Heft 1. S. 10-31.

Jun, Uwe; Klaus Stolz (2001): Bundesstaatliche Ordnung. In: Raban Graf von Westphalen (Hg.): Deutsches Regierungssystem. München; Wien: Oldenbourg. S. 141-164.

Jung, Matthias; Dieter Roth (1998): Wer zu spät geht, den bestraft der Wähler. Eine Analyse der Bundestagswahl 1998. In: Aus Politik und Zeitgeschichte, B 52/98. S. 3-19.

Jäckel, Michael (2005a): Medien und Macht. In: Michael Jäckel (Hg.): Mediensoziologie. Grundlagen und Forschungsfelder. Wiesbaden: VS Verlag für Sozialwissenschaften. S. 295-317.

Jäckel, Michael (2005b; zuerst 1999): Medienwirkungen. Ein Studienbuch zur Einführung. 3., überarbeitete und erweiterte Auflage. Wiesbaden: VS Verlag für Sozialwissenschaften.

Jänicke, Martin (1964): Der dritte Weg. Die antistalinistische Opposition gegen Ulbricht seit 1953. Köln: Neuer Deutscher Verlag.

Kaiser, André (2002): Mehrheitsdemokratie und Institutionenreform. Verfassungspolitischer Wandel in Australien, Großbritannien, Kanada und Neuseeland im Vergleich. Frankfurt am Main: Campus.

Kaiser, André (2007): Parteien und Wahlen. In: Hans Kastendiek; Roland Sturm (Hg.): Länderbericht Großbritannien. Geschichte - Politik - Wirtschaft - Gesellschaft - Kultur. Opladen; Farmington Hills: Budrich. S. 181-204.

Kant, Immanuel (2003; zuerst 1793): Die Religion innerhalb der Grenzen der bloßen Vernunft. Mit einer Einleitung und Anmerkungen herausgegeben von Bettina Stagneth. Hamburg: Meiner [Philosophische Bibliothek; Band 545].

Kaspari, Nicole (2008): Gerhard Schröder - Political Leadership im Spannungsfeld zwischen Machtstreben und politischer Verantwortung. Frankfurt am Main et. al.: Lang [Politik und Demokratie; Band 14].

Kaufmann, Franz-Xaver (2005): Schrumpfende Gesellschaft. Vom Bevölkerungsrückgang und seinen Folgen. Bonn: Lizenzausgabe der Bundeszentrale für politische Bildung [Schriftenreihe; Band 508].

Kellner, Manuel (2004): Trotzkismus. Einführung in seine Grundlagen - Fragen nach seiner Zukunft. Stuttgart: Schmetterling [theorie.org].

Kessler, Martin (2005): Neue Wut. Vereinzelter Protest oder neue soziale Bewegung? Dokumentarfilm. Frankfurt am Main: Martin Kessler Filmproduktion.

Keynes, John Maynard (1973a; zuerst 1935): A Letter to George Bernard Shaw. In: The Collected Writings of John Maynard Keynes, Vol. XIII: The General Theory and After. S. 492-493. Cambridge: Royal Economic Society.

Keynes, John Maynard (1973b; zuerst 1936): The General Theory of Employment, Interest and Money. In: The Collected Writings of John Maynard Keynes, Vol. VII: The General Theory of Employment, Interest and Money. S. 492-493. Cambridge: Royal Economic Society.

Kieselbach, Thomas (2000; Hg.): Youth Unemployment and Social Exclusion. A Comparison of Six European Countries. Opladen: Leske + Budrich.

King, Desmond; Stewart Wood (1999): The Political Economy of Neoliberalism: Britain and the United States in the 1980s. In: Herbert Kitschelt; Peter Lange; Gary Marks; John D. Stephens (Hg.): Continuity and Change in Contemporary Capitalism. Cambridge: Cambridge University Press. S. 371-397.

Klages, Helmut (1993):Traditionsbruch als Herausforderung. Perspektiven der Wertewandelgesellschaft. Frankfurt am Main; New York: Campus.

Klein, Naomi (2007): Die Schock-Strategie. Der Aufstieg des Katastrophen-Kapitalismus. Frankfurt am Main: S. Fischer.

Klitgaard, Michael Baggesen (2007): Why Are They Doing It? Social Democracy and Market-Oriented Welfare State Reforms. In: West European Politics, Vol. 30, No. 1. S. 172-194.

Kloepfer, Inge (2008): Aufstand der Unterschicht. Was auf uns zukommt. Hamburg: Hoffmann und Campe.

Kohli, Martin (2006): Alt - Jung. In: Stephan Lessenich; Frank Nullmeier (Hg.): Deutschland. Eine gespaltene Gesellschaft. Frankfurt am Main; New York: Campus. S. 115-135.

Konietzka, Dirk (2006): Berufliche Ausbildung und der Übergang in den Arbeitsmarkt. In: Rolf Becker; Wolfgang Lauterbach (Hg.): Bildung als Privileg. Erklärungen und Befunde zu den Ursachen der Bildungsungleichheit. 2., aktualisierte Auflage. Wiesbaden: VS Verlag für Sozialwissenschaften. S. 273-302.

Konle-Seidl, Regina (2007): Der Blick nach draußen: Von anderen lernen. In: IAB-Forum, Nr. 1. S. 88-95.

Korpi, Walter; Joakim Palme (2003): Klassenpolitik und Wohlfahrtsstaatsabbau: Kürzungen von Rechten der sozialen Sicherung in 18 Ländern 1975 bis 1995. In: Walter Müller; Stefani Scherer (Hg.): Mehr Risiken - Mehr Ungleichheit? Abbau von Wohlfahrtsstaat, Flexibilisierung von Arbeit und die Folgen. Frankfurt am Main; New York: Campus. S. 221-255.

Korte, Karl Rudolf (2003): Königsmörder. Die SPD und ihre Kanzler. In: Internationale Politik, Jg. 9, Heft 5. S. 65-67.

Korte, Karl Rudolf; Manuel Fröhlich (2006; zuerst 2004): Politik und Regieren in Deutschland. Strukturen, Prozesse, Entscheidungen. 2., überarbeitete Auflage. Paderborn: Schöningh.

Kraemer, Klaus (2009): Prekarisierung - jenseits von Stand und Klasse? In: Robert Castel; Klaus Dörre (Hg.): Prekarität, Abstieg, Ausgrenzung. Die soziale Frage am Beginn des 21. Jahrhunderts. Unter Mitarbeit von Peter Bescherer. Frankfurt am Main; New York: Campus. S. 241-252.

Kronauer, Martin (1996): "Soziale Ausgrenzung" und "Underclass": Über neue Formen der gesellschaftlichen Spaltung. In: SOFI-Mitteilungen, Nr. 24. S. 53-69.

Kronauer, Martin (2002): Exklusion. Die Gefährdung des Sozialen im hoch entwickelten Kapitalismus. Frankfurt am Main; New York: Campus.

Krumm, Thomas; Thomas Noetzel (2006): Das Regierungssystem Großbritanniens. Eine Einführung. München; Wien: Oldenbourg.

Krätke, Michael R. (2007): Leben und Arbeiten, Brot und Spiele. Das Grundeinkommen als Sozialstaatsersatz? In: Widerspruch. Beiträge zu sozialistischer Politik, Jg. 27, Heft 52. S. 149-164.

Krönig, Jürgen (1989): Macht und Markt. Die Führung der britischen Opposition will alte Positionen verlassen. In: Die Zeit, Nr. 21. URL: http://pdf.zeit.de/1989/21/Macht-und-Markt.pdf [Abruf: 21.08.2009].

Kuhn, Raymond (2007): Politics and the Media in Britain. Basingstoke: Palgrave Macmillan.

Kunze, Berthold (1954): Das Problem der Entpolitisierung und seine Lösungsmöglichkeiten im Sinne der Sozialenzykliken und des Neoliberalismus. Dissertation der Ruprecht-Karls-Universität Heidelberg.

Kästner, Erich (2007; zuerst 1932): Das Riesenspielzeug. In: Erich Kästner: Gedichte. Ausgewählt und herausgegeben von Volker Ladenthin. Stuttgart: Reclam. S. 44-45.

Labour Party (1988): Statement of Democratic Socialist Aims and Values. Editorial Assistance from Neil Kinnock. London: Labour Party.

Labour Party (1989): Meet the Challenge. Make the change. A new Agenda for Britain. Final Report of Labour's Policy Review for the 1990s. London: Labour Party.

Lafontaine, Oskar (1989): »Das Lied vom Teilen«. Die Debatte über Arbeit und politischen Neubeginn. Hamburg: Hoffmann und Campe.

Lafontaine, Oskar (1998): The Future of German Social Democracy. In: New Left Review, Vol. 227. S. 72-87.

Lafontaine, Oskar (1999): Das Herz schlägt links. München: Econ.

Lafontaine, Oskar (2002): Die Wut wächst. Politik braucht Prinzipien. 2. Auflage. München: Econ.

Lafontaine, Oskar (2005): Politik für alle. Streitschrift für eine gerechte Gesellschaft. München: Econ.

Lafontaine, Oskar; Christa Müller (1998): Keine Angst vor der Globalisierung. Wohlstand und Arbeit für alle. Bonn: Dietz.

Lambsdorff, Otto Graf von (1982): Konzept für eine Politik zur Überwindung der Wachstumsschwäche und zur Bekämpfung der Arbeitslosigkeit. Archiv des Liberalismus der Friedrich-Naumann-Stiftung für die Freiheit. URL: http://www.fnst-freiheit.org/uploads/644/1982_Lambsdorff-Papier.pdf [Abruf: 02.09.2009].

Lamla, Jörn (2003): Anthony Giddens. Frankfurt am Main; New York: Campus [Campus-Einführungen].

Lamping, Wolfram; Henning Schridde (2004): Der „Aktivierende Sozialstaat" - ordnungs- und steuerungstheoretische Dimensionen. In: Susanne Lütz; Roland Czada (Hg.): Wohlfahrtsstaat - Transformation und Perspektiven. Wiesbaden: VS Verlag für Sozialwissenschaften. S. 39-65.

Latham, Mark (2001): The Third Way: An Outline. In: Anthony Giddens (Hg.): The Global Third Way Debate. Cambridge: Polity Press. S. 25-35.

Leggewie, Claus (1999): Böcke zu Gärtnern? Das Bündnis für Arbeit im Politikprozess. In: Hans-Jürgen Arlt; Sabine Nehls (Hg.): Bündnis für Arbeit. Konstruktion - Kritik - Karriere. Opladen; Wiesbaden: VS Verlag für Sozialwissenschaften. S. 13-24.

Legnaro, Aldo (2006): „Moderne Dienstleistungen am Arbeitsmarkt" - Zur politischen Ratio der Hartz-Gesetze. In: Leviathan. Berliner Zeitschrift für Sozialwissenschaft, Jg. 34, Heft 4. S. 514-532.

Legnaro, Aldo (2008): Arbeit, Strafe und der Freiraum der Subjekte. In: Berliner Journal für Soziologie, Jg. 18, Heft 1. S. 52-72.

Legnaro, Aldo; Almut Birenheide (2008): Regieren mittels Unsicherheit. Regime von Arbeit in der späten Moderne. Konstanz: UVK.

Lehnert, Detlef (1983): Sozialdemokratie zwischen Protestbewegung und Regierungspartei 1848 bis 1983. Frankfurt am Main: Suhrkamp.

Leif, Thomas (2002a): Politikvermittlung im Tal der Unterhaltung. Die Entscheidungsschwäche der Parteien begünstigt die Flucht in eine mediale Ersatzwelt. In: Frank Nullmeier; Thomas Saretzki (Hg.): Jenseits des Regierungsalltags. Strategiefähigkeit politischer Parteien. Frankfurt am Main; New York: Campus. S. 133-165.

Leif, Thomas (2002b): Verkürzte Realität, verflachter Sinn, stillgelegter Diskurs. Von den Auswirkungen medialer Präsenz. In: Vorgänge, Jg. 44, Heft 2. S. 39-47.

Leif, Thomas (2004): Wer bewegt welche Ideen? Medien und Lobbyismus in Deutschland. In: Ulrich Müller; Sven Giegold; Malte Arhelger (Hg.): Gesteuerte Demokratie? Wie neoliberale Eliten Politik und Öffentlichkeit beeinflussen. Hamburg: VSA-Verlag. S. 84-89.

Leinemann, Jürgen (1995): Die ewigen Rebellen. Jürgen Leinemann über die 68er-Generation der Sozialdemokraten und ihre Schaukämpfe um die Macht. In: Der Spiegel, Nr. 46. S. 26-30.

Leisering, Lutz; Stephan Leibfried (2001): Paths out of Poverty: Perspectives on Active Policy. In: Anthony Giddens (Hg.): The Global Third Way Debate. Cambridge: Polity Press. S. 199-209.

Lemke, Thomas; Susanne Krasmann; Ulrich Bröckling (2000): Gouvernementalität, Neoliberalismus und Selbsttechnologien. In: Thomas Lemke; Susanne Krasmann; Ulrich Bröckling (Hg.): Gouvernementalität der Gegenwart. Studien zur Ökonomisierung des Sozialen. Frankfurt am Main: Suhrkamp. S. 7-40.

Lenin, Wladimir Iljitsch (1960): „Wem nützt es?“ In: Wladimir Iljitsch Lenin: Über Kunst und Kultur. Eine Sammlung ausgewählter Aufsätze und Reden. Berlin: Dietz. S. 173-174.

Lessenich, Stephan (1999): Vorwärts - und nichts vergessen. Die neue deutsche Sozialstaatsdebatte und die Dialektik sozialpolitischer Intervention. In: Prokla. Zeitschrift für kritische Sozialwissenschaft, Jg. 29, Heft 3. S. 411-430.

Lessenich, Stephan (2003): Der Arme in der Aktivgesellschaft - zum sozialen Sinn des „Förderns und Forderns“. In: WSI-Mitteilungen, Jg. 56, Heft 4. S. 214-220.

Lessenich, Stephan (2004): Ökonomismus zum Wohlfühlen: Gøsta Esping-Andersen und die neue Architektur des Sozialstaats. In: Prokla. Zeitschrift für kritische Sozialwissenschaft, Jg. 34, Heft 3. S. 469-476.

Lessenich, Stephan (2008): Die Neuerfindung des Sozialen. Der Sozialstaat im flexiblen Kapitalismus. Bielefeld: Transcript.

Lessenich, Stephan (2009): Mobilität und Kontrolle. Zur Dialektik der Aktivgesellschaft. In: Klaus Dörre; Stephan Lessenich; Hartmut Rosa: Soziologie - Kapitalismus - Kritik. Eine Debatte. Frankfurt am Main: Suhrkamp. S. 126-177.

Lessing, Gotthold Ephraim (2001; zuerst 1772): Emilia Galotti. Ein Trauerspiel in fünf Aufzügen. Stuttgart: Reclam.

Levine, Tom (1999): Tony Blair und die Linke. In: Berliner Zeitung vom 19.08. URL: http://www.berlinonline.de/berliner-zeitung/archiv/.bin/dump.fcgi/1999/0819/politik/0023/index.html [Abruf: 23.10.2009].

Lieb, Wolfgang (2006): Die Souffleure der Macht - Bertelsmann als informelles Bildungsministerium? Referat im Rahmen der Vortragsreihe „Ende der Geschichte oder Geschichte ohne Ende. Wohin steuert die Wissensgesellschaft?" an der Philipps-Universität Marburg am 6.12. URL: http://www.nachdenkseiten.de/?p=1921 [Abruf: 23.11.2009].

Liessmann, Konrad Paul (2008): Theorie der Unbildung. Die Irrtümer der Wissensgesellschaft. München; Zürich: Piper.

Linhardt, Virgine (2004): Mein Herz schlägt links - Die Sozialdemokratie im 20. Jahrhundert. Dokumentarfilm, Teil 2/2: Ein dritter Weg? Straßburg: Arte Television.

Lipset, Seymour Martin; Stein Rokkan (1967): Cleavage Structures, Party Systems, and Voter Alignments: An Introduction. In: Seymour Martin Lipset; Stein Rokkan: Party Systems and Voter Alignments: Cross National Perspectives. New York: The Free Press. S. 1-64.

Lucke, Albrecht von (2003): Treibgut SPD. In: Blätter für deutsche und internationale Politik, Jg. 48, Heft 6. S. 647-650.

Ludwig-Mayerhofer, Wolfgang; Olaf Behrend; Ariadne Sondermann (2009): Auf der Suche nach der verlorenen Arbeit. Arbeitslose und Arbeitsvermittler im neuen Arbeitsmarktregime. Konstanz: UVK.

Ludlam, Steve (2007): New Labour, Arbeitsmarktpolitik und Arbeitsbeziehungen. In: Hans Kastendiek; Roland Sturm (Hg.): Länderbericht Großbritannien. Geschichte - Politik - Wirtschaft - Gesellschaft - Kultur. Opladen; Farmington Hills: Budrich. S. 456-477.

Luhmann, Niklas (2005; zuerst 1987): Staat und Politik. Zur Semantik der Selbstbeschreibung politischer Systeme. In: Niklas Luhmann: Soziologische Aufklärung 4. Beiträge zur funktionalen Differenzierung der Gesellschaft. 3. Auflage. Wiesbaden: VS Verlag für Sozialwissenschaften. S. 77-107.

Lutz, Burkhart (1989; zuerst 1984): Der kurze Traum immerwährender Prosperität. Eine Neuinterpretation der industriell-kapitalistischen Entwicklung im Europa des 20. Jahrhunderts. Frankfurt am Main; New York: Campus.

Lutz, Ronald (2003): Jugendarbeitslosigkeit. In: Sabine Andresen; Karin Bock; Micha Brumlik; Hans-Uwe Otto; Matthias Schmidt; Dietmar Sturzbecher (Hg.): Vereintes Deutschland - geteilte Jugend. Ein politisches Handbuch. Opladen: Leske + Budrich. S. 413-428.

Lösche, Peter (1993): »Lose verkoppelte Anarchie«. Zur aktuellen Situation von Volksparteien am Beispiel der SPD. In: Aus Politik und Zeitgeschichte, B 43/1993. S. 20-28.

Lösche, Peter (1996): Die SPD nach Mannheim: Strukturprobleme und aktuelle Entwicklungen. In: Aus Politik und Zeitgeschichte, B 6/1996. S. 20-28.

Lösche, Peter (2000): Verkalkt - verbürgerlicht - professionalisiert. Der bittere Abschied der SPD von der Mitglieder- und Funktionärspartei. In: Universitas 55. S. 779-793.

Lösche, Peter (2003): Sozialdemokraten im Niedergang? Zum Zustand der SPD und ihrer europäischen Schwesternparteien. In: Blätter für deutsche und internationale Politik, Jg. 48, Heft 2. S. 207-216.

Maass, Gero (2003): Nach dem Irak - vor dem Euro - inmitten alter Probleme. Eine erste britische Nachkriegsbilanz. Arbeitspapier der Friedrich-Ebert-Stiftung; Büro London. URL: http://www.feslondon.dial.pipex.com/pubs02/IrakEuro.pdf [Abruf: 12.11.2009].

Mahnkopf, Birgit (2000a): Viele Wege führen ins dritte Jahrtausend. In: Otto Brenner Stiftung (Hg.): Ein dritter Weg für das dritte Jahrtausend. Von der Standort- zur Zukunftsdebatte. 2. Auflage. Hamburg: VSA-Verlag. S. 26-41.

Mahnkopf, Birgit (2000b): Formel 1 der neuen Sozialdemokratie: Gerechtigkeit durch Ungleichheit. In: Prokla. Zeitschrift für kritische Sozialwissenschaft, Jg. 30, Heft 4. S. 489-525.

Mandel, Ernest (1998; zuerst 1979): Einführung in den Marxismus. 6. Auflage. Köln: Neuer ISP-Verlag.

Mandelson, Peter; Roger Liddle (1996): The Blair Revolution. Can New Labour Deliver? London; Boston: Faber and Faber.

Manow, Philip (2002): ‚The Good, The Bad, And The Ugly'. Esping-Andersens Sozialstaats-Typologie und die konfessionellen Wurzeln des westlichen Wohlfahrtsstaates. In: Kölner Zeitschrift für Soziologie und Sozialpsychologie, Jg. 54, Heft 2. S. 203-225.

Marschall, Stefan (2007): Das politische System Deutschlands. Konstanz: UVK.

Marsden, Chris; Julie Hyland (2003): Großbritannien: Was Clare Shorts Rücktritt über New Labour aussagt. In: World Socialist Website vom 21.05. URL: http://www.wsws.org/de/2003/mai2003/shor-m21_prn.html [Abruf: 31.07.2008].

Marx, Karl (2008; zuerst 1867): Das Kapital. Kritik der politischen Ökonomie. Der Produktionsprozess des Kapitals [Erster Band]. 39. Auflage. Herausgegeben von der Rosa-Luxemburg-Stiftung. Gesellschaftsanalyse und Politische Bildung e. V. Berlin: Dietz.

Marx, Karl; Friedrich Engels (2005; zuerst 1848): Manifest der Kommunistischen Partei. Mit einem Vorwort von Iring Fetscher. Frankfurt am Main: Fischer.

Mau, Steffen (1997): Ideologischer Konsens und Dissens im Wohlfahrtsstaat. Zur Binnenvariation von Einstellungen zu sozialer Ungleichheit in Schweden, Großbritannien und der Bundesrepublik Deutschland. In: Soziale Welt, Jg. 47, Heft 1. S. 17-38.

Mau, Steffen (1998): Akzeptanzbedingungen des wohlfahrtsstaatlichen Umbaus. Ein internationaler Vergleich. In: Zeitschrift für Sozialreform, Jg. 44, Heft 11/12. S. 856-872.

Maurer, Michael (2007): Kleine Geschichte Englands. Bonn: Lizenzausgabe der Bundeszentrale für politische Bildung [Schriftenreihe; Band 528].

May, Hermann (2008): Handbuch zur ökonomischen Bildung. 9. Auflage. München: Oldenbourg.

McKibbin, Ross (1984): Why was there no Marxism in Great Britain? In: The English Historical Review, Vol. XCIX (April). S. 297-331.

Meier-Walser, Reinhard C. (2001): Die Reaktionen der britischen Tories auf Blairs »Dritten Weg«. In: Gerhard Hirscher; Roland Sturm (Hg.): Die Strategie des »Dritten Weges«. Legitimation und Praxis sozialdemokratischer Regierungspolitik. München: Olzog [Hanns-Seidel-Stiftung]. S. 150-199.

Merkel, Wolfgang (1993): Ende der Sozialdemokratie? Machtressourcen und Regierungspolitik im westeuropäischen Vergleich. Frankfurt am Main; New York: Campus.

Merkel, Wolfgang (2000a): Die Dritten Wege der Sozialdemokratie ins 21. Jahrhundert. In: Berliner Journal für Soziologie, Jg. 10, Heft 1. S. 99-124.

Merkel, Wolfgang (2000b): Der »Dritte Weg« und der Revisionismusstreit der Sozialdemokratie am Ende des 20. Jahrhunderts. In: Karl Hinrichs; Herbert Kitschelt; Helmut Wiesenthal (Hg.): Kontingenz und Krise. Institutionenpolitik in kapitalistischen und postsozialistischen Gesellschaften. Claus Offe zum 60.Geburtstag. Frankfurt am Main; New York: Campus. S. 263-290.

Merkel, Wolfgang (2001): Soziale Gerechtigkeit und die drei Welten des Wohlfahrtskapitalismus. In: Berliner Journal für Soziologie, Jg. 11, Heft 4. S. 135-157.

Merkel, Wolfgang (2003): Arbeitsmarkt, Beschäftigungspolitik und soziale Gerechtigkeit. In: Der Bürger im Staat: Der Sozialstaat in der Diskussion, Jg. 53, Heft 4. S. 186-191.

Meusch, Andreas (2003): Und der Zukunft abgewandt. Sozialpolitik in der Ära Kohl. Hamburg: Meusch.

Meyer, Henning (2009): Großbritannien zwischen globaler Wirtschaftskrise und New Labour 2.0. Internationale Politikanalyse für die Friedrich-Ebert-Stiftung, Februar 2009. URL: http://library.fes.de/pdf-files/id/ipa/06139.pdf [Abruf: 19.12.2009].

Meyer, Thomas (1982): Demokratischer Sozialismus. Eine Einführung. 2. Auflage. Bonn: Verlag Neue Gesellschaft [Reihe »Praktische Demokratie«].

Meyer, Thomas (1998): Die Transformation der Sozialdemokratie. Eine Partei auf dem Weg ins 21. Jahrhundert. Bonn: Dietz.

Meyer, Thomas (2004): Die Agenda 2010 und die soziale Gerechtigkeit. In: Politische Vierteljahresschrift, Jg. 45, Heft 2. S. 181-190.

Meyer, Thomas (2005): Theorie der Sozialen Demokratie. Wiesbaden: VS Verlag für Sozialwissenschaften.

Meyer, Thomas (2006): Praxis der Sozialen Demokratie. Wiesbaden: VS Verlag für Sozialwissenschaften.

Meyer, Thomas (2007): Nachzügler Deutschland - der fehlende Diskurs über die Neuausrichtung des Sozialstaates. In: Frans Becker; Karl Duffek; Tobias Mörschel (Hg.): Sozialdemokratische Reformpolitik und Öffentlichkeit. Wiesbaden: VS Verlag für Sozialwissenschaften. S. 53-64.

Meyer-Timpe, Ulrike (2007): Umzug unmöglich. Viele Kommunen verlangen von Hartz-IV-Empfängern, dass sie billigere Wohnungen suchen - die es meist nicht gibt. Jetzt stellen sich die Sozialgerichte auf die Seite der Arbeitslosen. In: Die Zeit, Nr. 23. S. 38.

Mikfeld, Benjamin (1999): Führt der Dritte Weg in ein neues Zeitalter der Sozialdemokratie? In: Blätter für deutsche und internationale Politik, Jg. 44, Heft 4. S. 437-445.

Miller, Susanne; Heinrich Potthoff (1991): Kleine Geschichte der SPD. Darstellung und Dokumentation 1848-1990. 7., überarbeitete und erweiterte Auflage. Bonn: Dietz.

Misik, Robert (1998): Die Suche nach dem Blair-Effekt. Schröder, Klima und Genossen zwischen Tradition und Pragmatismus. Berlin: Aufbau.

Misik, Robert (1999): Philosophen, die die Welt nicht verändern. Der »Dritte Weg« und die Bescheidenheit der Politik. In: Neue Gesellschaft/Frankfurter Hefte, Jg. 46, Heft 5. S. 447-453.

Mitton, Lavinia (2008): Vermarktlichung zwischen Thatcher und New Labour: Das britische Wohlfahrtssystem. In: Schubert, Klaus; Simon Hegelich; Ursula Bazant (Hg.): Europäische Wohlfahrtssysteme. Ein Handbuch. Wiesbaden: VS Verlag für Sozialwissenschaften. S. 263-284.

Moeller, Hero (1950): Liberalismus. In: Jahrbücher für Nationalökonomie und Statistik, Band 162. S. 214-238.

Mohr, Katrin (2007): Soziale Exklusion im Wohlfahrtsstaat. Arbeitslosensicherung und Sozialhilfe in Großbritannien und Deutschland. Wiesbaden: VS Verlag für Sozialwissenschaften.

Morgenroth, Christine (2003): Arbeitsidentität und Arbeitslosigkeit - ein depressiver Zirkel. In: Aus Politik und Zeitgeschichte, B 6-7/2003. S. 17-24.

Mouffe, Chantal (2007): Über das Politische. Wider die kosmopolitische Illusion. Frankfurt am Main: Suhrkamp.

Mädler, Carola; Matthias Pilz (1999): Der "New Deal" zur Bekämpfung der Jugendarbeitslosigkeit in Großbritannien. In: Erziehungswissenschaft und Beruf, Jg. 47, Heft 2. S. 169-179.

Müller, Albrecht (2004): Die Reformlüge. 40 Denkfehler, Mythen und Legenden, mit denen Politik und Wirtschaft Deutschland ruinieren. München: Droemer.

Müller, Albrecht (2006): Machtwahn. Wie eine mittelmäßige Führungselite uns zugrunde richtet. München: Droemer.

Müller, Albrecht (2009): Meinungsmache. Wie Wirtschaft, Politik und Medien uns das Denken abgewöhnen wollen. München: Droemer.

Müller, Ulrich (2004): »Reform«initiativen. In: Ulrich Müller; Sven Giegold; Malte Arhelger (Hg.): Gesteuerte Demokratie? Wie neoliberale Eliten Politik und Öffentlichkeit beeinflussen. Hamburg: VSA-Verlag. S. 41-51.

Münch, Richard (2009): Das Regime des liberalen Kapitalismus. Inklusion und Exklusion im neuen Wohlfahrtsstaat. Frankfurt am Main; New York: Campus.

Müntefering, Franz (2000a): Demokratie braucht Partei. Die Chance der SPD. In: Zeitschrift für Parlamentsfragen, Jg. 31, Heft 2. S. 337-342.

Müntefering, Franz (2000b): Kernpunkte sozialdemokratischer Politik. In: Otto Brenner Stiftung (Hg.): Ein dritter Weg für das dritte Jahrtausend. Von der Standort- zur Zukunftsdebatte. 2. Auflage. Hamburg: VSA-Verlag. S. 144-151.

Müntefering, Franz (2002): Die Politik der Mitte in Deutschland. URL: http://powi.uni-jena.de/wahlkampf2002/dokumente/SPD_Mitte-Papier.pdf [Abruf: 09.08.2009].

Nachtwey, Oliver (2006): Seid leistungsfähig und mehret euch! In: Blätter für deutsche und internationale Politik, Jg. 51, Heft 3. S. 274-277.

Nachtwey, Oliver (2009): Marktsozialdemokratie. Die Transformation von SPD und Labour Party. Wiesbaden: VS Verlag für Sozialwissenschaften.

Nachtwey, Oliver; Arne Heise (2006): Großbritannien: Vom kranken Mann Europas zum Wirtschaftswunderland? In: WSI-Mitteilungen, Jg. 59, Heft 3. S. 131-137.

Nachtwey, Oliver; Tim Spier (2007): Günstige Gelegenheit? Die sozialen und politischen Entstehungshintergründe der Linkspartei. In: Tim Spier; Felix Butzlaff; Matthias Micus; Franz Walter (Hg.): Die Linkspartei. Zeitgemäße Idee oder Bündnis ohne Zukunft? Wiesbaden: VS Verlag für Sozialwissenschaften. S. 13 69.

Negt, Oskar (2009): Was heißt fröhliches Scheitern in der Risikogesellschaft? In: Alexander Kluge: Nachrichten aus der ideologischen Antike. Marx - Eisenstein - Das Kapital. DVD II: Alle Dinge sind verzauberte Menschen; Kap. 7. Frankfurt am Main: Filmedition Suhrkamp.

Niedermayer, Oskar (2009): Ein Modell zur Erklärung und Sozialstruktur von Parteimitgliedschaften. In: Uwe Jun; Oskar Niedermayer; Elmar Wiesendahl (Hg.): Die Zukunft der Mitgliederpartei. Opladen; Farmington Hills: Verlag Barbara Budrich. S. 91-110.

Niejahr, Elisabeth; Hendrik Munsberg; Christian Reiermann; Hans-Jürgen Schlamp; Gabor Steingart (1998): „Nichts tun geht nicht." Genug gejubelt: Die Schröder-Regierung hat einen schlechten Start erwischt, die Wirtschaft protestiert gegen die Steuerpläne, die Wähler der neuen Mitte wenden sich ab. Der Ruf nach dem Kanzler wird lauter. Die Reformer in der Regierung fühlen sich allein gelassen - und vom Traditionalisten Lafontaine überrollt. In: Der Spiegel, Nr. 46. S. 22-34.

Nielandt, Jörg (2002): (Klassen-)Gesellschaft und Gemeinsinn. Sozialkapital im internationalen Vergleich. In: Sozialismus, Jg. 29, Heft 2. S. 23-32.

Norberg-Hodge, Helena (2002): Modernisierungs- und Globalisierungsdruck. In: Jerry Mander (Hg.): Schwarzbuch Globalisierung. Eine fatale Entwicklung mit vielen Verlieren und wenigen Gewinnern. München: Riemann. S. 234-252.

Nutt, Harry (2009): Die Angst vor der sozialen Kälte. In: Frankfurter Rundschau Online vom 28.09. URL: http://www.fr-online.de/in_und_ausland/kultur_und_medien/themen/1978921_Bundestagswahl-2009-Die-Angst-vor-der-sozialen-Kaelte.html [Abruf: 07.01.2010].

Oberreuter, Heinrich (1997): Medien und Demokratie. Ein Problemaufriß. In: Karl Rohe (Hg.): Politik und Demokratie in der Informationsgesellschaft. Baden-Baden: Nomos [Veröffentlichungen der Deutschen Gesellschaft für Politikwissenschaft; 15]. S. 11-24.

Offe, Claus (2001): Wessen Wohl ist das Gemeinwohl? In: Lutz Wingert; Klaus Günther (Hg.): Die Öffentlichkeit der Vernunft und die Vernunft der Öffentlichkeit. Festschrift für Jürgen Habermas. Frankfurt am Main: Suhrkamp. S. 459-488.

O'Higgins, Niall (2001): Youth unemployment and employment policy. A global perspective. Geneva: International Labour Office.

Olson, Mancur (1991; zuerst 1985): Aufstieg und Niedergang von Nationen. Ökonomisches Wachstum, Stagflation und soziale Starrheit. 2., durchgesehene Auflage. Tübingen: Mohr.

Oschmiansky, Frank (2003): Faule Arbeitslose? Zur Debatte über Arbeitsunwilligkeit und Leistungsmissbrauch. In: Aus Politik und Zeitgeschichte, B 6-7/2003. S. 10-16.

Ostheim, Tobias; Manfred G. Schmidt (2007): Die Machtressourcentheorie. In: Manfred G. Schmidt; Tobias Ostheim; Nico A. Siegel; Reimut Zohlnhöfer (Hg.): Der Wohlfahrtsstaat. Eine Einführung in den historischen und internationalen Vergleich. Wiesbaden: VS Verlag für Sozialwissenschaften. S. 40-50.

o. V. (1984): König Arthur. Bergarbeiterführer Arthur Scargill will notfalls bis zum kommenden Winter durchstreiken lassen, um seine Erzrivalin Margaret Thatcher in die Knie zu zwingen. In: Der Spiegel, Nr. 23. S. 124-126.

o. V. (1993a): Ohne Kurs und Kapitän. Nach Engholms Rücktritt: Machtkampf in der SPD. In: Der Spiegel, Nr. 19. S. 29-35.

o. V. (1993b): GAU an der Wand. In Kungelrunden sind sich Spitzen-Genossen ausnahmsweise einig: gegen den Kandidaten Gerhard Schröder. In: Der Spiegel, Nr. 21. S. 22-23.

o. V. (1995): „Eine Mehrheit für das linke Lager." Interview mit SPD-Chef Oskar Lafontaine über die Perspektiven seiner Partei. In: Der Spiegel, Nr. 47. S. 29-30.

o. V. (1996): Links, aber unverbindlich. Wie Labour-Chef Tony Blair im Falle seines Wahlsiegs die britische Wirtschaft reformieren will. In: Manager Magazin, Nr. 9. S. 144.

o. V. (1998): „Eine andere Zeit." Ein rauschender Sieg trägt Gerhard Schröder ins Kanzleramt. Noch in der Wahlnacht begann das Pokerspiel mit den Grünen. Weder Schäuble noch Rühe bestreiten Rot-Grün das Recht auf Regierungsbildung - ein Machtwechsel ohne alle Hysterie, von der Union ergeben hingenommen. In: Der Spiegel, Wahl-Spezial 1998. S. 6-11.

o. V. (2003a): Fraktionschef Robin Cook zurückgetreten. In: Spiegel-Online vom 17.03. URL: http://www.spiegel.de/politik/ausland/0,1518,240681,00.html [Abruf: 31.10.2009].

o. V. (2003b): Weiteres Kabinettsmitglied tritt zurück. In: Spiegel-Online vom 18.03. URL: http://www.spiegel.de/politik/ausland/0,1518,240713,00.html [Abruf: 31.10.2009].

o. V. (2003c): Dritter Rücktritt aus Protest gegen Blair. In: Spiegel-Online vom 18.03. URL: http://www.spiegel.de/politik/ausland/0,1518,240800,00.html [Abruf: 31.10.2009].

o. V. (2003d): Klares Votum für Schröders Reform-Agenda. In: RP-Online vom 01.06. URL: http://www.rp-online.de/politik/Klares-Votum-fuer-Schroeders-Reform-Agenda_aid_9045.html [Abruf: 16.11.2009].

o. V. (2004): Hartz-Proteste: SPD-Politiker verärgert über Oskars Montagsdemo. In: Spiegel-Online vom 30.08. URL: http://www.spiegel.de/politik/deutschland/0,1518,315698,00.html [Abruf: 16.11.2009].

o. V. (2005): Empfang beim Bundespräsidenten im Januar 2005. URL: http://www.tafel-luedenscheid.de/highlights/empfang.php [Abruf: 25.08.2009].

o. V. (2009a): Eine Idee, von der alle profitieren. URL: http://www.tafel.de/die-tafeln/tafel-idee [Abruf: 25.08.2009].

o. V. (2009b): Arbeitslosigkeit in Deutschland. In: Spiegel Online. URL: http://www.spiegel.de/flash/flash-12125.html [Abruf: 16.10.2009].

o. V. (2009c): Die INSM. Die Initiative Neue Soziale Marktwirtschaft arbeitet seit dem Jahr 2000 für marktwirtschaftliche Reformen in Deutschland. Die operative Zentrale der INSM ist in Köln beheimatet. Lesen Sie hier mehr über die Macher der INSM sowie das Leitbild und die Ziele der Initiative Neue Soziale Marktwirtschaft. URL: http://www.insm.de/insm/ueber-die-insm.html [Abruf: 28.11.2009].

o. V. (2009d): Bundesergebnis: Endgültiges Ergebnis der Bundestagswahl 2009. URL: http://www.bundeswahlleiter.de/de/bundestagswahlen/BTW_BUND_09/ergebnisse/bundesergebnisse/index.html [23.12.2009].

Petring, Alexander (2006): Großbritannien. In: Wolfgang Merkel; Christoph Egle; Christian Henkes; Tobias Ostheim; Alexander Petring: Die Reformfähigkeit der Sozialdemokratie. Herausforderungen und Bilanz der Regierungspolitik in Westeuropa. Wiesbaden: VS Verlag für Sozialwissenschaften. S. 119-153.

Pierson, Paul (2000): The New Politics of the Welfare State. In: Christopher Pierson; Francis G. Castles (Hg.): The Welfare State Reader. Cambridge: Polity Press. S. 309-319.

Pispers, Volker (2004): Bis neulich. DVD-Version 2004. Live in Berlin. Erding: Hörsturz Booksound.

Plehwe, Dieter; Bernhard Walpen (1999): Wissenschaftliche und wissenschaftspolitische Produktionsweisen im Neoliberalismus. Beiträge der Mont Pèlerin Society und marktradikaler Think Tanks zur Hegemoniegewinnung und -erhaltung. In: Prokla. Zeitschrift für kritische Sozialwissenschaft, Jg. 29, Heft 2. S. 203-235.

Plehwe, Dieter; Bernhard Walpen (2004): Buena Vista Neoliberal? Eine klassentheoretische und organisationszentrierte Einführung in die transnationale Welt neoliberaler Ideen. In: Klaus-Gerd Giesen (Hg.): Ideologien in der Weltpolitik. Wiesbaden: VS Verlag für Sozialwissenschaften. S. 49-88.

Plickert, Philip (2008): Wandlungen des Neoliberalismus. Eine Studie zu Entwicklung und Ausstrahlung der „Mont Pèlerin Society". Stuttgart: Lucius & Lucius [Marktwirtschaftliche Reformpolitik: Schriftenreihe der Aktionsgemeinschaft Soziale Marktwirtschaft; Bd. 8].

Polanyi, Karl (1978; zuerst 1944): The Great Transformation. Politische und ökonomische Ursprünge von Gesellschaften und Wirtschaftssystemen. Frankfurt am Main: Suhrkamp.

Postman, Neil (1985): Wir amüsieren uns zu Tode. Urteilsbildung im Zeitalter der Unterhaltungsindustrie. Frankfurt am Main: S. Fischer.

Prantl, Heribert (1999): Rot-Grün. Eine erste Bilanz. Hamburg: Hoffmann und Campe.

Prantl, Heribert (2005): Kein schöner Land. Die Zerstörung der sozialen Gerechtigkeit. München: Droemer.

Priddat, Birger P. (1998): Moral Based Rational Man. Über die implizite *Moral* des Homo Oeconomicus. In: Norbert Brieskorn; Johannes Wallacher (Hg.): Homo Oeconomicus. Der Mensch der Zukunft? Stuttgart: Kohlhammer. S. 1-31.

Priddat, Birger P. (2003): Die Lobby der Vernunft. Die Chancen wissenschaftlicher Politikberatung. In: Thomas Leif; Rudolf Speth (Hg.): Die stille Macht. Lobbyismus in Deutschland. Wiesbaden: Westdeutscher Verlag. S. 43-54.

Projektgruppe SPD 2000 des Parteivorstands (1993): Ziele und Wege der Parteireform. In: Karlheinz Blessing (Hg.): SPD 2000. Die Modernisierung der SPD. Marburg: Schüren. S. 16-46.

Promberger, Markus (2008): Arbeit, Arbeitslosigkeit und soziale Integration. In: Aus Politik und Zeitgeschichte 40-41/2008. S. 7-15.

Prott, Jürgen (2005): Gewerkschaften in den Massenmedien. In: WSI-Mitteilungen, Jg. 58, Heft 5. S. 272-277.

Przeworski, Adam (1985): Capitalism and Social Democracy. Cambridge: Cambridge University Press [Studies in Marxism and Social Theory].

Ptak, Ralf (2002): Chefsache. Basta! Der Neoliberalismus als antiegalitäre, antidemokratische Leitideologie. In: Norman Paech; Eckart Spoo; Rainer Buntenschön (Hg.): Demokratie - wo und wie? Hamburg: VSA-Verlag. S. 87-102.

Ptak, Ralf (2004a): Neoliberalismus: Geschichte, Konzeption und Praxis. In: Ulrich Müller; Sven Giegold; Malte Arhelger (Hg.): Gesteuerte Demokratie? Wie neoliberale Eliten Politik und Öffentlichkeit beeinflussen. Hamburg: VSA-Verlag. S. 12-28.

Ptak, Ralf (2004b): Vom Ordoliberalismus zur sozialen Marktwirtschaft. Stationen des Neoliberalismus in Deutschland. Opladen: Leske + Budrich.

Ptak, Ralf (2005): Neoliberalismus. In: Wissenschaftlicher Beirat von Attac (Hg.): ABC der Globalisierung. Von »Alterssicherung« bis »Zivilgesellschaft«. Hamburg: VSA-Verlag. S. 132-133.

Ptak, Ralf (2008a): Grundlagen des Neoliberalismus. In: Christoph Butterwegge; Bettina Lösch; Ralf Ptak (Hg.): Kritik des Neoliberalismus. Zweite, verbesserte Auflage. Wiesbaden: VS Verlag für Sozialwissenschaften. S. 13-86.

Ptak, Ralf (2008b): Soziale Marktwirtschaft und Neoliberalismus: ein deutscher Sonderweg. In: Christoph Butterwegge; Bettina Lösch; Ralf Ptak (Hg.): Neoliberalismus. Analysen und Alternativen. Wiesbaden: VS Verlag für Sozialwissenschaften. S. 69-89.

Puhr, Kirsten (2009): Inklusion und Exklusion im Kontext prekärer Ausbildungs- und Arbeitsmarktchancen. Biografische Portraits. Wiesbaden: VS Verlag für Sozialwissenschaften.

Quinn, Thomas (2004): Modernising the Labour Party. Organisational Change Since 1983. Basingstoke: Palgrave Macmillan.

Raith, Manuela (2008): Maßnahmen gegen Jugendarbeitslosigkeit in der Europäischen Union. Einfluss der Struktur allgemeiner gesellschaftlicher Werte und der institutionellen Rahmenbedingungen. Saarbrücken: Verlag Dr. Müller.

Raschke, Joachim (2002): Politische Strategie. Überlegungen zu einem politischen und politologischen Konzept. In: Frank Nullmeier; Thomas Saretzki (Hg.): Jenseits des Regierungsalltags. Strategiefähigkeit politischer Parteien. Frankfurt am Main; New York: Campus. S. 207-241.

Rau, Johannes (2001): Grußwort des Bundespräsidenten. In: Claus Groth (Hg.): Strategien gegen Jugendarbeitslosigkeit im internationalen Vergleich. Auf der Suche nach den besten Lösungen. Frankfurt am Main: Lang. S. 5-6.

Rawls, John (1994; zuerst 1971): Eine Theorie der Gerechtigkeit. 8. Auflage. Frankfurt am Main: Suhrkamp.

Reitan, Earl A. (2003): The Thatcher Revolution. Margaret Thatcher, John Major, Tony Blair, and the Transformation of Modern Britain, 1979-2001. Lenham; Boulder; New York; Oxford: Rowman & Littlefield Publishers.

Reitzig, Jörg (2005): Gesellschaftsvertrag, Gerechtigkeit, Arbeit. Eine hegemonietheoretische Analyse zur Debatte um einen "Neuen Gesellschaftsvertrag" im postfordistischen Kapitalismus. Münster: Westfälisches Dampfboot.

Reutter, Werner (2003): Das Bündnis für Arbeit, Ausbildung und Wettbewerbsfähigkeit. In: Antonia Gohr; Martin Seeleib-Kaiser (Hg.): Sozial- und Wirtschaftspolitik unter Rot-Grün. Wiesbaden: Westdeutscher Verlag. S. 289-306.

Rieger, Elmar (1998): Soziologische Theorie und Sozialpolitik im entwickelten Wohlfahrtsstaat. In: Stephan Lessenich; Ilona Ostner (Hg.): Welten des Wohlfahrtskapitalismus. Der Sozialstaat in vergleichender Perspektive. Frankfurt am Main; New York: Campus [Theorie und Gesellschaft; Band 40]. S. 61-89.

Rieger, Elmar; Stephan Leibfried (1997): Die sozialpolitischen Grenzen der Globalisierung. In: Politische Vierteljahresschrift, Jg. 38, Heft 4. S. 771-796.

Rifkin, Jeremy (2004; zuerst 1996): Das Ende der Arbeit und ihre Zukunft. Neue Konzepte für das 21. Jahrhundert. Erweiterte Neuausgabe. Frankfurt am Main; New York: Campus.

Roberts, Ken (2000): Großbritannien. In: Ingo Richter; Sabine Sardei-Biermann (Hg.): Jugendarbeitslosigkeit. Ausbildungs- und Beschäftigungsprogramme in Europa. Opladen: Leske + Budrich. S. 57-77.

Roberts, Ken (2007): *Class* im Selbstverständnis der britischen Gesellschaft. In: Hans Kastendiek; Roland Sturm (Hg.): Länderbericht Großbritannien. Geschichte - Politik - Wirtschaft - Gesellschaft - Kultur. Opladen; Farmington Hills: Budrich. S. 226-249.

Robinson, Peter (2007): Labour-Regierung und öffentlicher Diskurs in Großbritannien. In: Frans Becker; Karl Duffek; Tobias Mörschel (Hg.): Sozialdemokratische Reformpolitik und Öffentlichkeit. Wiesbaden: VS Verlag für Sozialwissenschaften. S. 41-52.

Roitsch, Jutta (2004): Lehrstück Ausbildungsplatzabgabe. In: Blätter für deutsche und internationale Politik, Jg. 49, Heft 7. S. 862-870.

Roller, Edeltraut (1998): Ist der Wohlfahrtsstaat im vereinigten Deutschland überfordert? Wohlfahrtsstaatsansprüche in Ost- und Westdeutschland im Vergleich. In: Josef Schmid; Reiner Niketta (Hg.): Wohlfahrtsstaat: Krise und Reform im Vergleich. Marburg: Metropolis. S. 85-111.

Rosa, Hartmut (2005): Beschleunigung. Die Veränderung der Zeitstrukturen in der Moderne. Frankfurt am Main: Suhrkamp.

Rosa, Hartmut (2009): Leiharbeiter und Aktivbürger: Was stimmt nicht mit dem spätmodernen Kapitalismus? In: Klaus Dörre; Stephan Lessenich; Hartmut Rosa: Soziologie - Kapitalismus - Kritik. Eine Debatte. Frankfurt am Main: Suhrkamp. S. 205-223.

Rossum, Walter von (2004): Meine Sonntage mit »Sabine Christiansen«. Wie das Palaver uns regiert. 4. Auflage. Köln: Kiepenheuer & Witsch.

Roth, Rainer (2003): Nebensache Mensch. Arbeitslosigkeit in Deutschland. Frankfurt am Main: DVS.

Roy, Klaus-Bernhard (2002): Die Modernisierung des Sozialstaates. In: Ulrich Heyder; Ulrich Menzel; Bernd Rebe (Hg.): Das Land verändert? Rot-grüne Politik zwischen Interessenbalancen und Modernisierungsdynamik. Hamburg: VSA-Verlag. S. 46-59.

Rucht, Dieter; Mundo Yang (2004): Wer demonstrierte gegen Hartz IV? In: Forschungsjournal Neue Soziale Bewegungen, Jg. 17, Heft 4. S. 21-27.

Russell, Meg (2005): Building New Labour. The Politics of Party Organisation. Basingstoke: Palgrave Macmillan.

Rüstow, Alexander (1963; zuerst 1932): Die staatspolitischen Voraussetzungen des wirtschaftspolitischen Liberalismus. Wiederabgedruckt. In: Alexander Rüstow: Rede und Antwort. 21 Reden und viele Diskussionsbeiträge aus den Jahren 1932 bis 1962 als Zeugnisse eines ungewöhnlichen Gelehrtenlebens und einer universellen Persönlichkeit. Ludwigsburg: Hoch. S. 249-258.

Sandermann, Philipp (2009): Die neue Diskussion um Gemeinschaft. Ein Erklärungsansatz mit Blick auf die Reform des Wohlfahrtssystems. Bielefeld: Transcript.

Sandner, Günther (2000): Halbierter Sozialismus oder: Die politische Theorie des dritten Weges. In: Österreichische Zeitschrift für Politikwissenschaft, Jg. 29, Heft 1. S. 93-107.

Sandner, Günther (2002a): Der „Dritte Weg" der Sozialdemokratie. Skriptum des Österreichischen Gewerkschaftsbundes. URL: http://www.voegb.at/bildungsangebote/skripten/pzg/PZG-10.pdf [Abruf: 23.07.2009].

Sandner, Günther (2002b): Neoliberalismus mit „menschlichem Antlitz"? Der dritte Weg der Sozialdemokratie in der Krise. In: SWS-Rundschau, Jg. 42, Heft 2. S. 148-165.

Sandner, Günther (2003): Der dritte Weg als politische Theorie. Konstruktiver Pragmatismus als Programm. In: Eckhard Hein; Arne Heise; Achim Truger (Hg.): Neu-Keynesianismus - der neue wirtschaftspolitische Mainstream? Marburg: Metropolis. S. 279-295.

Sarcinelli, Ulrich (2000): Politikvermittlung und Wahlen - Sonderfall oder Normalität des politischen Prozesses? Essayistische Anmerkungen und Anregungen für die Forschung. In: Hans Bohrmann (Hg.): Wahlen und Politikvermittlung durch Massenmedien. Wiesbaden: Westdeutscher Verlag. S. 19-30.

Sarter, Eva Katharina (2007): Sozialleistungen für Arbeitslose und die Anrechnung von Partnereinkommen in Europa. Die soziale Sicherung bei Arbeitslosigkeit in Frankreich, Spanien, Dänemark und Großbritannien. Working Paper Nr. 4 in der Reihe »Working Papers des Projekts Ernährermodell«. Fachbereich Politik- und Sozialwissenschaften der Freien Universität Berlin, Otto-Suhr-Institut für Politikwissenschaft. URL: http://web.fu-berlin.de/ernaehrermodell/4_Working-paper-Sarter-end.pdf [Abruf: 02.11.2009].

Sassoon, Donald (1996): One Hundred Years of Socialism. The West European Left in the Twentieth Century. New York: Fontana Press.

Schabedoth, Hans-Joachim (2001): Die deutsche Sozialdemokratie auf schwierigem Reformweg. In: Wolfgang Schroeder (Hg.): Neue Balance zwischen Markt und Staat? Sozialdemokratische Reformstrategien in Deutschland, Frankreich und Großbritannien. Schwalbach: Wochenschau. S. 187-202.

Scharf, Thomas (2001): Sozialpolitik in Großbritannien: Vom Armengesetz zum „Dritten Weg". In: Katrin Kraus; Thomas Geisen (Hg.): Sozialstaat in Europa. Geschichte - Entwicklung - Perspektiven. Wiesbaden: Westdeutscher Verlag [Heinrich-Böll-Stiftung Rheinland-Pfalz]. S. 43-61.

Scharpf, Fritz W. (1987): Sozialdemokratische Krisenpolitik in Europa. Frankfurt am Main; New York: Campus [Theorie und Gesellschaft; Band 7].

Schatz, Holger (2002): „Manche muss man halt zu ihrem Glück zwingen." Arbeitszwang im aktivierenden Staat. In: Kai Eicker-Wolf; Holger Kindler; Ingo Schäfer; Melanie Wehrheim; Dorothee Wolf (Hg.): „Deutschland auf den Weg gebracht." Rot-grüne Wirtschafts- und Sozialpolitik zwischen Anspruch und Wirklichkeit. Marburg: Metropolis. S. 157-186.

Schels, Brigitte (2007): Jugendarbeitslosigkeit und psychisches Wohlbefinden. IAB-Forschungsbericht Nr. 13/2007. URL: http://doku.iab.de/forschungsbericht/2007/fb1307.pdf [Abruf: 04.11.2009].

Scherf, Harald (1986): Enttäuschte Hoffnungen - Vergebene Chancen. Die Wirtschaftspolitik der Sozialliberalen Koalition 1969-1982. Göttingen: Vandenhoeck & Ruprecht [Kleine Vandenhoeck-Reihe; 1516].

Scherf, Harald (1989): John Maynard Keynes (1883-1946). In: Joachim Starbatty (Hg.): Klassiker des ökonomischen Denkens, Zweiter Band: Von Karl Marx bis John Maynard Keynes. München: Beck. S. 273-289.

Scherr, Albert (2009): Jugendsoziologie. Einführung in Grundlagen und Theorien. 9., erweiterte und umfassend überarbeitete Auflage. Wiesbaden: VS Verlag für Sozialwissenschaften.

Scheunemann, Egbert (2004): Der Jahrhundertfluch. Neoliberalismus, Marktradikalismus und Arbeitslosigkeit. Eine allgemeinverständliche Erklärung der Zusammenhänge. Münster: Lit-Verlag.

Schild, Joachim (2005): Konsensdemokratien. Foliensatz zur Vorlesung im Fachbereich III Politikwissenschaft der Universität Trier im Sommersemester 2005. URL: http://www.politik.uni-trier.de/mitarbeiter/schild/ws0506/pro_7.pdf [Abruf: 27.11.2009].

Schirrmacher, Frank (2004): Das Methusalem-Komplott. Die Menschheit altert in unvorstellbarem Ausmaß. Wir müssen das Problem unseres eigenen Alterns lösen, um das Problem der Welt zu lösen. München: Heyne.

Schlothfeldt, Stephan (2000): Ein Recht auf Beteiligung an der Erwerbsarbeit. In: Wolfgang Kersting (Hg.): Politische Philosophie des Sozialstaats. Weilerswist: Velbrück. S. 372-403.

Schmid, Günther (2006): Der kurze Traum der Vollbeschäftigung: Was lehren 55 Jahre deutsche Arbeitsmarkt- und Beschäftigungspolitik? In: Manfred G. Schmidt; Reimut Zohlnhöfer (Hg.): Regieren in der Bundesrepublik Deutschland. Innen- und Außenpolitik seit 1949. Wiesbaden: VS Verlag für Sozialwissenschaften. S. 177-201.

Schmid, Günther; Bernd Reissert; Gert Bruche (1987): Arbeitslosenversicherung und aktive Arbeitsmarktpolitik. Finanzierungssysteme im internationalen Vergleich. Berlin: Edition Sigma.

Schmid, Josef (2002): Wohlfahrtsstaaten im Vergleich. Soziale Sicherung in Europa: Organisation, Finanzierung, Leistungen und Probleme. 2., völlig überarbeitete und erweiterte Auflage. Opladen: Leske + Budrich.

Schmid, Josef; Georg Picot (2001): »Welfare to Work« bei Schröder und Blair. Eine Idee, zwei Realitäten? In: Gerhard Hirscher; Roland Sturm (Hg.): Die Strategie des »Dritten Weges«. Legitimation und Praxis sozialdemokratischer Regierungspolitik. München: Olzog [Hanns-Seidel-Stiftung]. S. 229-264.

Schmid, Josef; Wolfgang Schroeder (2001): Großbritannien: Vom Musterland des Konservatismus zum Mutterland der neuen Sozialdemokratie? In: Wolfgang Schroeder (Hg.): Neue Balance zwischen Markt und Staat? Sozialdemokratische Reformstrategien in Deutschland, Frankreich und Großbritannien. Schwalbach: Wochenschau. S. 203-228.

Schmidt, Bettina (2008): Eigenverantwortung haben immer die anderen. Der Verantwortungsdiskurs im Gesundheitswesen. Bern: Huber.

Schmidt, Ingo (2008a): Kollektiver Imperialismus, Varianten des Neoliberalismus und neue Regionalmächte. In: Ingo Schmidt (Hg.): Spielarten des Neoliberalismus. USA, Brasilien, Frankreich, Deutschland, Italien, Indien, China, Südkorea, Japan. Hamburg: VSA-Verlag. S. 7-39.

Schmidt, Ingo (2008b): Deutschland: Wirkungsmächtige Illusionen: Export – Wachstum – Gerechtigkeit. In: Ingo Schmidt (Hg.): Spielarten des Neoliberalismus. USA, Brasilien, Frankreich, Deutschland, Italien, Indien, China, Südkorea, Japan. Hamburg: VSA-Verlag. S. 123-146.

Schmidt, Manfred G. (1993): Theorien der international vergleichenden Staatstätigkeitsforschung. In: Adrienne Windhoff-Héritier (Hg.): Policy-Analyse. Kritik und Neuorientierung [Politische Vierteljahresschrift; Sonderheft Nr. 24]. S. 372-393.

Schmidt, Manfred G. (1998a): Wohlfahrtsstaatliche Regime: Politische Grundlagen und politisch-ökonomisches Leistungsvermögen. In: Stephan Lessenich; Ilona Ostner (Hg.): Welten des Wohlfahrtskapitalismus. Der Sozialstaat in vergleichender Perspektive. Frankfurt am Main; New York: Campus [Theorie und Gesellschaft; Band 40]. S. 179-200.

Schmidt, Manfred G. (1998b): Sozialstaatliche Politik in der Ära Kohl. In: Göttrik Wewer (Hg.): Bilanz der Ära Kohl. Christlich-liberale Politik in Deutschland 1982-1998. Opladen: Leske + Budrich. S. 59-88.

Schmidt, Manfred G. (2000): Demokratietheorien. Eine Einführung. 3., überarbeitete und erweiterte Auflage. Opladen: Leske + Budrich.

Schmidt, Manfred G. (2005): Sozialpolitik in Deutschland. Historische Entwicklung und internationaler Vergleich. 3., vollständig überarbeitete und erweiterte Auflage. Wiesbaden: VS Verlag für Sozialwissenschaften [Grundwissen Politik; 2].

Schmidt, Thomas E. (2006): Legitimitätsprobleme im deutschen Modell. Über den Linkskonservatismus. In: Merkur. Deutsche Zeitschrift für europäisches Denken, Jg. 60, Sonderheft 9/10: Ein neues Deutschland? Zur Physiognomie der Berliner Republik. S. 882-889.

Schmidt-Salomon, Michael (1999): Erkenntnis aus Engagement. Grundlegung zu einer Theorie der Neomoderne. Eine Studie zur (Re-)Konstruktion von Pädagogik, Wissenschaft und Humanismus. Aschaffenburg: Alibri.

Schmidt-Salomon, Michael (2009): Jenseits von Gut und Böse. Warum wir ohne Moral die besseren Menschen sind. München; Zürich: Pendo.

Schmucker, Rolf (1997): Großbritannien: Das Ende der „konservativen Revolution"? In: Hans-Jürgen Bieling; Frank Deppe (Hg.): Arbeitslosigkeit und Wohlfahrtsstaat in Westeuropa. Neun Länder im Vergleich. Opladen: Leske + Budrich. S. 55-87.

Schneider, Michael (1996): Das Ende eines Jahrhundertmythos. Eine Bilanz des Staatssozialismus. Köln: Kiepenheuer & Witsch.

Scholz, Olaf (2003): Gerechtigkeit und solidarische Mitte im 21. Jahrhundert. URL: http://www.martin-doermann.de/hp_alt/pdf%20Dokumente/Thesen-Gerechtigkeit-Olaf-Scholz-2003-16-07.pdf [Abruf: 11.08.2009].

Schommer, Martin (2008): Wohlfahrt im Wandel. Risiken, Verteilungskonflikte und sozialstaatliche Reformen in Deutschland und Großbritannien. Wiesbaden: VS Verlag für Sozialwissenschaften.

Schreiber, Manuela (2004): Kommunikationsstrategien im Wahlkampf. Unterschiede lokaler und nationaler Kampagnen am Beispiel von SPD und Labour Party. In: Markus Karp; Udo Zolleis (Hg.): Politisches Marketing. Eine Einführung in das Politische Marketing mit aktuellen Bezügen aus Wissenschaft und Praxis. Münster: LIT [Politik - Kommunikation - Gesellschaft; Bd. 1]. S. 67-88.

Schreiner, Ottmar (2008): Die Gerechtigkeitslücke. Wie die Politik die Gesellschaft spaltet. Berlin: Propyläen.

Schrep, Bruno (2008): Die neue Verhöhnung: »Bierdosen sind Hartz IV-Stelzen«. In: Wilhelm Heitmeyer (Hg.): Deutsche Zustände. Folge 6. Frankfurt am Main: Suhrkamp. S. 218-223.

Schroeder, Wolfgang (2000): Sozialdemokratische Suchbewegungen: »Dritte Wege«, Zivilgesellschaften. In: Neue Gesellschaft/Frankfurter Hefte, Jg. 47, Heft 7-8. S. 424-428.

Schröder, Gerhard (1997): Gegen den Luxus der Langsamkeit. Niedersachsens sozialdemokratischer Ministerpräsident Gerhard Schröder über die deutsche Krankheit und den richtigen Weg in eine moderne Innovationsgesellschaft. In: Der Spiegel, Nr. 21. S. 92-93.

Schröder, Gerhard (1999): Alte Linke und Neue Mitte. In: Neue Gesellschaft/Frankfurter Hefte, Jg. 46, Heft 5. S. 444-447.

Schröder, Gerhard (2000): Die zivile Bürgergesellschaft. Anregungen zu einer Neubestimmung der Aufgaben von Staat und Gesellschaft. In: Neue Gesellschaft/Frankfurter Hefte, Jg. 47, Heft 4. S. 200-207.

Schröder, Gerhard (2005): Mut zum Frieden und Mut zur Veränderung. Regierungserklärung von Bundeskanzler Gerhard Schröder vor dem Deutschen Bundestag am 14. März 2003 in Berlin. In: Presse- und Informationsamt der Bundesregierung (Hg.): Bundeskanzler Gerhard Schröder. Reden Januar 2003-Dezember 2004. Berlin: Schriftenreihe Berichte und Dokumentationen der Bundesregierung. S. 22-55.

Schröder, Gerhard (2006): Entscheidungen. Mein Leben in der Politik. 2. Auflage. Hamburg: Hoffmann und Campe.

Schröder, Gerhard; Tony Blair (1999): Der Weg nach vorne für Europas Sozialdemokraten. Ein Vorschlag von Gerhard Schröder und Tony Blair vom 08. Juni 1999 (Wortlaut). In: Blätter für deutsche und internationale Politik, Jg. 44, Nr. 7. S. 887-896.

Schuhler, Conrad (2003): Die Demontage des Sozialstaats. Agenda 2010, Hartz, Rürup und die Folgen. Isw-Report Nr. 54. München: Institut für sozialökologische Wirtschaftsforschung e.V.

Schuhler, Conrad (2008): Neoliberalismus - Konzept und Praxis eines "autoritären" Kapitalismus. In: Ulla Jelpke (Hg.): Neoliberalismus, Demokratieabbau, Neofaschismus. 16. Isw-Forum. München: Institut für Sozial-Ökologische Wirtschaftsforschung e. V. S. 3-8.

Schui, Herbert (2004): Mythos Eigenverantwortung. In: Blätter für deutsche und internationale Politik, Jg. 49, Heft 3. S. 326-330.

Schui, Herbert; Stephanie Blankenburg (2002): Neoliberalismus: Theorie, Gegner, Praxis. Hamburg: VSA-Verlag.

Schuler, Katharina (2006): Arbeit fürs Essen. Was bedeutet Hartz IV? SPD-Arbeitsminister Franz Müntefering hat es auf seine Weise erklärt. „Wer nicht arbeitet, soll auch nicht essen", sagte er. In: Zeit-Online vom 20. Oktober. URL: http://pdf.zeit.de/online/2006/20/Schreiner.pdf [Abruf: 12.10.2009].

Schumann, Harald; Christiane Grefe (2008): Der globale Countdown. Gerechtigkeit oder Selbstzerstörung - Die Zukunft der Globalisierung. Köln: Kiepenheuer & Witsch.

Seeleib-Kaiser, Martin (2001): Globalisierung und Sozialpolitik. Ein Vergleich der Diskurse und Wohlfahrtssysteme in Deutschland, Japan und den USA. Frankfurt am Main: Campus.

Seils, Christoph (2009): SPD-Zukunft: Rot-Rot! Aber wie? Das Tabu war rhetorisch schnell gekippt. Aber zur linken Koalition auf Bundesebene ist noch ein weiter Weg. Dabei drängt die Zeit. In: Zeit Online vom 02.10. URL: http://pdf.zeit.de/politik/deutschland/2009-10/rot-rot-zukunft.pdf [Abruf: 07.01.2010].

Seitz, Norbert (2009): Der Überlebenskampf der SPD als Volkspartei. In: Volker Kronenberg (Hg.): Volksparteien: Erfolgsmodell für die Zukunft? Konzepte, Konkurrenzen und Konstellationen. Freiburg im Breisgau: Herder. S. 26-42.

Selke, Stefan (2008): Fast ganz unten. Wie man in Deutschland durch die Hilfe von Lebensmitteltafeln satt wird. Münster: Westfälisches Dampfboot.

Semler, Christian (2009): Die vier Krisen der SPD. Die SPD-Führung will sich mit dem Hinweis auf die Parteigeschichte selbst Mut zusprechen. In: Die Tageszeitung Online vom 29.09. URL: http://www.taz.de/1/archiv/print-archiv/printressorts/digi-artikel/?ressort=sw&dig=2009%2F09%2F29%2Fa0057&cHash=33da3cf795/&type=98 [Abruf: 07.01.2010].

Sen, Amartya (2005): Ökonomie für den Menschen. Wege zu Gerechtigkeit und Solidarität in der Marktwirtschaft. 3. Auflage. München: Deutscher Taschenbuch-Verlag.

Sennett, Richard (1998): Der flexible Mensch. Die Kultur des neuen Kapitalismus. 4. Auflage. Berlin: Berlin Verlag.

Setzer, Hans (1990): Thatcherismus und die neuere Entwicklung Großbritanniens. In: Roland Sturm (Hg.): Thatcherismus - Eine Bilanz nach zehn Jahren. Bochum: Universitätsverlag Brockmeyer [Arbeitskreis Deutsche England-Forschung; Veröffentlichung 15]. S. 325-370.

Shaw, Eric (1993): Towards Renewal? The British Labour Party's Policy Review. In: West European Politics, Vol. 16, No. 1. S. 112-132

Shaw, Eric (1996): Von „Old Labour" zu „New Labour": Die Transformation der britischen Sozialdemokratie. In: Jens Borchert; Lutz Golsch; Uwe Jun; Peter Lösche (Hg.): Das sozialdemokratische Modell. Organisationsstrukturen und Politikinhalte im Wandel. Opladen: Leske + Budrich. S. 185-212.

Shaw, Eric (2003): Britain: Left Abandoned? New Labour in Power. In: Parliamentary Affairs, Vol. 56, No. 1. S. 6-23.

Shaw, Kwo-Chung (2003): Das sozialstaatliche Konzept und die Neupositionierung der SPD im Zeichen der "Neuen Mitte" an der Wende zum 21. Jahrhundert: Gerechtigkeit durch Ungleichheit im aktivierenden Staat. Dissertation an der Ludwig-Maximilians-Universität München.

Siefken, Sven T. (2006): Die Arbeit der so genannten Hartz-Kommission und ihre Rolle im politischen Prozess. In: Svenja Falk; Dieter Rehfeld; Andrea Römmele; Martin Thunert (Hg.): Handbuch Politikberatung. Wiesbaden: Verlag für Sozialwissenschaften. S. 374-389.

Siegel, Nico (2002): Baustelle Sozialpolitik. Konsolidierung und Rückbau im internationalen Vergleich. Frankfurt am Main: Campus [Schriften des Zentrums für Sozialpolitik; 14].

Šik, Ota (1972): Der dritte Weg. Die marxistisch-leninistische Theorie und die moderne Industriegesellschaft. Hamburg: Hoffmann und Campe.

Sinn, Hans-Werner (2003): Ist Deutschland noch zu retten? 4., korrigierte Auflage. Berlin: Ullstein.

Sinn, Hans-Werner; Christian Holzner; Wolfgang Meister; Wolgang Ochel; Martin Werding (2002): Aktivierende Sozialhilfe. Ein Weg zu mehr Beschäftigung und Wachstum. In: Ifo-Schnelldienst, Jg. 55, Heft 9. S. 3-52.

Sloterdijk, Peter (2009a): Die Revolution der gebenden Hand. In: Frankfurter Allgemeine Zeitung vom 10.06. S. 29.

Sloterdijk, Peter (2009b): Du mußt dein Leben ändern. Über Anthropotechnik. Frankfurt am Main: Suhrkamp.

Sommerfeld, Fritz (1991): »Ist der wirklich von der SPD?« Das politische Portrait des Parteivorsitzenden Björn Engholm. In: Peter von Oertzen; Susi Möbbeck (Hg.): Vorwärts, rückwärts, seitwärts. Das Lesebuch zur SPD-Organisationsreform. Köln: Bund. S. 10-13.

Sozialdemokratische Partei Deutschlands (SPD) (1959): Godesberger Programm. Grundsatzprogramm der Sozialdemokratischen Partei Deutschlands. Beschlossen vom Außerordentlichen Parteitag in Bad Godesberg vom 13. bis 15. November 1959. URL: http://www.spd.de/de/pdf/parteiprogramme/spd_godesbergerprogramm.pdf [Abruf: 31.07.2009].

Sozialdemokratische Partei Deutschlands (SPD) (1998): Arbeit, Innovation und Gerechtigkeit. SPD-Programm für die Bundestagswahl 1998. URL: http://library.fes.de/pdf-files/bibliothek/retro-scans/a98-04467.pdf [Abruf: 21.09.2009].

Sozialdemokratische Partei Deutschlands (SPD) (2002): Erneuerung und Zusammenhalt - Wir in Deutschland. Regierungsprogramm 2002-2006. URL: http://www.spd.de/de/pdf/pt-beschluessse/regierungsprogramm2002.pdf [Abruf: 02.11.2009].

Sozialdemokratische Partei Deutschlands (SPD) (2007a; zuerst 1989): Berliner Programm. In: Daniela Münkel (Hg.): »Freiheit, Gerechtigkeit und Solidarität«. Die Programmgeschichte der Sozialdemokratischen Partei Deutschlands. Berlin: Vorwärts. S. 45-113.

Sozialdemokratische Partei Deutschlands (SPD) (2007b): Hamburger Programm. Das Grundsatzprogramm der SPD. URL: http://www.spd.de/de/pdf/parteiprogramme/Hamburger-Programm_final.pdf [Abruf: 26.10.2009].

Speth, Rudolf (2004): Die politischen Strategien der *Initiative Neue Soziale Marktwirtschaft*. Studie im Auftrag der Hans-Böckler-Stiftung. URL: http://www.boeckler.de/pdf/fof_insm_studie_09_2004.pdf [Abruf: 21.11.2009].

Spoo, Eckart (1999): Die »Neue Mitte« - eine alte Parole. In: Arno Klönne; Eckart Spoo; Rainer Buntenschön (Hg.): Der lange Abschied vom Sozialismus. Eine Jahrhundertbilanz der SPD. Hamburg: VSA-Verlag. S. 204-223.

Stamm, Margit (2006): Jugendarbeitslosigkeit - Konturen einer psychosozialen Betrachtung. In: Europäische Zeitschrift für Berufsbildung, Nr. 39. S. 121-131.

Stanyer, James (2003): Politics and the Media. A Crisis of Trust? In: Parliamentary Affairs, Vol. 57, No. 2. S. 420-434

Steingart, Gabor; Hans-Joachim Noack; Markus Feldenkirchen (2004): „Es geht mit Schröder nicht." Der ehemalige SPD-Vorsitzende Oskar Lafontaine über seinen Comeback-Versuch, die Kritik an der Kanzler-Agenda und die Chancen einer neuen Linkspartei. In: Der Spiegel, Nr. 33. S. 36-39.

Steinmeier, Frank-Walter (2009): Mein Deutschland. Wofür ich stehe. Gütersloh: Bertelsmann.

Stiglitz, Joseph (2002): Die Schatten der Globalisierung. Berlin: Siedler.

Stiglitz, Joseph (2006): Die Chancen der Globalisierung. Bonn: Lizenzausgabe für die Bundeszentrale für politische Bildung [Schriftenreihe; Band 594].

Streeck, Wolfgang (1997): German Capitalism. Does it Exist? Can it Survive? In: Colin Crouch; Wolfgang Streeck (Hg.): Political Economy of Modern Capitalism. Mapping Convergence and Diversity. London: Sage. S. 33-54.

Streeck, Wolfgang (1998): Einleitung: Internationale Wirtschaft, nationale Demokratie? In: Wolfgang Streeck (Hg.): Internationale Wirtschaft, nationale Demokratie. Herausforderungen für die Demokratietheorie. Frankfurt am Main; New York: Campus. S. 11-58.

Streeck, Wolfgang; Rolf Heinze (1999): An Arbeit fehlt es nicht. Die bisherige Beschäftigungspolitik ist gescheitert, eine radikale Wende unumgänglich: Im Dienstleistungssektor könnten Millionen neuer Arbeitsplätze entstehen. In: Der Spiegel, Nr. 19. S. 38-45.

Strünck, Christoph (2005): Ist auch gut, was gerecht ist? Gerechtigkeitspolitik im Vergleich. In: Hubertus Heil; Juliane Seifert (Hg.): Soziales Deutschland. Für eine neue Gerechtigkeitspolitik. Wiesbaden: VS Verlag für Sozialwissenschaften. S. 37-61.

Stumberger, Rudolf (2005): Mitten im Mainstream. Die Initiative Neue Soziale Marktwirtschaft platziert ihre Botschaften geschickt in den Medien. Sie gibt sich den Anschein von Überparteilichkeit und Unabhängigkeit. Dabei wird sie mit millionenschweren Beträgen vom Arbeitgeberverband Gesamtmetall finanziert, der so den Abbau sozialer Sicherungssysteme salonfähig machen will. In: Journalist. Das deutsche Medienmagazin, Jg. 55, Heft 3. S. 30-32.

Sturm, Daniel Friedrich (2009): Wohin geht die SPD? München: Deutscher Taschenbuch-Verlag.

Sturm, Roland (1999): Immer wieder "dritte Wege". Demokratie im Zeitalter der Globalisierung. In: Frankfurter Allgemeine Zeitung vom 06.12. S. 10.

Sturm, Roland (2001a): Der Dritte Weg - Königsweg zwischen allen Ideologien oder selbst unter Ideologieverdacht? In: Aus Politik und Zeitgeschichte, B 16-17/2001. S. 3-5.

Sturm, Roland (2001b): Das neue Gesicht der Labour Party - New Labours Wahlkampf- und Politikvermittlungsstrategien. In: Gerhard Hirscher; Roland Sturm (Hg.): Die Strategie des »Dritten Weges«. Legitimation und Praxis sozialdemokratischer Regierungspolitik. München: Olzog [Hanns-Seidel-Stiftung]. S. 33-50.

Sturm, Roland (2006): "Modernes Regieren" in der Ära Tony Blair. In: Sebastian Berg; André Kaiser (Hg.): New Labour und die Modernisierung Großbritanniens. Augsburg: Wißner. S. 279-300.

Stöger, Roman (1997): Der neoliberale Staat. Entwicklung einer zukunftsfähigen Staatstheorie. Wiesbaden: Deutscher Universitäts-Verlag.

Stützle, Ingo (2008): Eine Torte für Keynes. Keynes' 125. Geburtstag und wie der Ökonom in der LINKEN (nicht) diskutiert wird. In: Analyse & Kritik Zeitung für linke Debatte und Praxis, Nr. 529 vom 20.06. S. 23.

Stüwe, Klaus (2005): Die Rede des Kanzlers. Regierungserklärungen von Adenauer bis Schröder. Wiesbaden: VS Verlag für Sozialwissenschaften.

Taschwer, Klaus (1998): „Auch die Ehe birgt ein Risiko". Ideologisches Tagewerk in Zeiten von Tony Blair: Wie gehen soziale Regeln und die Zukunft der Globalisierung zusammen? Ein Gespräch mit dem britischen Soziologen Anthony Giddens. In: Die Tageszeitung vom 15.12. S. 15.

Tham, Barbara (1999): Jugendarbeitslosigkeit in der Europäischen Union. Integration oder Marginalisierung? Bonn: Europa-Union-Verlag [Schriftenreihe der Forschungsgruppe Jugend und Europa; 7].

Thatcher, Margaret (1989): The Revival of Britain. Speeches on Home and European Affairs 1975-88. London: Aurum Press.

Thunert, Martin (2006): Politikberatung in Großbritannien. In: Svenja Falk; Dieter Rehfeld; Andrea Römmele; Martin Thunert (Hg.): Handbuch Politikberatung. Wiesbaden: VS Verlag für Sozialwissenschaften. S.599-617.

Thörmer, Heinz (1999): Kampa '98 - Zweierlei Wahlkampf? In: Neue Gesellschaft/Frankfurter Hefte, Jg. 46, Heft 5. S. 409-414.

Tichy, Roland (1998): Ab in die Neue Mitte! Die Chancen der Globalisierung für eine deutsche Zukunftsgesellschaft. Hamburg: Hoffmann und Campe.

Trampusch, Christine (2005): Sozialpolitik in Post-Hartz Germany. In: WeltTrends, Jg. 13, Heft 47. S. 77-90.

Trickey, Heather; Robert Walker (2000): Steps to Compulsion within British Labour Market Policies. In: Ivar Lødemel; Heather Trickey (Hg.): An Offer You Can't Refuse. Workfare in International Perspective. Bristol: Policy Press. S. 181-214.

Tsebelis, George (2002): Veto Players. How Political Institutions Work. New York: Russell Sage.

Tucholsky, Kurt (1991; zuerst 1930): Ein älterer, aber leicht besoffener Herr. In: Peter von Oertzen; Susi Möbbeck (Hg.): Vorwärts, rückwärts, seitwärts... Das Lesebuch zur SPD-Organisationsreform. Köln: SPW. S. 38-40.

Tucholsky, Kurt (2006; zuerst 1921): Sozialdemokratischer Parteitag. In: Kurt Tucholsky: Gedichte. Herausgegeben von Mary Gerold-Tucholsky. Reinbek bei Hamburg: Rowohlt. S. 359-360.

Ullrich, Carsten G. (2005): Soziologie des Wohlfahrtsstaates. Eine Einführung. Frankfurt am Main; New York: Campus.

Ullrich, Carsten G. (2008): Die Akzeptanz des Wohlfahrtsstaates. Präferenzen, Konflikte, Deutungsmuster. Wiesbaden: VS Verlag für Sozialwissenschaften.

Unske, Hans (1995): Das Fest der Faulenzer. Die öffentliche Entsorgung der Arbeitslosigkeit. Duisburg: DISS [Duisburger Institut für Sprach- und Sozialforschung].

Vick, Douglas; Gillian Doyle (2003): Communications Act 2003 in Großbritannien. Über die „konvergierte Regulierung" zum deregulierten Medienmarkt? In: Media Perspektiven, Jg. 34, Heft 1. S. 38-48.

Vogelgesang, Waldemar (2001): „Meine Zukunft bin ich!" Alltag und Lebensplanung Jugendlicher. Frankfurt am Main; New York: Campus.

Volkmann, Ute (2006): Legitime Ungleichheiten. Journalistische Deutungen vom „sozialdemokratischen Konsensus" zum „Neoliberalismus". Wiesbaden; VS Verlag für Sozialwissenschaften.

Vontobel, Werner (1998): Die Wohlstandsmaschine. Das Desaster des Neoliberalismus. Zürich: Elster.

Vorländer, Hans (2001): Dritter Weg und Kommunitarismus. In: Aus Politik und Zeitgeschichte, B 16-17/2001. S. 16-23.

Völker, Wolfgang (2005): Aktivierende Arbeitsmarktpolitik – auf dem Weg zu mehr Zwang und Existenzdruck. In: Heinz-Jürgen Dahme; Norbert Wohlfahrt (Hg.): Aktivierende Soziale Arbeit. Theorie – Handlungsfelder – Praxis. Baltmannsweiler: Schneider-Verlag Hohengehren [Grundlagen der Sozialen Arbeit; Band 12]. S. 70-87.

Waibl, Elmar (1989): Ökonomie und Ethik II. Die Kapitalismusdebatte von Nietzsche bis Reaganomics. Stuttgart; Bad Cannstatt: Friedrich Frommann Verlag.

Walpen, Bernhard (2000): Von Igeln und Hasen oder: Ein Blick auf den Neoliberalismus. In: Utopie kreativ, Heft 121/122. S. 1066-1079.

Walpen, Bernhard (2004): Die offenen Feinde und ihre Gesellschaft. Eine hegemonietheoretische Studie zur Mont Pèlerin Society. Hamburg: VSA-Verlag [Schriften zur Geschichte und Kritik der politischen Ökonomie; 1].

Walter, Franz (2002): Das Herz schlägt nicht mehr links. In: Franz Walter: Politik in Zeiten der »Neuen Mitte«. Essays. Frankfurt am Main: Lang. S. 72-81.

Walter, Franz (2005): Abschied von der Toskana. Die SPD in der Ära Schröder. 2., erweiterte Auflage. Wiesbaden: VS Verlag für Sozialwissenschaften.

Walter, Franz (2006): Die ziellose Republik. Gezeitenwechsel in Gesellschaft und Politik. Köln: Kiepenheuer & Witsch.

Walter, Franz (2007): Eliten oder Unterschichten? Die Wähler der Linken. In: Tim Spier; Felix Butzlaff; Matthias Micus; Franz Walter (Hg.): Die Linkspartei. Zeitgemäße Idee oder Bündnis ohne Zukunft? Wiesbaden: VS Verlag für Sozialwissenschaften. S. 325-337.

Walter, Franz (2009a): Im Herbst der Volksparteien? Eine kleine Geschichte von Aufstieg und Rückgang politischer Massenintegration. Bielefeld: Transcript.

Walter, Franz (2009b): Die SPD. Biographie einer Partei. Reinbek bei Hamburg: Rowohlt.

Walter, Franz (2009c): Lafontaine, die linke Sphinx. Oskar Lafontaine ist einer der meistgehassten Politiker der Republik – aber er hat mehr bewirkt als das Gros seiner Gegner. Er hat die Spaltung der Linken forciert, nun kann er der SPD den Weg zurück an die Macht weisen. Ist das alles Teil seines Masterplans? In: Spiegel Online vom 02.09. URL: http://www.spiegel.de/politik/deutschland/0,1518,druck-646327,00.html [Abruf: 02.09.2009].

Walter, Franz (2009d): Baustelle Deutschland. Politik ohne Lagerbindung. Bonn: Lizenzausgabe für die Bundeszentrale für politische Bildung [Schriftenreihe; Band 778].

Walter, Franz; Tobias Dürr (2000): Die Heimatlosigkeit der Macht. Wie die Politik in Deutschland ihren Boden verlor. Berlin: Fest.

Walter, Franz; Tobias Dürr (2001): Ohne Traditionen keine Modernisierung – die schwierige Erneuerung der SPD. In: Wolfgang Schroeder (Hg.): Neue Balance zwischen Markt und Staat? Sozialdemokratische Reformstrategien in Deutschland, Frankreich und Großbritannien. Schwalbach: Wochenschau. S. 163-186.

Walther, Herbert (2009): Regulierung des Arbeitsmarktes im Spannungsfeld zwischen Effizienz und Gerechtigkeit. In: Walter Ötsch (Hg.): Der neoliberale Markt-Diskurs. Ursprünge, Geschichte, Wirkungen. Marburg: Metropolis. S. 167-186.

Wee, Herman van der (1986): Der gebremste Wohlstand. Wiederaufbau, Wachstum und Strukturwandel der Weltwirtschaft seit 1945. München: Deutscher Taschenbuch Verlag [Geschichte der Weltwirtschaft im 20. Jahrhundert; 6].

Wendl, Michael (1999): Die Faszination des »einfachen Denkens«. Eine Ideologiekritik der Politischen Ökonomie des »Dritten Weges«. In: Klaus Dörre; Leo Panitch; Bodo Zeuner (Hg.): Die Strategie der »Neuen Mitte«. Verabschiedet sich die moderne Sozialdemokratie als Reformpartei? Hamburg: VSA-Verlag. S. 148-158.

Wetzel, Walter (1986): Die Sozialpolitik des Neoliberalismus. Analyse und Kritik aus Sicht der christlichen Sozialethik. Dissertation der Fakultät für Sozial- und Verhaltenswissenschaften der Eberhard-Karls-Universität Tübingen.

Whiteley, Paul (1983): The Labour Party in Crisis. London: Methuen.

Willke, Gerhard (2003): Neoliberalismus. Frankfurt am Main; New York: Campus [Campus-Einführungen].

Willke, Gerhard (2006): Kapitalismus. Frankfurt am Main; New York: Campus [Campus-Einführungen].

Wilp, Markus (2007): Die Arbeitsmarktintegration von Zuwanderern in Deutschland und den Niederlanden. Hintergründe, aktuelle Entwicklungen und politische Maßnahmen. Münster: Waxmann [Niederlande Studien; Band 42].

Wintermann, Ole (2005): Vom Retrenchment zur Krisenreaktionsfähigkeit. Ein empirischer Vergleich der Wohlfahrtsstaaten Schweden und Deutschland 1990-2000. Wiesbaden: VS Verlag für Sozialwissenschaften.

Wirth, Hans-Jürgen (2002): Narzissmus und Macht. Zur Psychoanalyse seelischer Störungen in der Politik. Gießen: Psychosozial-Verlag.

Wring, Dominic (2005): The Politics of Marketing the Labour Party. Basingstoke: Palgrave Macmillan.

Wunderlich, Gaby (2004): Die Hartz-Gesetze I-IV. In: Tobias Hagen; Alexander Spermann (Hg.): Hartz-Gesetze: Methodische Ansätze zu einer Evaluierung. Baden-Baden: Nomos [ZEW-Wirtschaftsanalysen; Bd. 74]. S. 15-32.

Ziegelmayer, Veronika (2001): Sozialstaat in Deutschland: Ein Systemwechsel? In: Katrin Kaus; Thomas Geisen (Hg.): Sozialstaat in Europa. Geschichte - Entwicklung - Perspektiven. Wiesbaden: Westdeutscher Verlag [Heinrich-Böll-Stiftung Rheinland-Pfalz]. S. 63-88.

Zilian, Hans Georg (2000): „Aktivierung und *workfare*". Arbeitsmarktpolitische Herrschaftsinstrumente in der flexibilisierten Wirtschaft. In: Prokla. Zeitschrift für kritische Sozialwissenschaft, Jg. 30, Heft 4. S. 567-584.

Zinn, Karl Georg (2007a): Keynes als Alternative(r)? Vortrag in Leipzig am 29.09.07 im Rahmen des Workshops der Rosa-Luxemburg-Stiftung Sachsen e.V.: »Neoliberalismus, Regulierter Kapitalismus, Sozialismus - Probleme und Perspektiven linker Ökonomie und Politik.« URL: http://www.praxisphilosophie.de/zinn_keynes.pdf [Abruf: 03.08.2009].

Zintl, Reinhard (2000): Die libertäre Sozialstaatskritik bei von Hayek, Buchanan und Nozick. In: Wolfgang Kersting (Hg.): Politische Philosophie des Sozialstaats. Weilerswist: Velbrück. S. 95-119.

Zoll, Rainer (2000): Was ist Solidarität heute? Frankfurt am Main: Suhrkamp.

Zucker, Alain (2006): „Es ist unmoralisch, Geld von den Reichen zu nehmen, um es den Armen zu geben." Ein Interview mit dem Ökonom Milton Friedman. In: Süddeutsche-Zeitung-Magazin, Nr. 25. S. 18-23.

Zuege, Alan (1999): Das Trugbild vom »Dritten Weg«. In: Klaus Dörre; Leo Panitch; Bodo Zeuner (Hg.): Die Strategie der »Neuen Mitte«. Verabschiedet sich die moderne Sozialdemokratie als Reformpartei? Hamburg: VSA-Verlag. S. 86-119.

Zürn, Michael (1998): Regieren jenseits des Nationalstaates. Globalisierung und Denationalisierung als Chance. Frankfurt am Main: Suhrkamp [Edition Zweite Moderne].

Zeitfracht Medien GmbH
Ferdinand-Jühlke-Straße 7
99095 Erfurt, Deutschland
produktsicherheit@kolibri360.de